観光空間の生産と地理的想像力

神田孝治 著 Koji Kanda

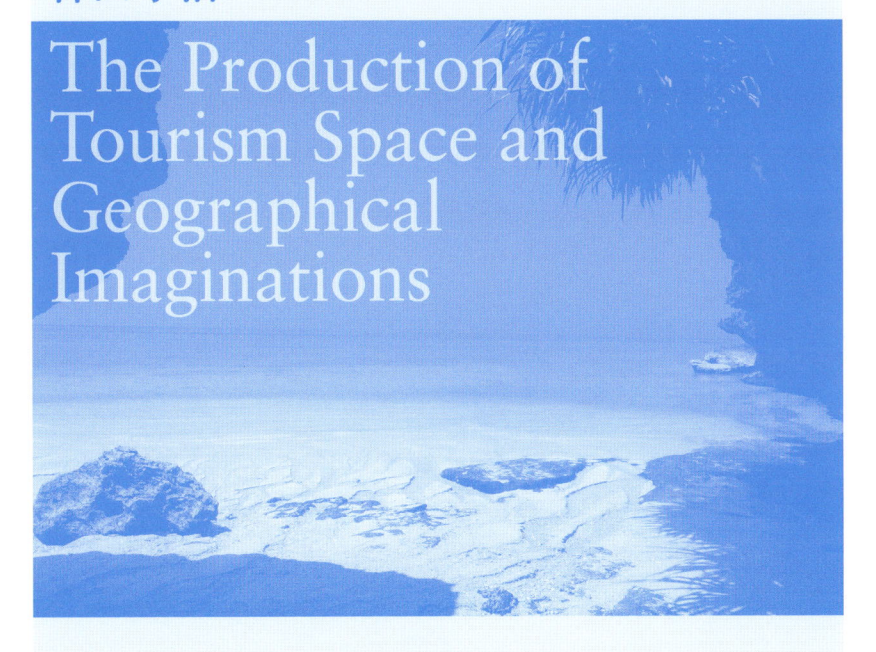

The Production of
Tourism Space and
Geographical
Imaginations

ナカニシヤ出版

目　　次

序　章 ────────────────────── 1
1 文化／空間論的転回と地理学における観光研究　1
2 観光空間と地理的想像力　3
　（1）　地理的想像力の魅力と権力　3
　（2）　観光空間の異種混淆性と他所イメージ　6
3 空間の矛盾と観光空間の生産　8
　（1）　境界性と空間の矛盾　8
　（2）　観光空間の生産　9
4 観光の文化／空間史と本書の構成　11
　（1）　観光の文化／空間史　11
　（2）　本書の構成　13

第1章　近代期における南紀白浜温泉の形成過程と
　　　　　他所イメージ ────────────── 19
1 はじめに　19
2 湯崎温泉の形成まで──近代的開発前史　21
3 白浜温泉の形成過程　23
　（1）　本多静六の土地開発計画　24
　（2）　白浜土地の開発過程　27
　（3）　白浜の他所イメージと境の場所神話　29
　　　a　近代都市大阪との対称性　29
　　　b　白さの場所イメージの他所性　31
　　　c　西洋のイメージと境の場所神話　33
4 南紀白浜温泉の形成過程　35
　（1）　南国イメージを投影した観光空間の生産　35

            a 近代的なイメージの限界と伝統の再発見　35
            b 差異化と南国イメージ　37
            c 都市資本の参入と南紀白浜温泉の形成　38
        (2) 南紀白浜温泉の発展と境の場所神話の変容　40
            a 療養地化──第二次大戦期　40
            b 歓楽地神話の形成──戦後期　40
            c 新婚旅行地化と場所神話の多様化
                ──南紀ブーム以降　42
    5 おわりに　44

第2章　戦前期における和歌山市の観光都市化と郷土へのまなざし ── 51

    1 はじめに　51
    2 臨海部の観光開発と和歌山市の観光都市化　53
        (1) 和歌浦と交通機関の発達および市域の拡張　53
        (2) 新和歌浦と近代的観光開発　57
    3 和歌山市の観光都市化と喜多村進にとっての郷土　61
        (1) 和歌山城と都市美運動の推進　61
        (2) 喜多村進の郷土概念の変容と観光都市化の変奏　64
    4 おわりに　69

第3章　日本統治期台湾における国立公園の風景地選定と心象地理 ── 73

    1 はじめに　73
    2 台湾における国立公園の選定過程とその特徴　75
        (1) 国立公園の選定過程と観光開発　75
        (2) 国立公園の風景と台湾八景　79
    3 台湾における国立公園候補地をめぐる論争　83
        (1) 第1回台湾国立公園委員会における議論　83

(2)　早坂一郎による国立公園候補地の選定に対する異議　87
　4　台湾における熱帯的風景と山岳の風景の心象地理　90
　　　(1)　田村剛の熱帯的風景への注目とその変容　90
　　　(2)　植民地住民の心身と山岳的風景地の心象地理　95
　5　おわりに　102

第4章　熊野の観光地化の過程とイメージの変容 ─── 111

　1　はじめに　111
　2　国立公園の指定と熊野イメージの変容　113
　　　(1)　吉野熊野国立公園の指定と熊野の海岸風景の発見　113
　　　(2)　戦中期における霊地・史蹟としての熊野・高野山への注目　121
　　　(3)　戦後の和歌山県内における国立公園・国定公園の指定と熊野　125
　3　リゾート地から世界遺産への変容と熊野のイメージ　128
　　　(1)　和歌山県のリゾート開発政策と熊野　128
　　　(2)　熊野古道への注目と熊野のリゾート地化　132
　　　(3)　世界遺産「紀伊山地の霊場と参詣道」の指定と熊野の表象　136
　4　おわりに　141

第5章　沖縄イメージの変容と観光空間の生産 ─── 147

　1　はじめに　147
　2　戦前期における沖縄観光の成立と心象地理　149
　　　(1)　戦前期の沖縄の概況と沖縄観光の発達　149
　　　(2)　沖縄の心象地理のアンビバレンスと観光　151
　　　(3)　亜熱帯の沖縄における女護ヶ島幻想と辻遊廓の観光空間化　153
　3　戦中期における文化への注目と観光をめぐる文化政治　160
　　　(1)　柳宗悦の沖縄民芸への憧れと沖縄団体旅行　160
　　　(2)　沖縄観光と文化に関する座談会と方言論争　164
　　　(3)　沖縄観光とアイデンティティの政治　166
　4　米軍統治期における観光資源の変容と観光開発構想　168

(1)　戦跡観光とショッピング観光　168
　　　(2)　千家哲麿の沖縄観光の分析と提言　171
　　　(3)　沖縄観光と亜熱帯の海浜リゾート創造計画　175
　5　本土復帰以降の沖縄観光と沖縄国際海洋博覧会　179
　　　(1)　沖縄国際海洋博覧会にともなう観光開発　179
　　　(2)　沖縄国際海洋博覧会の喚起する沖縄イメージと文化政治　183
　　　(3)　沖縄国際海洋博覧会以降の観光と沖縄イメージ　187
　6　おわりに　190

第6章　与論島観光におけるイメージの変容と現地の反応　201

　1　はじめに　201
　2　与論島の観光地としての系譜　202
　3　観光ブーム期の与論島イメージとコンフリクト　207
　　　(1)　与論島のイメージとその諸相　207
　　　　　a　サンゴ礁の青い海のイメージ形成　207
　　　　　b　自由および恋愛のイメージと場所神話　210
　　　(2)　観光客と現地住民の間でのコンフリクト　213
　4　映画『めがね』による与論島観光に対する現地の反応　216
　　　(1)　映画『めがね』の喚起する与論島のイメージ　216
　　　(2)　映画『めがね』をみて与論島を訪れる観光客と現地の対応　219
　5　おわりに　221

あとがき　227

人名索引　235
事項索引　237

序　章

1　文化／空間論的転回と地理学における観光研究

　地理学における観光研究は，「文化論的転回 cultural turn」の影響によって，1990年代以降に活発となった。文化論的転回とは，1980年代後半から生じた学際的な文化的次元への知的シフトであり，それは資本主義社会において世界規模で進行するグローバリゼーションという社会的状況に対応したものであった。このグローバリゼーションの状況下では，世界がますます均質化するなかで，国際分業において優位なポジションに位置して資本投下の獲得・保持と雇用創出を果たし消費の中心となるために，経済資本より文化資本を充実して他の場所と差異化する必要性が生じている。そのため，文化資本の蓄積による観光地化が，場所の資本主義的発達のために重要になるという状況が生じ，研究対象として観光が注目を集めるようになった。さらに，この均質化し流動性が高まる社会において，「旅する文化 traveling cultures」と呼ばれる場所に固着せず移動する文化の諸相が文化・社会研究全般で注目を集め，旅やディアスポラといった移動に関する文化的実践，なかでも資本主義社会における象徴的な移動現象である観光が，焦点をあてるべき対象として浮上してきたのである。
　また，文化論的転回における議論は，フェミニズム，ポストコロニアリズム，カルチュラル・スタディーズなどの特権的な力に対する抵抗を提起する諸分野において，文化のはらむ権力や，他者やアイデンティティの問題に注目が集まるなかで展開されてきたという側面もある。例えば，複雑な力関係に巻き込まれている自身の役割を見定めつつ，他者と自己との関係性を「移動」に関するメタファーを用いながら批判的に洞察する「旅する理論家」たちの自己認識，

帝国主義時代における「心象地理 imaginative geographies」のはらむ権力の問題を問うたサイード（Said, E.）の議論[6]，ナショナリズム研究の重要な視座となったホブズボウム（Hobsbawm, E.）の「伝統の創造 inventing tradition」論[7]は，アイデンティティや他者，そして権力の問題が深く介在する観光現象を理解するための重要な視座となり，文化的次元に注目した観光研究を活性化させることになった。

　このような文化論的視座からなされた観光研究としては　マッカネル（MacCannell, D.）[8]，アーリ（Urry, J.）[9]，ロジェク（Rojek, C.）[10]，シールズ（Shields, R.）[11]といった文化人類学者や社会学者による研究が代表的なものとして挙げられ，地理学における文化論的な観光研究もこれらの研究の刺激をうけて行われた。例えばブリトン（Britton, S.）は資本主義の性質に注目した新しい観光地理学の展望を示し[12]，ダンカン（Duncan, J.）とグレゴリー（Gregory, D.）らは，心象地理に注目して旅と空間にまつわる諸問題を考察しており[13]，またクラウチ（Crouch, D.）らは，空間，場所，景観といった空間的メタファーを用いながら，観光をテーマに他性の問題などについて多彩な議論を展開している[14]。このような，文化に注目した地理学における新しい観光研究の潮流は，観光地理学の概説書において，「新しい観光地理学 new tourism geographies」[15]として紹介されている。

　地理学におけるかかる観光研究は，学際的な文化論的な研究動向と対話すると同時に，特に空間の問題に注目していることが確認される。先に言及した文化論的転回は，均質化するグローバリゼーションの一方でローカリゼーションという差異化が進行するといった資本主義の空間性や，権力やアイデンティティの問題における地理的空間の重要性を浮き彫りにし，「空間論的転回 spatial turn」と呼ばれる「空間」に対する注目をともなっていた。特に人文地理学においては，文化・社会研究において暗黙裡に想定されていた座標システムとして記述可能な「容器」としてのデカルト的な空間概念とは異なる空間の概念化が試みられており[16]，1970年代には，空間科学の客観主義に対抗して現象学に依拠しつつ主観を重視する視点をとった人文主義地理学[17]が，さらには資本制下での社会的な空間の生産を理論化することを目指したラディカル地理学が登場した。1980年代以降になると，ハーヴェイ（Harvey, D.）[18]やソジャ（Soja,

E.)[19]といったポストモダンの文化・社会地理学者が，空間は社会的構築物であり，かつ社会も空間的に構成されると理解し，資本主義の空間性を論じるための空間認識を鍛え上げ，空間論的転回における議論を主導していった。そして，かつては人文地理学の理論的議論とは乖離したところで展開してきた観光地理学[20]も，新しい観光地理学とも呼ばれる近年の研究では，文化の問題に注目するなかで人文地理学における最先端の議論をとり込むようになり，かつ人文地理学で議論される空間に焦点をあてた視座によって，観光研究に新しい知見を提供するようになってきているのである。

　日本の人文地理学においても，観光地理学として社会経済的な機能と構造に着目した観光地域の形成過程研究がなされる一方で，1980年代後半以降には観光地の場所イメージ研究[21]や文化的な場所構築の研究[22]など，英語圏の研究動向[23]の影響をうけつつ，文化的次元に注目した新しい観光研究がなされるようになった。特にナショナリズムなどのより広い文脈において観光を理解する傾向が生じたことは，時にやや紋切り型の議論がなされるものの，人文地理学における観光研究に新たな知見を提供してきたといえる。しかしながら，文化や空間の問題に注目した観光研究は，管見の限りこれまで本格的にはなされていない。

　そこで本書では，これまでの観光地域の発達史的研究に，近年の文化／空間論的な視座を持ち込み，新たな研究の展望を開きたいと考える。このような研究を行うために，本章ではまず，先に紹介した英語圏における文化と空間に注目した観光に関する議論を参考にしながら，観光の対象として社会的に位置づけられた空間である観光地に焦点をあて，観光空間の性質を明らかにすると同時にその生産過程を考察するための視座をまとめたい。

2　観光空間と地理的想像力

(1) 地理的想像力の魅力と権力

　人文・社会科学における観光研究を活性化させることになった重要な議論として，アーリが展開した「観光客のまなざし tourist gaze」に関するものがある[24]。彼によれば，観光客のまなざしとは，観光客の所属する文化・社会の記号シス

テムによって編成されるものであり，その対象とされるのは，日常との対称性を有する非日常のもので，楽しみが期待されるものだとされる。また観光は，空間的な移動をともなうという特徴を持っているため，まなざしを向けられる対象は，観光客にとっての日常空間の外にある他所に存在することになる。これらから，観光の動機とは，他所に対する地理的想像力によって生み出されるものだと考えることができる。[25]

そうすると，観光地のような観光空間には，他所への地理的想像力によって，観光客にとって非日常で，楽しみが期待されるようなイメージが投影されていることになる。この非日常とは，言い換えればマッカネルが観光に密接な関係があるとする「他性 otherness」であり[26]，観光客はそれに魅力を感じていると考えられる。例えば，ゴス（Goss, J.）によるハワイについての観光パンフレットの分析では，そこに楽園，周縁性，境界性，女性性，アロハのような比喩のかたちで他性の場所イメージが喚起されていることが見出されている[27]。社会的に観光のための場所として位置づけられている観光地のような観光空間は，観光客にとって魅力的な他性のイメージが布置された場所として，「社会空間化 social spatialization」されているのである[28]。

こうした他性のイメージが喚起される他所である観光空間には，しばしばそこに権力の問題が介在していることも認められる。この点については，サイードの「オリエンタリズム」に関する考察が有名である。彼は，「なじみの深い『自分たちの』空間と，その自分たちの空間の彼方にひろがるなじみのない『彼ら』の空間とを心のなかで名付け区別」することによって生じたものを「心象地理」と呼び，それがまなざして支配する主体としての西洋，観られ従属する他者としての東洋などのように，権力の道具として二項対立的に生み出されたこと，そして他所の心象地理には，観光客などのまなざす側のファンタジーや欲望が投影されていることを明らかにしている[29]。こうした議論をうけて，紀行文とそこに描かれる他所の心象地理が，植民地主義による支配を正当化する言説装置や，著者の属する文化を明らかにするものとして，注目を集めるようになっている。例えばダンカンとグレゴリーは，サイードの心象地理の議論に依拠しつつ帝国主義時代の紀行文に注目し，紀行文を「ある場所の異なる文化的イディオムをとらえることができず，住民のための場所の象徴的な装填を

失い，そしてそれを他の象徴的価値へと置き換える」喪失と獲得が行われる翻訳空間であるとし，この象徴的転換の政治性により，紀行文は植民地権力のクモの巣を張るような権力装置，すなわち主体に欲望とファンタジーを与え征服を正当化する帝国の文体となることを指摘している[30]。

　また，サイードの議論から，他性が喚起される観光空間には，他者との対比によって構築されるアイデンティティの問題が関係していることも認められる。この点については，観光客のアイデンティティが観光空間の住民との対比で形成されるというだけでなく，階級や趣向についての自身の位置づけによって観光地選定が異なるといったように[31]，他の観光客の存在も関係している。さらに，観光現象を語る際にしばしば言及される「真正性 authenticity」に注目すると，よりその多様な諸相がみえてくる。マッカネルは，観光客には非日常の時空間に本物の世界を見出しそこに真正性を求める欲望があるとし，本物の異民族の文化を求めるような観光客のまなざしについて言及している[32]。しかしながらこの真正性は往々にして，国家の伝統が近代期に創造されたものであるとするホブズボウムの議論[33]で言及されたような，観光客自らの国家の聖地や故郷といった，近代期に創造されたアイデンティティの中心としての地理的想像力と結びつく。このことは，観光空間が，他所であると同時にホームのイメージを喚起するという矛盾した空間になる場合があるということを示唆している。さらにこの観光地の真正性は，ホスト側のアイデンティティと密接に関係する場合があり，例えば山下晋司は，インドネシアの観光が国民文化の称揚と密接に結びついていることを指摘している[34]。そして太田好信が，観光客側が創り出したイメージを，ホスト側が客体化することによって，自らのアイデンティティとする過程を指摘したように[35]，観光空間のイメージは，ゲストとホストの間における交渉のなかで生産されるものでもあるといえる。

　この真正性の問題に顕著なように，観光空間と結びつく地理的想像力は，その「ポジショナリティ positionality」の違いによって異なってくるものである。ポジショナリティは，「旅する理論家[36]」と呼ばれる論客たちが，セルフ・リフレクションのために自身の立ち位置を見定めようとするのと同時に，異なる立ち位置をとることで他者との関係を固定化せずにズラそうと試みるなかで，しばしば言及する空間的概念である。こうした旅する理論家たちと同じく，移動

の実践を行う観光客は，身体的に，そして時に想像上でもそのポジショナリティをズラし続けているのであり，それがために観光空間に投影されるイメージも変化していくと考えられるのである。バーバ（Bhabha, H.K.）は，サイードがオリエンタリズムの議論で言及したようなステレオタイプ化された他所表象が，無知で野蛮とされながら幻想的で魅惑的であるという両義的なものであることを論じているが[37]，観光客がこのうちのどちらの側面を認識するかも，そのポジショナリティによって変化するのである。

(2) 観光空間の異種混淆性と他所イメージ

　観光現象の特徴としては，その「出会い encounter」[38]の性質もしばしば指摘される。すなわち，観光空間とは，多様な他性のイメージをはじめとして，さまざまな人やモノなどと観光客が「出会う」空間なのであり，それゆえそこは「異種混淆 hybrid」の空間になると考えることができる。この点について，ストリブラス（Stallybrass, P.）とホワイト（White, A.）は，こうした異種混淆性を，日常でないものとしてステレオタイプ化された他所ととらえる場合と，その混ざり合う行為，異種混淆性そのものをとらえる場合に区別し，その関係を理解しようとした[39]。特にストリブラスらは，後者の意味での「異種混淆性」に注目し，空間内部での意味の「内容」を動的に記述する方向性を打ち出すなかで検討している。そして彼らは，リゾートなどの象徴的な場所が彼方のものに構造的に依存していると考え，そこが中産階級の主体形成との関係から，野卑な下層市民／女性／野蛮な外国人／田舎／植民地が想像上で結びつけられるという象徴操作がなされていると指摘し，またそれが国家による国内統治と帝国主義の戦略と親和的になっていることを論じている。先のダンカンとグレゴリーが翻訳空間として紀行文をとらえた視座にあるように，「出会い」の空間としての観光空間では，自己と他者の関係性に起因する文化的な政治が展開されているのである。

　このストリブラスらの議論は，特定の観光空間を異他なる空間と関係論的にとらえていることに特徴がある。こうした点については，資本主義の発達過程が空間的障壁を減らして空間を再編したこと，すなわちハーヴェイが指摘する資本主義による「時間－空間の圧縮 time-space compression」[40]が深く関係してい

る。生産効率の向上を図るために運輸通信技術の革新と普及を促進したことが，観光客の行動圏を拡大するだけでなく，人々の地理的想像力を世界中のさまざまな異国にまで押し広げることで，より遠方のイメージを観光客の憧れの対象とすることを可能としたのである。このように，観光空間について考える際には，日常と対比される他所のイメージが投影された場所であると同時に，さまざまな旅する他所のイメージが出会う異種混淆的な空間であるととらえる必要がある。この他所イメージの二つの次元は，ローカリゼーションとグローバリゼーションという，近現代社会を語る際のキーワードと対応させて考えることもできる。すなわち，観光空間に投影された非日常の他性のイメージはイメージのローカル化の現象として，観光空間で出会うさまざまな他所イメージはグローバルに移動する旅するイメージであり，観光空間をよりほかなる空間へと想像上で結びつけるものとして考えられるのである。

　こうして，特定の観光空間に関係するイメージは，極めて多様なものとなる。さらに，観光客が日常をどの空間スケールで想像するのか，観光客の旅行圏の空間スケールをいかに設定して他の競合する観光空間との差異化を図るのか，[41]という点からも観光空間に求められる他性は変化するし，そこには政治的次元で大きな影響力を持つ国や地域などの多様な空間スケールにおける地理的想像力も関係するため，イメージはより複雑で重層的なものとなる。このような多様なイメージの相互関係を理解するにあたり，観光空間の文化的形成を「イメージ」と「神話」という二つの概念を用いることで簡潔に説明したシールズの議論[42]が参考になる。この神話とイメージの概念は，レヴィ＝ストロース（Lévi-Strauss, C.）やバルト（Barthes, R.）の神話研究を引用していくつかの観光研究で援用されるものであるが[43]，シールズの考え方には特にブルジョワの神話形成を批判的に分析したバルトの研究の影響が見受けられる[44]。バルトの定義によれば，神話とは，先立って存在する記号の連鎖を出発点として形成された，二次的な記号体系である。シールズはこうしたバルトの考えを敷衍しつつ，観光空間にはわれわれを惹きつける場所神話が形成されており，それはその空間の一連の場所イメージ群によって創り出されていることを指摘している[45]。そしてシールズが，人々を惹きつける場所神話が，他の境界的な名声を得た場所神話を経由した想像の地理上にあることを論じているように[46]，それは異他なる空

間との関係性の上で成り立つものとして理解されるのである。

3　空間の矛盾と観光空間の生産

(1)　境界性と空間の矛盾

　境の場所神話について論じるシールズは，イギリスのブライトンの浜辺のような観光空間を「境界域 liminal zone」であるとし，そこが非日常的実践の空間であることを指摘している。ここで彼が使う境界という用語は，ターナー（Turner, V.）による「境界性 liminality」[47]の議論に基づいている。ターナーは，ヘネップ（Gennep, A.）の指摘した「分離」→「過渡」→「再統合」という通過儀礼の第二段階における境界性の状態について議論し[48]，そこで生じる日常の構造劣性としての「反構造」や平等な社会関係としての「コミュニタス」[49]といった非日常的な状況について言及している。この通過儀礼の過程は，目的地へ行って帰るという観光行動と類似しているばかりでなく，第二段階における境界性の状態に，観光を語る際に強調される「非日常」の性質が見出されたことから，観光現象を説明するための重要なモデルとなっている。そこでシールズは，観光空間の非日常的な性格を説明するにあたり，ターナーの議論を空間化してそこを境界域としたのである。

　ただし，ターナーは，反構造を象徴的構造の劣性のみに限定し，無意識の構造が境界性の段階に存在していることを認めており，境界性の状態に日常的な要素も見出している。観光現象についても，先のマッカネルのように観光客による非日常の時空における真正性への欲望が指摘される一方で，ブーアスティン（Boorstin, D. J.）の疑似イベント説[50]のように，観光の経験とはおなじみの環境の泡のなかで行われるとする特徴がしばしば言及される。この点について，ロジェクは，観光地に非日常性と日常性という対照的な二つの性質を見出しており[51]，またアーリはそのような性質を半日常として表現している[52]。さらにフェザーストン（Featherstone, M.）は，このような空間に，管理と脱-管理の二つの性質を見出して，そこを秩序化された無秩序の空間であるとし，この矛盾の空間で生きる観光客のような人々は，管理と脱-管理の間の容易なギアチェンジの能力，すなわちポジショナリティの変化の能力を開発することで

8

この矛盾を解決しているとしている[53]。すなわち，まったくの非日常の異他なる空間であれば，観光客の安全性は確保されないし楽しみのコードも通用せず，また何がしかの他性がなければ観光客にとっての魅力はなくなるのであり，観光空間を成立させるのはこの矛盾した両義的な性質であると考えられるのである。

　こうした観光空間の性質については，資本主義によって生産される社会空間について論じたルフェーブル（Lefebvre, H.）の議論が参考になる[54]。彼はこうした空間が，均質化してもろもろの現存の差異や個別性を縮減する傾向にあるのに対して，あらゆるものを断片化して新しい空間である差異の空間を創出するという「矛盾した空間」であることを指摘している。そして差異の空間は，「エロス化され，あいまいさをとりもどし，欲求と欲望の共通の誕生地をとりもどす」のだとし[55]，差異の空間である「余暇の空間」は「社会的なものと心的なものとの分離，感覚的なものと知的なものとの分離，そしてまた日常と非日常（祝祭）との分離といった諸種の分離をのりこえる傾向」にあって「とりわけ矛盾に満ちた空間」になることを指摘している[56]。こうした彼の議論は，世界を均質化するグローバリゼーションと，差異化を求めるローカリゼーションといった資本主義社会における矛盾した傾向をまさに説明するものであるといえる。近年ますます強くなるこうした傾向は，観光空間に特徴的なものであり，それがためそこはポストモダン的特徴が顕著な空間になるのである[57]。

(2) 観光空間の生産

　またルフェーブルは，こうした社会空間の生産を理解するために，「空間的実践 spatial practice」，「空間の表象 representation of space」，「表象の空間 space of representation」という三つの空間の次元を認識することを提唱している。「空間的実践」とは，「知覚される空間」，すなわち高速道路や家屋の配置などといったそれぞれの社会構成体を特徴づける特定の場所や空間配置などの物質的な空間の次元である。「空間の表象」とは，知・記号・コードといった空間の言説と関わる空間の秩序であり，意識的に操作される「思考される空間」，すなわち都市計画や地図製作にあたって構想される空間である。そして「表象の空間」とは，象徴・映像・イメージを介して直接「生きられる空間」，すなわ

ち芸術家の表現する空間でありユーザーが生きる空間である。ルフェーブルはこの三つの次元の空間が互いにズレ・拮抗を繰り返す三元的な弁証法の関係をとりむすびながら社会空間を生産しているととらえている。

　彼は，社会空間のなかでも，特に余暇の空間のような差異の空間の生産について，こうした枠組みを念頭に頻繁に論じている。例えば，「航空輸送をともなう新資本主義の空間的実践においては，空間の表象によって表象の空間（太陽，海，祭り，浪費，支出の空間）を操作することができるのである」[58]と述べているように，観光空間はかかる認識枠によってその生産について理解することが容易になる。また，差異の空間である観光空間が矛盾した空間となることは，こうした認識によって，そこに欲望が投影され，生きられる空間である「表象の空間」が卓越する一方で，生理的な物質的欲求を満たすため，思考された「空間の表象」によって空間の均質化も果たされるからだと考えることができる。そのため，ルフェーブルが「快楽と生理的な満足とが一体化するのは『余暇』を専門にする場における余暇活動においてである。休日のリゾート地しかり，農村しかり，雪原，太陽が輝く浜辺しかりである」[59]というように，この両者の傾向が観光空間では併存すると同時に顕著となるのである。

　そこで本書では，他性や真正性のイメージといった観光客の生きられる「表象の空間」，ナショナリズムなどのイデオロギーや都市計画家による土地開発計画といった「空間の表象」，土地会社などの観光資本による物質的空間形成としての「空間的実践」，という三つの空間の次元の相互関係を考察することで，観光空間の生産過程について考えることにしたい。かかる研究の視座は，表象分析偏重の傾向を戒めて物質的空間との関係性を問う必要が叫ばれている近年の文化地理学における議論をうけたものでもある。[60] 1980年代後半から生じた「新しい文化地理学」では，地理的表象がはらむ権力の問題に注目し，それを生み出すモダニティを批判的に検討してきたが，このような研究動向は，物質性，感情，生きられた経験を事実上無視してしまうことが近年指摘されるようになっている。[61] すなわち，「新しい文化地理学」においては，「空間の表象」に対する批判的検討が重視され，「表象の空間」や「空間的実践」の検討およびそれらの相互関係についての考察が乏しかったのである。こうした反省から，近年では物質論的転回などと呼ばれる新しい一連の研究が生じているが，

その特徴は，ある事象の顕在を，関係的に，そして動的に理解し，その生成の過程を問うことにある。そのなかで，言説的なものと物質的なものとの関係性も問い直されているのである。ルフェーブルもまさに空間をさまざまな事象の関係性のなかで動的にとらえており，彼の視座を経由することで，想像的かつ物質的な観光空間の生産過程が理解できると考える。

この空間の生産の枠組みで考えると，前節で議論した地理的想像力は，まずは表象の空間に属するものと考えられる。しかしながら，権力の問題が介在しているように，空間の表象としての側面も有している。すなわち，地理的想像力は往々にしてこの両者の空間の次元を包含するものなのである。さらに，地理的想像力は，空間的実践によって生み出される物質的な空間との関係性から生じるという側面も有しており，これら三つの空間の次元を媒介し，またそれらの相互関係のなかで生み出されるものでもあるといえる。そのため，地理的想像力を観光空間の生産の枠組みで把握すると，そのありようがよりよく理解されると同時に，地理的想像力に注目することで，観光空間の生産の検討が容易になるのである。そこで本書では，地理的想像力に注目し，イメージ，他性，アイデンティティ，権力，感情，物質などの複雑な関係性のなかで，観光空間がいかに生産されたのかその動的な過程を検討することにしたい。

4　観光の文化／空間史と本書の構成

本書では，これまで論じてきた視点から，特に日本における観光空間の生産過程について，いくつかの事例をとりあげて考察する。ここでは，各章の位置づけを明確にするために，まず観光の文化／空間史の概略を述べた後で，本書の構成について説明することにしたい。

(1)　観光の文化／空間史

観光の誕生はしばしば18世紀半ばにはじまる英国産業革命から語られる。その理由の一つとして，資本主義の時代の幕開けであるこの出来事が，組織化された大衆観光の契機となったことが挙げられる。その前提として，コルバン（Corbin, A.）は観光の時間の誕生について指摘している[62]。すなわち産業革命に

よる工業化によって労働が出来高払いから時間決めに変化したことで,「労働時間」を中心とした「社会的時間の再配分」が行われ,「余暇時間」が発生したというのである。さらに健全な余暇活動を求める社会的文脈のなかで,余暇時間のなかでも集団での観光が推奨されていき,多くの人々は観光の時間を過ごすようになった[63]。このように観光の時間が労働時間の確立にともなう余暇時間の一形態として生まれたのである。

　それと同時に,観光の空間が,資本主義の発達過程が空間的障壁を減らして空間を再編したことによって生み出されていった。なぜ資本主義の発達が空間の再編をともなったかといえば,生産効率の向上を図るために運輸通信技術の革新と普及を促進し,かつ対外的な投資と貿易を拡大するために帝国主義的征服を通して世界空間を再領土化したからである[64]。特に鉄道は,観光客にとって高速かつ安全で安価な移動機関として機能し,さらにそこで人々が獲得した「パノラマ的知覚」[65]は観光に必要な世界認識の方法となっていった。また世界空間の再領土化は,観光空間を拡張していくと同時に,万国博覧会をはじめとする新しい表象技術によって植民地を中心とする異国が展示／礼賛されることで,他所に対する憧れと観光の動機を創り出していった。トマス・クックのパック旅行が1841年の団体割引鉄道旅行にはじまり,1851年のロンドン万博で規模を拡大し,その後パリ,ローマ,スイス,アメリカ,中東・エジプトへとその範囲を拡大させていったこと[66]は,空間の変容が観光の発達と密接な関係があったことを裏づけているといえる。資本主義による空間の再編と観光の発達,そして異文化認識は,三位一体となって進展していったのである。

　1969年以降のジャンボジェット機の就航は,グローバリゼーションの傾向を加速させ,人,商品,資本の移動性を高めて世界の均質化を進めていった。そのため資本主義社会は合理性と均質性を求めて拡張する近代から,ますます均質化する社会のなかで差異を求め文化を強調するポストモダンと呼ばれる時代へと変化していく。すなわち1970年代に入ると脱工業・多国籍企業・消費の時代である「後期資本主義」に突入するのである。この時代は空間的障壁が小さいがゆえに,さまざまなスケールの場所——国,地方自治体,コミュニティなど——が他の場所と非常に競争的な環境におかれるようになる。なぜならそれぞれの場所にとって最も重要な問題は,国際分業のなかで優位な位置を

序　章

占め，資本投下の獲得・保持とそれによる雇用創出を果たし，消費の中心となることだからである。そのため経済資本より文化資本を充実して他の場所と差異化する必要性が生じ，都市統治は都市管理者主義から官民協力体制の都市企業家主義へ変容し，都市景観はますますスペクタクル化して農村地域も含めて多くの場所が観光地化していく，という観光の時代が到来する。つまりポストモダンの現代社会においては，観光地化が資本投下・消費獲得・雇用創出の重要なテーマとなり文化産業が活発化するのである[67]。また，観光のあり方についても，近代のマス・ツーリズムとは異なる持続可能な観光やスペシャル・インタレスト・ツーリズムといった新しい形態が出現した[68]。現代社会においてさらなる空間の変容が進展するなかで，文化的実践としての観光のあり方も変化しているのである。

(2)　本書の構成

このような観光の文化／空間史のなかで，まずは近代期における観光空間がどのように生産されたのかが一つ論点となってくる。そこでまず第1章では，その象徴的な観光空間である近代リゾートをとりあげ，そこに投影された他性のイメージや境の場所神話といった地理的想像力に注目しながら，特に観光客の住まう都市との関係性に焦点をあててその空間の生産過程を考察する。事例としては，和歌山県南部に位置する南紀白浜温泉を検討する。

第2章では，近代期における観光空間の生産に関わるより複雑な空間的な諸関係について考察したい。そのため，第1章で検討する近代リゾートと異なり，都市との単純な二項対立ではとらえきれない，地方都市の観光空間化の問題を和歌山市を事例として検討する。またこの事例においては，戦前期に焦点をあてることで，郷土やナショナリズムといった，アイデンティティに関わる政治的な次元と観光空間化の関係性に特に注目して考察することにする。

続く第3章では，第2章でとりあげた政治的な問題をさらに掘り下げ，帝国主義の時代における心象地理と観光空間の生産の関係性を考えてみたい。この点については本書では，日本統治期の台湾の国立公園の選定過程に注目し，ナショナリズムや他所の心象地理と観光空間の生産との関係性について検討する。

また，本章4節の観光の文化／空間史で論じたように，近代からポストモダ

ンとも呼ばれる現代への空間の変容のなかで，観光のあり方は大きく変容している。そこで第4章以降では，近現代の社会的コンテクストの変化にともなう観光空間の変容過程について，イメージに焦点をあてて検討を行う。第4章では観光政策の変化に注目しながら観光空間としての熊野の変容について，第5章では政治的なコンテクストの変動との関係性から沖縄の観光空間化について考察する。最後の第6章では，マス・ツーリズムから新しい観光への変容に焦点をあて，観光客と受け入れ地域との関係に注目しながら，与論島の観光空間化について検討する。

【注】

1) Jackson, P.,' Tourism, Geography of,' (Johnston, R. J., Gregory, D., Pratt, G. and Watts, M., eds., *The Dictionary of Human Geography: Forth edition*, Blackwell, 2000), pp. 840-843.
2) ハーヴェイ，D.（吉原直樹監訳）『ポストモダニティの条件』，青木書店，1999。
3) ブリトン，S.（畠中昌教・滝波章弘・小原丈明訳）「ツーリズム，資本，場所—ツーリズムの批判的な地理学にむけて—」，空間・社会・地理思想4，1999，127-153頁。
4) Clifford, J.,' Traveling Cultures,' (Grossberg, L., Nelson, C. and Triechler, P., eds., *Cultural Studies*, Routledge, 1992), pp. 96-112.
5) Kaplan, C., *Questions of Travel*, Duke University Press, 1996.
6) サイード，E.（今沢紀子訳）『オリエンタリズム』，平凡社，1986。
7) ホブズボウム，E.「序論—伝統は創り出される—」（ホブズボウム，E., レンジャー，T. 編（前川啓治・梶原景昭ほか訳）『創られた伝統』，紀伊国屋書店，1992），9-28頁。
8) MacCannell, D., *Empty Meeting Grounds: The Tourists Papers*, Routledge, 1992.
9) (1) アーリ，J.（加太宏邦訳）『観光のまなざし—現代社会におけるレジャーと旅行—』，法政大学出版局，1995。(2) アーリ，J.（吉原直樹・大沢善信監訳）『場所を消費する』，法政大学出版局，2003。(3) アーリ，J.（吉原直樹監訳）『社会を越える社会学—移動・環境・シチズンシップ—』，法政大学出版局，2006。
10) (1) Rojek, C., *Decentrong Leisure: Rethinking Leisre Theory*, Sage, 1995. (2) Rojek, C. and Urry, J., *Touring Cultures: Transformations of Travel and Theory*, Routledge, 1997.
11) Shields, R., *Places on the Margin: Alternative Geographies of Modernity*, Routledge, 1991.
12) 前掲3) 参照。

13) Duncan, J. and Gregory, D., eds., *Writes of Passage: Reading Travel Writing*, Routledge, 1999.
14) Crouch, D., ed., *Leisure/Tourism Geographies: Practices and Geographical Knowledge*, Routledge, 1999.
15) Williams, S., *Tourism Geography*, Routledge, 1998.
16) Smith, N., *Uneven Development: Nature, Capital and the Reproduction of Space*, Blackwell, 1990.
17)（1）トゥアン, Y.（小野有五・阿部一訳）『トポフィリア―人間と環境―』，せりか書房，1992。（2）レルフ, Y.（高野岳彦・阿部隆・石山美也子訳）『場所の現象学―没場所性を越えて―』，筑摩書房，1991。
18) 前掲 2）参照。
19)（1）ソジャ, E.（加藤政洋・西部均・水内俊雄ほか訳）『ポストモダン地理学』，青土社，2003。（2）ソジャ, E.（加藤政洋訳）『第三空間―ポストモダンの空間論的転回―』，青土社，2005。
20) 鶴田英一「観光地理学の現状と課題―日本と英語圏の研究の止揚に向けて―」，人文地理 46，1994，66-84 頁。
21)（1）山村順次『新観光地理学』，大明堂，1995。（2）前掲 20）参照。
22)（1）内田順文「軽井沢における『高級避暑地・別荘地』のイメージ定着について」，地理学評論 62，1989，495-512 頁。（2）佐々木博「イメージが創った観光地清里高原」，人文地理学研究 22，1998，27-52 頁。
23)（1）荒山正彦「文化のオーセンティシティと国立公園の成立―観光現象を対象とした人文地理学研究の課題―」，地理学評論 68，1995，792-810 頁。（2）福田珠己「赤瓦は何を語るか―沖縄県八重山諸島竹富島における町並み保存運動―」，地理学評論 69，1996，727-743 頁。
24) 前掲 9）（1）参照。
25) 地理的想像力とは，「生命が構成され，その行為がなされる，地球上の場所，空間，景観，自然の意味に対する感性」のことをいう。Gregory, D.,' Geographical Imagination,' (Johnston, R. J., Gregory, D., Pratt, G. and Watts, M., eds., *The Dictionary of Human Geography: Forth edition*, Blackwell, 2000), pp. 298-301.
26) 前掲 8）参照。
27) Goss, J.,' Placing the Market and Marketing Place: Tourist Advertising of the Hawaiian Islands, 1972-92,' *Environment and Planning D: Society and Space*, 11, 1993, pp. 663-668.
28) 前掲 11）参照。
29)（1）前掲 6）54 頁参照。（2）Gregory, D.,' Imaginative Geographies,' (Johnston, R. J., Gregory, D., Pratt, G. and Watts, M., eds., *The Dictionary of Human Geography: Forth edition*, Blackwell, 2000), pp. 372-373.
30) Duncan, J. and Gregory, D.,' Introduction,' (Duncan, J. and Gregory, D., eds., *Writes of Passage: Reading Travel Writing*, Routledge, 1999), pp. 1-13.
31) 前掲 9）（1）28-70 頁参照。

32) MacCannell, D., *The Tourist: A New Theory of the Leisure Class*, Macmillian, 1976.
33) 前掲7) 参照。
34) 山下晋司『バリ　観光人類学のレッスン』, 東京大学出版会, 1999。
35) 太田好信『トランスポジションの思想―文化人類学の再想像―』, 世界思想社, 1998。
36) 前掲5) 参照。
37) バーバ, H.K. (富山太佳夫訳)「他者の問題―差異, 差別, コロニアリズムの言説―」(富山太佳夫編『文学の境界線』, 研究社出版, 1996), 167-207頁。
38) Crouch, D.,'Introduction: Encounters in Leisure/Tourism,' (Crouch, D.,ed., *Leisure/Tourism Geographies: Practices and Geographical Knowledge*, Routledge, 1999), pp. 1-16.
39) ストリブラス, P., ホワイト, A. (本橋哲也訳)『境界侵犯―その詩学と政治学―』, ありな書房, 1995。
40) 前掲2) 参照。
41) 前掲27) 参照。
42) 前掲11) 参照。
43) (1) Rojek, C.,' Indexing, Dragging and the Social Construction of Tourist Sights,' (Rojek, C. and Urry, J., eds., *Touring Cultures: Transformations of Travel and Theory*, Routledge, 1997), pp. 52-74. (2) Selwyn, T., ed., *The Tourist Image: Myths and Myth Making in Tourism*, John Wiley & Sons, 1996. (3) 前掲9) (2) 参照。
44) バルト, R. (篠沢秀夫訳)『神話作用』, 現代思潮社, 1967。
45) 前掲11) 60-61頁参照。
46) 前掲11) 112頁参照。
47) 前掲11) 参照。
48) ターナー, V. (梶原景昭訳)『象徴と社会』, 紀伊國屋書店, 1981。特に121-207頁の第3章「社会過程としての巡礼」。
49) ヘネップ, V. (織部恒雄・織部祐子訳)『通過儀礼』, 弘文堂, 1977。
50) ブーアスティン, D. J. (星野郁美・後藤和彦訳)『幻影の時代―マスコミが製造する事実―』, 東京創元社, 1964。
51) 前掲43) (1) 参照。
52) 前掲9) (1) 参照。
53) フェザーストン, M. (川崎賢一・小川葉子編訳)『消費文化とポストモダニズム』, 恒星社厚生閣, 1999。
54) ルフェーブル, H. (斉藤日出治訳)『空間の生産』, 青木書店, 2000。
55) 前掲54) 535-560頁参照。
56) 前掲54) 551頁参照。
57) 前掲11) 276-278頁参照。
58) 前掲54) 109頁参照。

59）前掲 54）448-449 頁参照。
60）Jackson, P.,' Rematerializing Social and Cultural Geography,' *Social & Cultural Geography*, 1（1），2000, pp. 9-14.
61）この段落で紹介する文化論的転回以降の人文地理学における研究動向については，以下の文献を参考にした。森正人「言葉と物—英語圏人文地理学における文化論的転回以後の展開—」，人文地理 61-1，2009，1-22 頁。(2) ベン・アンダーソン，ディヴィア・トリア゠ケリー（森正人訳）「社会・文化地理学における物質／問題」，空間・社会・地理思想 11，2007，83-89 頁。(3) ナイジェル・スリフト（森正人訳）「感情の強度—情動の空間的政治学にむけて—」，空間・社会・地理思想 11，2007，58-82 頁。(4) シェリル・マッイワン（森正人訳）「物質の地理学とポストコロニアリズム」，空間・社会・地理思想 11，2007，44-57 頁。
62）コルバン, A.「レジャーの誕生」（コルバン, A. 編（渡辺響子訳）『レジャーの誕生』，藤原書店，2000）7-20 頁。
63）(1) 前掲 9）(1)。(2) 荒井政治『レジャーの社会経済史』，東洋経済新報社，1989。
64）前掲 2）参照。
65）シヴェルブシュ, W.（加藤二郎訳）『鉄道旅行の歴史』，法政大学出版局，1982。
66）ブレンドン, P.（石井昭夫訳）『トマス・クック物語—近代ツーリズムの創始者—』，中央公論社，1995。
67）(1) 前掲 2）参照。(2) ハーヴェイ, D.（加藤政洋・水内俊雄訳）「都市空間形成を通じてのフレキシブルな蓄積—アメリカ都市における『ポスト・モダニズム』に関する省察—」，空間・社会・地理思想 2，1997，19-35 頁。(3) ハーヴェイ, D.（廣松悟訳）「都市管理者主義から都市経営家主義へ—後期資本主義における都市統治の変容—」，空間・社会・地理思想 2，1997，36-53 頁。(4) ハーヴェイ, D.（中島弘二訳）「空間から場所へ，そして再び—ポストモダニティの条件に関する省察—」，空間・社会・地理思想 2，1997，79-97 頁。(5) Jameson, F., *Postmodernism, or the Cultural Logic of Late Capitalism*, Duke University Press, 1991. (6) 前掲 3）参照。
68）安村克己『観光—新時代をつくる社会現象—』，学文社，2001。

第1章
近代期における南紀白浜温泉の形成過程と他所イメージ

1 はじめに

　近代期における象徴的な観光空間にリゾートがある。例えばイギリスでは，19世紀半ばに鉄道網が整備され，移動のための時間短縮と料金の低価格化が成し遂げられると，産業革命期に急成長した工業都市に住まう多くの一般大衆は近郊の海浜リゾートに押しかけるようになった。この背景には，産業革命期に農村部から多くの労働者が都市に送り込まれ，都市化が急速に進展したことがある。こうして出来上がった19世紀のイギリスの大都市は，住民の増加による住居の過密や不衛生な生活環境，そして工業化による大気や水の汚染といった環境問題を抱えたため，悪環境の都市と対比されるイメージを有した空間としてリゾートが発達したのである[1]。そこで本章では，近代リゾートという観光空間の生産を，都市との関係性に注目しながら他所イメージに焦点をあてて検討することにしたい。

　近代リゾートのような観光地の形成過程を論じる際には，バトラー（Butler, R.W.）の提起した観光地域の発展仮説がしばしば参照される[2]。彼は観光客数の推移や観光資本の変動を軸に，少数の探検型の観光客が訪れる「探検 Exploration」期，地元住民を中心に観光開発がはじまる「包含 Involvement」期，多くの観光客が訪れ外部資本による開発がなされる「発達 Development」期，観光客数は増えるが増加率が減りはじめる「強化 Consolidation」期，そして「停滞 Stagnation」期を経て，「回復 Rejuvenation」もしくは「衰退 Decline」期へ向かうと発展段階を分類している。このような彼の分類は，近代期の観光地形成（探検→包含→発達）と，後期資本主義のポストモダンの時代における観

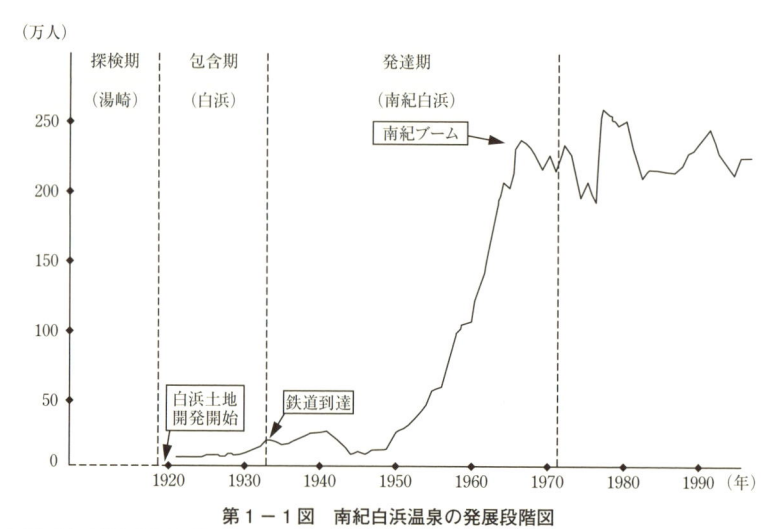

第1-1図　南紀白浜温泉の発展段階図

出典）（1）宮崎伊佐朗編『瀬戸鉛山村勢一覧』，瀬戸鉛山村役場，1935．（2）60周年記念事業委員会編『組合設立60周年記念誌　60年のあゆみ』，白浜温泉旅館協同組合，1995．（3）白浜町史編さん委員会『白浜町史　本編下巻三』，白浜町，1988．

注　）昭和10（1935）年まで資料（1），昭和11（1936）年から資料（2），昭和23（1948）年から資料（3）を参照．

光地盛衰（強化→停滞→回復／衰退）の二つの時期にわけて考えることができる。

　このバトラーの仮説のうち，特に本章で注目する近代期の探検→包含→発達という過程については，観光空間における空間の均質化の段階を分類していると考えることができる。前章で，観光空間が矛盾した空間になることをルフェーブルの議論に基づき指摘したが，それは近代的開発などによる空間の均質化が進み日常性が増大すると，同時に空間の差異化の必要性が強く生じることを意味している。そのため観光空間の特徴である他所イメージも，観光空間の矛盾の変化をもたらす，近代的インフラストラクチュアの整備などといった空間の均質化の動きとともに変容することが想定される。

　そこで本章では，工業都市としての大阪と対比される近代リゾートであった南紀白浜温泉を事例に，観光空間の生産過程と他所イメージの関係性を，探検→包含→発達の三段階の変化の要因や各段階の特徴を検討するなかで考察することにしたい。この南紀白浜温泉の発展段階は，旅客数の変化，観光資本の変動，交通機関の発達を軸に分類すると，第1-1図のようになる。すなわち，

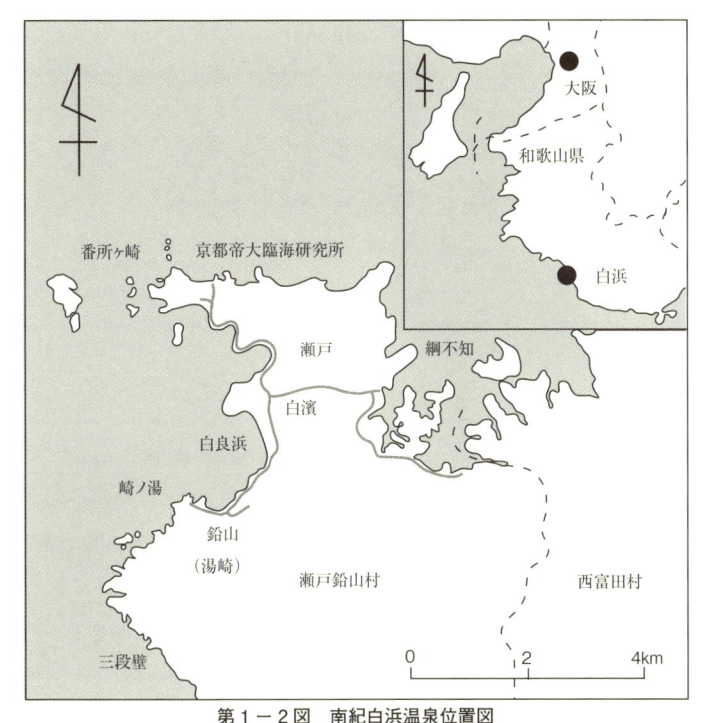

第1-2図　南紀白浜温泉位置図
注）昭和7年修正図 1/50,000 地形図（田辺）をもとに作成。

観光資本が参入する大正8（1919）年以前が「探検」期，鉄道が到達し都市の観光資本が多数流入する昭和8（1933）年以前が「包含」期，それ以後昭和50（1975）年前後までの観光客が増加する段階が「発達」期になると考えることができるのであり，本章では，この各段階における他所イメージの変化に注目して，南紀白浜温泉の形成過程を検討することにする。[3]

2　湯崎温泉の形成まで——近代的開発前史

本章で事例としてとりあげる南紀白浜温泉は，和歌山県南方の半島に位置している（第1-2図参照）。第三紀層からなるこの地は，温泉の貯留層である三段壁砂岩層，その上に熱を逃がさない被覆層となる古賀浦砂岩層，そして熱水

を通す断層と，温泉湧出に好条件の地形であり，すでに『日本書紀』の有間皇子の条（657年）に「牟婁の温湯」として記載される古くからの温泉場である。『万葉集』や『続日本書紀』に「紀の温湯」や「武漏温泉」などの別称でも登場するこの温泉場は，斉明，天智，持統，文武の四帝が行幸した有名な温泉であり，有馬や道後とともに日本三古湯にも数えられている。

江戸期には，かつての「牟婁の温湯」が湧出していた鉛山村と隣の瀬戸村のみが，田辺荘領内にありながら海防の要地として紀州藩に属する周参見代官所の支配下におかれていた。そのため歴代の紀州藩主が秘密裏の海軍演習のために通算20回以上もここを訪れて入湯し，また紀州藩の侍女や文人なども多数足を運んでいた。特に紀州藩儒者の祇園南海が景勝地の鉛山七景を設定したこと，そして「村中六十余戸皆浴客の旅舎となり飲食玩好歌舞の類に至るまで都会の地に羞ざる様になれり」という天保10（1839）年頃の記述から，紀州藩の文化も流入する温泉場として幾分かの発展をしていたことがうかがわれる。ただし「紀州田辺の湯」，「湯崎温泉」，「鉛山温泉」などと温泉名も統一されず，嘉永4（1851）年の『諸国温泉効能鑑』では全国第32番目と低位にランクづけされていること，また明治の中頃までは阿波や和歌山の地元民が農閑期に利用する地元の温泉場であったという指摘もあることから，実状は地方のささやかな温泉場であったと考えられる。

実質的な温泉地としての発展は，共同汽船が明治20（1887）年に大阪－熱田間，大阪商船が明治32（1899）年に大阪－田辺間を就航し，京阪神から観光客が訪れはじめた頃からであり，この時期に湯崎温泉の名称が定着している。明治41（1908）年に発行された湯崎温泉の旅行案内書では，ベルツ（Baelz, E. O. E.）の『日本鉱泉論』で日本における「アルカリ泉の最も善良なるもの」とされていることを紹介して希少性と治療効果を強調し，かつ七つの外湯（湯崎七湯）と「平民的家庭的」な17の旅館があり，「素朴な村民」の住まう田舎の温泉場であるとその魅力を記しており，また明治38（1905）年の下半期には1万9309人の旅客が訪れていたとの記録も残されている。さらに，自然や治療が強調される一方で，明治41（1908）年には湯崎旅館組合が設立されて地元による組織的な温泉地経営がはじまり，また外湯に娯楽場を創設し旅館に「内湯」設備を整えるなど，都市住民の欲求を充足する近代化の動きも生じており，

この時期に設備の面では探検期から包含期への移行がはじまりつつあったといえる。

　ただし，温泉は被覆層の古賀浦砂岩層が露出していた鉛山村からのみ湧出し，その上をより若い地層の瀬戸砂岩層が覆う隣の瀬戸村は，温泉が自然湧出せずに半農半漁の寒村状態であった。そのため瀬戸村は入湯税の徴収をもくろみ，江戸期に鉱夫の流入で成立した鉛山村の温泉権に疑義を呈して，明和 8（1771）年と明治 15（1882）年の 2 度，裁判で争っていた。さらに明治 22（1889）年の町制施行時に瀬戸鉛山村となってからも，明治 27（1894）年の瀬戸部と鉛山部の設立による旧村の行事と利権の分割をはじめとして，旧両村の対立は解消されることはなかった。そのため鉛山の湯崎温泉に対抗した温泉場創出の機運が旧瀬戸村域に生じ，明治 32（1899）年に瀬戸の大地主であった芝田与七による温泉の人工掘削が開始されている。この掘削は稚拙な設備のために失敗したが，大阪商船の社員が当地に温泉地としての可能性を見出し，御坊の実業家であった小竹岩楠を芝田と引き合わせることで，温泉地開発実現の道を開いている。芝田は所有していた温泉掘削権を小竹に譲渡して土地買収の便宜も図っており，外資による開発は村内対立を背景として地元住民の意向にも沿うかたちで進められたといえる。

3　白浜温泉の形成過程

　小竹を中心として資本金 50 万円で大正 8（1919）年 5 月に設立された白良浜土地建物株式会社（以下白浜土地と略す）は，旧瀬戸村域の約 8 万坪の土地を買収して温泉別荘地開発を開始した。この白浜土地の開発は，大正 8（1919）年の和歌山市での紀勢鉄道西線の着工，南海・阪和両電鉄と大阪商船の資本参加と宣伝の面で後援，といった交通機関がらみの好条件を背景にはじめられている。またその事業内容も，社名を白良浜土地建物（大正 8（1919）年）→白浜温泉自動車（大正 12（1923）年）→白浜温泉土地建物（昭和 6（1931）年）→白浜温泉土地（昭和 7（1932）年）へと変更していることからわかるように，建物経営→温泉・自動車経営→温泉・土地・（建物）経営へと，鉄道の敷設状況に対応させつつ短期間で総合的に展開している。このように，鉄道が到達する昭

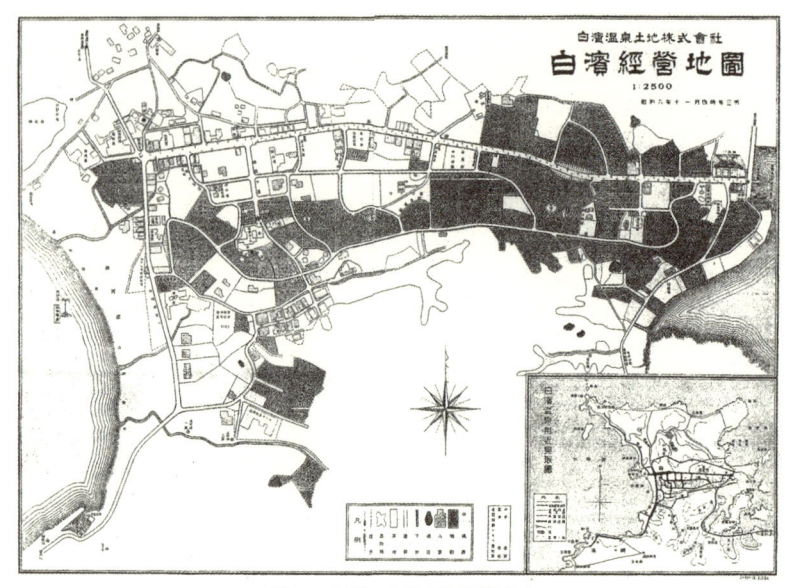

第1-3図 白浜土地経営地図
注) 昭和8 (1933) 年11月改訂版第3版

和8 (1933) 年前後までは，白浜土地が白浜半島内の観光開発を先導していた。

(1) 本多静六の土地開発計画

　この多角的な白浜土地の事業のなかでも，観光空間の生産に大きな影響を及ぼす土地開発計画は,国立公園計画にも深く関わった本多静六が大正10 (1921) 年12月に発表している。[21] 本多は「欧米先進国の各種都市に於ける道路公園広場」を参考に，「住宅地60％，公園及遊覧地18％，大温泉浴場・旅館・料理店敷地8％，道路及広場13％」の割合で土地区画を計画し，別荘地経営を中心とした近代的リゾート計画を立てている。白浜土地は若干別荘地敷地を増加させたが，基本となる道路敷設計画などはかかる計画をほぼ踏襲して土地開発を行っていた（第1-3図参照）。

　本多はこの開発計画を，遼東半島膠洲湾青島の海水浴場（第1-4図参照）を参考にして考案しており，白浜土地経営地内にある白良浜（第1-5図参照）の海水浴場としての可能性も，「東洋第一の海水浴場」と彼がいう青島の海水

第1章 近代期における南紀白浜温泉の形成過程と他所イメージ

第1-4図 青島海水浴場

第1-5図 白良浜

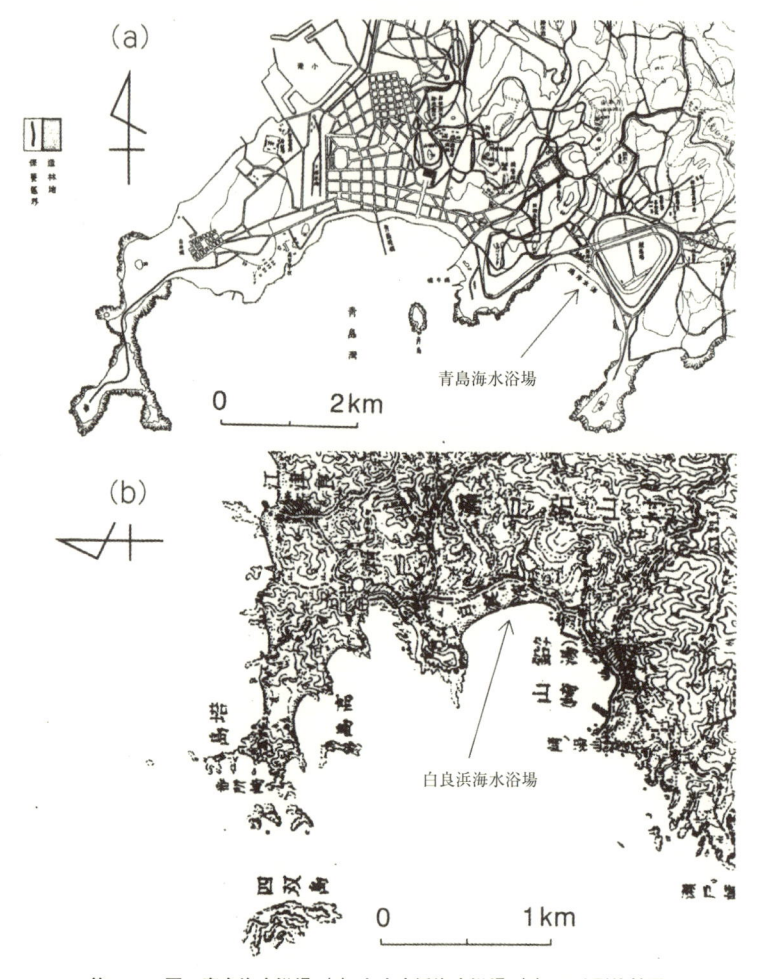

第1-6図 青島海水浴場（a）と白良浜海水浴場（b）の地形比較図
出典）（a）は農商務省山林局『青島ニ於ケル独逸ノ森林経営』，農商務省山林局，1915，93頁，の添付図「青島附近造林地域図 1/20,000」。（b）は明治44年測図1/50,000地形図（田辺）。

浴場との比較から指摘している。この発想の根底には第1－6図にあるように青島と白良浜両海水浴場の地形的な類似が考えられるが、また同時にそこがドイツ人の開発した近代的リゾートであったことも重要である。実際に本多は青島を参考に、白良浜に最新の海水浴場設備を、そして海岸の洋式ホテルや音楽堂といった近代的周辺施設を提起している。さらにいくつかの欧米のリゾートを参考に、室内遊泳場を備えた公共大温浴場や洋式ホテルを加えた「洋式建築群」、そして天然植物園、水族館、教育動物園などの諸施設も提言し、白浜の土地開発予定図にも野外劇場、美術館、図書館、公会堂、動物園などといった諸施設を組み込んでいる。このような本多の計画は、「将来来るべき文化の波に育てらるる若い都人士並に外国人を招致する」ことをもくろむと同時に、「娯楽慰安の内に国民趣味の向上と一国文化、衛生、保健の進歩発達を助長せしむるの方針」でなされたものであり、国民教化も志向した海浜リゾート計画であった。

(2) 白浜土地の開発過程

　白浜土地は、特に道路網や割地などの点で本多の計画を取り入れて土地開発事業を推進した。なかでも昭和4（1929）年6月1日に実現された天皇行幸に際して、大正11（1922）年創設の京都帝国大学臨海研究所までの臨海道路と同時に、彼の計画における幹線道路を完成させている。また白浜土地は、大正11（1922）年に白良浜近くに白浜館という大阪あめりか屋建築の近代旅館を創設し、大正12（1923）年に瀬戸部住民の唯一の現金収入源であったガラス原料としての白良浜の白砂採取を賠償金を支払い禁止させるなど、本多の提言の一部をいくつかの事業で実現している。

　一方で白浜土地は、本多がほとんど言及しなかった温泉掘削などの温泉関連事業を推進し（第1－7図左参照）、都市住民や地元の要望に合わせた開発も行っている。なかでも白浜館で内湯をはじめとする近代諸設備を完備するとともに、芸妓置屋を大正13（1924）年に営業開始するなど、特に観光客の欲求と欲望をともに満たす温泉地開発を行っていく。さらに天皇行幸以降は娯楽施設の整備に力を入れ、本多が提起していた白良浜の海水浴場（昭和4年）、ベビーゴルフ場（昭和6年）、日本で2番目のサンドスキー場（昭和7年）（第1－7図

第1－7図　白浜土地が掘削した海中温泉（図左）と白良浜のサンドスキー場（図右）

右参照），テニスコート（昭和8年）など近代的スポーツ施設をさかんに創設し，また温泉とともにカフェーやサロンなど「凡ゆる娯楽の設備」を備え「悦楽の殿堂」とされた白浜ホールを昭和8（1933）年に開業している。[29]

　このような白浜土地の事業方針は，昭和7（1932）年頃発行と推察される白浜温泉土地分譲案内に「普通温泉場の如く単に上中流人士の歓楽郷たるにとどまらず，真に天下の大保養地，現代的の進歩せる一大温泉郷たるべく現代科学の指導に基く温泉利用のあらゆる保健・娯楽の設備，又民衆的温泉場としての使命を果たすべく，スポーツ・娯楽等のあらゆる設備の完備を目標」とすると明記されている。ここから，本多のような教化的な計画をもとにしつつ，「近代都人の趣味性に迎合」[30]した都市住民の欲求や欲望に応える空間創出が志向されており，歓楽ばかりでない近代リゾート形成が目指されていたことが確認できる。

　以上のような白浜土地の事業によって，白浜温泉は，「大阪を中心とする都市の公園であり，オアシス」[31]と呼ばれたように，都市的な近代空間に包含された理想的な差異の空間となった。特に昭和8（1933）年12月に白浜口へ鉄道が到達し，週末直通列車の黒潮号が大阪－白浜間を3時間強でつなぐように

なったことによって,「京阪神の人士の遊覧地保養地は次第に圏が拡大され,最初は舞子,濱寺時代,次は和歌浦時代,現在は白浜時代と進んでゐる[32]」といわれたように,まさしく都市周縁の観光空間に編入される。観光客数も,鉄道の延伸や昭和10（1935）年の大阪からの水上飛行機の就航などによる時間距離の短縮,そして明光バスが昭和9（1934）年に開始した遊覧バスなどの温泉地内交通機関の整備によって増加し続け,昭和10（1935）年前後では宿泊年間約15万人,日帰り客を含めると推定約25万人を記録していた。[33]

(3) 白浜の他所イメージと境の場所神話
a 近代都市大阪との対称性

白浜口への鉄道到達を目前に控えた昭和7（1932）年6月,『白浜湯崎を語る会』という座談会が,大阪毎日新聞和歌山支局主催で開かれ,関西土地協会会員49名,地元の土地会社および有志18名によって,近代都市大阪に住まう人々をいかに白浜湯崎に惹きつけるかが討論されていた。この席上,土地協会常務理事から「都会からやや遠すぎる感がする」との意見が述べられた際,大阪市南区在住の実業家である田中吉太郎は,以下のように反論している。

> もし大阪の郊外であるとしたら,いかに自分がくつろいでいても大大阪の電燈が見えていたとしたら,どうでせう,自分はこんなにのんきにしているが大阪の生命はあの通り赤々として燃えている,凄じい勢ひで活動しているのを見てはどうして頭が休まるだらうか,それは一定の距離と時間をもつてわれわれの住んでいるところとはつまり環境を変へて遊覧してこそ妙味があつて直に大阪のことを思はぬところがよい。[34]

田中は,彼のような大阪人にとっての観光空間とは,日常生活を営む近代都市大阪とは「一定の距離と時間」があり,「大大阪の電燈」がみえぬ「直に大阪のことを思はぬところ」という,大阪との対称性,非日常性が必要であると指摘している。そして,彼は続けて,大阪人にとっての白浜湯崎の魅力を以下のように述べている。

> われわれ都会人は日夜経済上その他の問題で頭を悩まされている．都会人はまさに精神病にならうとしている．この都会人を健全にするものは，医者もあらう，薬もあらうが，まづこの温泉を最上のものと考へる．この温泉にもいろいろ種類があるが私は都会人に対して今いつたやうな生命を有するものは少なくとも都会より一定の距離があつてその内容がよく，風物が適当なこと，この三つの用件を具備していることが必要である……壮大なる風景などは一切を算盤化せんとする都会人の精神を休めるに最も適当したものと嘆賞するもので当地は実に都会人のお乳母さんであり都会人の後見人であり都会人の母としての使命を完全に有する温泉として賞賛するものであります．

「都会人はまさに精神病にならうとしている」とする田中は，日常を忘れるために距離を求めるばかりでなく，精神を癒すために温泉や壮大な風景を求め，都会人にとっての「お乳母さん」，「後見人」，「母」であると白浜湯崎を賞賛した．大阪人の田中にとっての白浜湯崎は，急激な工業都市化で精神的に疲れを感じさせる大阪とは対照的で，精神に癒しを与えてくれる場所であることが求められていたのである．

また，昭和8（1933）年に出版された白浜湯崎の案内書でも，田中と類似した言及がなされていたことが確認できる．

> 何しろ一度白濱湯崎に遊んだ人は「こんな温泉郷が大阪付近にあつたのか」と一驚を喫するのは無理でない．事実確かに良い．清浄な空気と太陽の紫外線から遮断され騒音と煤煙の下でビヂネスビヂネスと仕事の重圧の下で働いてゐる人々にとつては真に人生の楽園である．激しい現代の思想の渦巻の中に居る私達には少なからぬ驚異でありそれだけに白浜湯崎といふ処が都会の刺激に疲れ切つて居る人の心をどれだけ撫でさすつてくれるかが考へさせられるのである．[35]

この案内書でも，大阪を「騒音」，「ビジネス」，「煤煙」の場所として表象する一方で，「清浄な空気と太陽の紫外線」にあふれた「人生の楽園」として白浜湯崎を描き出し，そこに近代都市とは対称的な非日常の他性の場所イメージを喚起することで，観光客誘致を図っていたことが確認できる．

b　白さの場所イメージの他所性

　このような他所イメージのうち，特に白浜の喚起する白さの場所イメージが京阪神から多数の観光客を集めた理由であると，洋画家の鍋井克之は論じている。彼は昭和 10（1935）年のエッセイにおいて，近代的感性における白さへの憧れを指摘し，白浜の魅力を，「白良浜」，「コンクリートの道路」，「近代女性」という三つの白さを結びつけることで以下のように言及している。

> 二十年も前……白濱へ描きに行つた絵かき達は「白ツぽいばかりであきまへん」と歎声をもらすのに決つてゐた。ところがこの十二年来急に人間は明るい白ツぽいものに憧れ出した。……コンクリートの御幸道路，鼠白紫と無闇に白ツぽい。……この流行の白ツぽさでは白濱と近代女性には共通なものがあつて，白良濱のあの細かい白い砂は誰でも一度は掌に掬つてみる……白濱もこの白の魅力のおかげで流行の仲間入りをする資格を得たのである。世間が皆明色に向つて進行しつつある[36)]。

白浜の名の由来でもある白良浜の白さの魅力は，和歌の歌枕ともなるほど古くから讃えられたものであり[37)]，昭和 9（1934）年に北原白秋が「白良の，ましららの浜，まこと白きかも。……」と詠んだように[38)]，当時も白浜の場所イメージとして注目を集めていた[39)]。そしてこの白良浜の白さの魅力は近代期においてはしばしば近代女性のまなざしを介して語られており，例えば昭和 8（1933）年に『大阪毎日新聞』に連載された牧逸馬著の恋愛小説『新しき天』では，以下のような記述がなされている。

> 万葉にうたはれた白良濱だ。ふたりは，庭づたひに，海岸へ出てみた。『まあ！何てきれいな砂！まつ白な――。』と南海子は，よろこびの声をあげて，一握りの砂を手にすくつた。『とても細いのね。おしろひのようですわ。』ほんとに，驚異的に白い砂だ。それがしつとり湿りをふくんで，遠く，白布をひろげたやうにつづいてゐる。……二人は，今までのトラブルから，はじめて完全に切りはなされたような気がして，二匹の若い駒のように，快活だ[40)]。

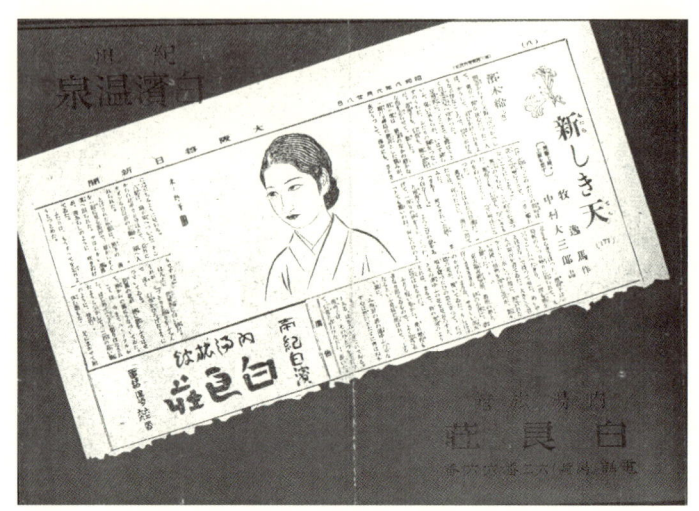

第1-8図　新聞小説『新しき天』を掲載した旅館（白良荘）のパンフレット

　白良浜の白さを讃えるこの女性の発話は，類似の表現でいくつかの旅行案内で再唱され，旅館のパンフレットにも用いられていたことから（第1-8図参照），多くの若い女性を惹きつける要因になっていたと考えられ，それは白浜への観光客の約3分の1を女性が占めていたとする統計からもうかがい知ることができる。また北尾鐐之助が昭和8（1933）年に著した紀行文では，「いまでは，岩や波の景色よりも……若い女の，白い裸足や，美しい腰の線を，観察することに興味がもてるやうなところ」と，都市から訪れる若い女性の多さと同時に，今度は白浜の近代女性の肌の白さを消費する男性のまなざしを語っている。これらから，白良浜の白さとそれに憧れる近代女性の白さ，といった白浜におけるいくつかの白さが，白浜の人気を生み出す一因であったことが確認できる。

　この白さの魅力の背景として，『新しき天』において，主人公たちが白良浜で「今までのトラブルから，はじめて完全に切りはなされたような気」になり，その後「遠く逃げて来てゐる気持」になって白浜で数日を過ごしたように，白さが日常の都市と対照的な非日常のイメージを喚起していたことが考えられる。当時，東洋のマンチェスターと呼ばれていた大阪は，先に紹介したように，「騒音」や工場からの「煤煙」，「仕事の重圧」といった暗色のイメージに包ま

れていた。そのため白浜は,「余りにスツキリとした清爽な天地に唖然として如何なる空想家もこれほど美しい天地を空想裡に描くことは出来まい」などと,対照的に明るさのイメージが強調され,特に白良浜の白さは,「名物の銀砂が年一年白さを失つて来た,夥しい来遊客が靴やフェルト草履の裏に都會の俗塵をくつけて来ては白浜へ置いてゆくようです」といった表現がなされていたように,都市の汚濁を浄化するものとしてもとらえられていたのである。

　また鍋井が指摘した「コンクリートの御幸道路」に代表される白浜の近代的空間の明るさも,白浜は「凡有ゆる近代的智識と情操とを加味して開発された結果」,「実に造化の至妙と人工の巧緻とが合流した渾然として玉の如き一大夢幻の天地」となっており,「日本に温泉も多いが之れ位明朗颯爽たる温泉場は二つとはあるまい」などと賞讃されていた。他の温泉地にはない白浜の近代的明るさは,近代都市大阪とは対照的な,理想的な近代空間のイメージを生み出していたと考えられる。さらに,田中吉太郎が白浜を都会人にとっての「母」といったように,白浜の白さと近代女性のイメージの結びつきも,労働の都市大阪の男性的イメージに対する魅力的な女性のイメージを生み出していたものと推察される。

　このように白浜は,その白さのイメージが中心となり,近代都市大阪と対照的な他所として位置づけられるようになったと考えられる。そして,昭和8（1933）年到達の鉄道の駅名が「白浜口」となったことを背景に,湯崎を含めた白浜半島の近代的温泉街が「モダーン泉都シラハマ」などと総称されるようになっていたことが確認できる。

c　西洋のイメージと境の場所神話

　また,このような白浜の白さの魅力の背景には,当時の人々が抱く西洋に対する憧れもあった。例えば北尾は,白浜で「水着一枚の裸体」の「若い西洋人の夫婦」の「女の足が細くて,蝋細工のやうに真白だつた」ことを発見し,さらに「夏になると,赤や,青や,浜辺はモダンな色彩に埋められ」,「砂の上に寝そべつて,相擁して眠る若い男女」がみられるような風景が「日本の海水浴場,すくなくともこのごろの白濱では,大した驚きでもなく平気に見られるやうになつた」と,白良浜での洋風の景観や文化的実践に注目している。

この白さの向こうに想起される憧れの西洋は，特に恋愛の場所神話を白浜で生み出すことになった。例えば，昭和10（1935）年の新聞記事では「牧逸馬が新しき天で主人公の信也と南海子を千畳敷の岸壁に立たせて『南海さんあの海の彼方がアメリカですよ』などといはせたばかりにその直後から情死者が激増」したこと，すなわちアメリカと天国での自由への憧れが重なり合うなかで「京阪神の青春の男女」が「『新しい天』をこの地に求め，たまきはる命を捨てにくる者の跡を絶たない」状況になっていたことを伝えている。この自殺者数は昭和9（1934）年だけでも23人，未遂者は54人にのぼり，白浜は関西の三原山と呼ばれるまでになっていたとされたことから，白浜に西洋イメージと恋愛の場所神話を強く感じる人々がいたことが推察される。また，このようにアメリカへの夢が喚起されることで恋愛の聖地となった白浜は，同年の新聞が「泉都へは晴れ衣を着かざつた新婚の夫婦が蜜月旅行の第一歩を印するやうになり，去る一日から毎日に十組以上，多い日は二十組からのうら若い新婚客が来遊し泉都に喜悦と明ろうな気分をただよはしてゐる」ことを報じたように，すでに新婚旅行地にもなりつつあったことが認められる。

　白浜がこの理想的な西洋のイメージを喚起した背景には，海水浴場，ゴルフ場，テニスコートといった洋風のスポーツ施設創設や，和洋折衷旅館の建設といった，ドイツ人の作ったリゾート青島を参考にして白浜開発計画をなした本多静六の思想や，小竹岩楠の西洋趣味が反映されるなかで推進された，白浜土地を中心とした近代的開発があった。戦後に白浜町の町長となった地元知識人の宮崎伊佐朗も，昭和10（1935）年に「温泉場異変（なんせんす）」と題した随筆において，近代的開発からアメリカへとその想像力を飛翔させている。

　　関西の寵児として近来一躍その名を売つた，白濱温泉場に起つた大異変。……S土地会社が約三年前から数万金をかけて，ダイヤボーリング工事をやつていたが，最近どうもボーリングが軽くなつたと云うので，技師がピットを引き揚げて見ると，なんと七時のその穴から覗くと，蒼い空の下に素晴しい街衢が見え，盛んに文明の交通機関が動いているのである。……彼方でも空に穴があいたと言うので眼の青い連中が大騒ぎしていたと言うのである。湯治客の物識の一人がその穴から会話をやつていたが，それが実に北米のニューヨークであること

が判り，アメリカが見れると云うので温泉場は，ごつた返している仕末で，S土地会社は温泉経営をやめて，白濱，ニューヨーク直通エレベータ会社を目下計画中である由。[55]

　特に，昭和8（1933）年に白浜土地が建設した白浜ホールの宣伝では，「仏蘭西料理」や「欧米カフェー情緒横溢」したテラスなど，洋風のイメージを喚起することで，その他所性を強調しようとしていたことが確認できる[56]。白さに憧れる近代的感性と白浜人気を論じた先の鍋井も，以下のように，湯崎側も洋風景観化することで，著名な異国のリゾートと比肩しうる観光空間になると言及している。

　　白濱の番所山方面の海岸から湯崎を眺めると，海の向ふのあの長い岬がなかなかいい。湯崎一帯の建築はどんな小さなものでも凡て洋館と云ふ規定にして了つたら，岬に累々と嵌め込まれて行く家屋が岬と共に海に映つてさぞ美しいことだらう。内部は日本式の畳でも何でも構はない。外観のみを洋式にすることは決して無理な注文でもないのである。そしたらヴエニスよりも南仏ニースよりもまだ世界に冠たる名所になるに違ひない。この如く遠望が美しい地勢にあつては，外観はどうしても洋風でないとはつきりと立体的な美観が現れないのである。[57]

4　南紀白浜温泉の形成過程

(1)　南国イメージを投影した観光空間の生産
a　近代的なイメージの限界と伝統の再発見

　昭和8（1933）年2月，京都帝国大学工学博士の武田五一と日本建築士会関西支部員9名は，白浜土地の依頼で白浜における建築方針を調査・発表している。彼らは，「四角な箱をならべたやうな洋風建築，殊に博覧会のバラックのやうな感じのする軒のないあのカフエーや商店の建物は著しく白浜の自然と不調和なもので，心ある人に誠にいやな感じを與へる」し，「洋風建築はあとからあとから新式がでて流行」が激しいが「日本式建築は古代から洗練を経来つ

たもので失敗が少い」ため,「概して白浜にはやはり日本風の建築がふさわしい」[58]と結論づけている。そして,昭和9（1934）年に,かつての日本三古湯「牟婁の湯」とされる「崎の湯」の改築にあたった武田は,「ここの歴史を思ひださせるやうなものを造らうと考へ」て,「鎌倉期の観音堂の型」の建築設計を行っている。[59]

このように,洋風の建築が忌避された背景には,「都会をまねて及ばざる如き植民式のものを作って何を売りものにしようというのか」[60]という批判が当時あったように,洋風の近代的開発が,都市との差異を減衰させるものとしても考えられていたことがある。洋風建築よりも和風建築を,都会人にとってめずらしい植物を,「常識的」でなく「他にない野趣」をたたえた公衆温泉浴場を求めた武田たちは[61],まさに都市との差異を創出するために,伝統を再発見していったのである。そして,このような都市的なものに対する忌避の感性から,先の北尾は同じ昭和8（1933）年の紀行文において,近代的空間の白浜に位置しながら,「湯崎はよいな……」と,「海の温泉場らしい暖かい感じ」のする伝統ある湯崎の風景のなかに,都市的でない他性を郷愁のまなざしで発見してもいたのである。[62]

しかしながら,この湯崎においても,大正8（1919）年8月には外来資本の湯崎温泉土地株式会社が参入して近代的開発が開始されていたため,北尾はかかる紀行文において「西洋料理店やハイカラな理髪店などが開かれ……いままでの古めかしい湯崎は,いつかその色彩や感じをすつかり塗り変へた」とも述べており,伝統的なイメージは必ずしも魅力的なものとして強調できるものではなくなっていた。さらに同じく昭和8（1933）年に,地理学者の小川琢治が,「海岸を埋立てたり海岸にコンクリート作りの殺風景なドライヴウエイをつくる如きは観光地としては萬止むを得ざる限りは慎んで貰ひたい。白濱地方の特色は海岸の風光だ,この地方の特色を破壊して何を観せやうと云ふのだ」[63]と批判したように,その頃には近代的開発による自然破壊に対する非難の声も挙がるようにもなっていた。また北尾は,「黒濱とまでは行かぬにしても」,「美しい石英砂の濱地は,だんだんと『時』の色彩に蠶食されて行くやうな気もする」と,近代的開発をはじめとする都市的なものが,白浜のシンボルである白良浜の白さを物質的にも象徴的にも都市的な色に染め上げていることも指摘し

ている。

　このように，近代的開発が進行し，鉄道の到達により京阪神から約3時間の週末行楽圏に編入された昭和8（1933）年前後から，都市的なものを喚起し，自然の他性を破壊してしまう近代的開発の白さのイメージや洋風のイメージは，白浜において必ずしも魅力的なものではなくなっていく。そのため，伝統的なイメージをはじめとして，異なる他性のイメージがそこに求められるようになりはじめたのだと考えられる。

b　差異化と南国イメージ

　このような他性の場所イメージとして特に強調されるようになったのが，白浜が京阪神地域の南方の南紀に位置していたがために生じた，南国の場所イメージであった。白浜の南国イメージは，すでに大正15（1926）年刊行の旅行記における「南国女の純真と美に香る笑子」の章で有閑階級の旅行客によって語られており，美しく純真な女性のイメージと結びついて快楽の南国楽園神話を生み出していた。この性的な南国神話は，昭和8（1933）年の旅行案内書においては，情熱的で奔放な芸者や「グロとエロの一大展覧会場化してゐる天下の一奇観」と表現される開放的な露天風呂の情景を描写することで強調されていた。また女性と結びつけられない場合でも，「至る所山美しく海美しく物皆南国の明るさの中に躍つてゐます……たわわに果物がみのり蔬菜がのびのびと育ちます，何といふ天恵の豊かさでしやう」と描かれたように，自然の豊穣さによる楽園イメージを創出する魅力的な他所イメージであった。そしてこのような南国のイメージは，日本風景論を書いた志賀重昂が，東洋や西洋と同時に「南洋」という心象地理を提起して近代日本のフロンティアとみなして以降生じた帝国主義的なイメージとして，より遠方の南国とされる場所との想像上のつながりの上で，想起されるものであったと考えられる。

　そして，特に昭和8（1933）年前後になると，例えば「全国一の避寒地」としてその暖かさを強調する場合にあるように，南国イメージは京阪神の「都市」や熱海や別府などの「他の競合する観光地」との二重の差異化を果たす他所イメージとして重要になっていく。そのため，この頃から，南国景観化事業の計画および実践がなされるようになったことが確認できる。まず昭和8

37

(1933) 年4月に熊野林業の園芸教師が「インテリ遊覧客を喜ばせ，いやがうえにも南国情緒を味ははせるに最適当[69]」とされる番所山動植物園を臨海研究所近くに設立している。またその後すぐに和歌山師範教諭が「南国情緒横溢した遊覧地たらしめる」ため「白浜温泉一帯を亜熱帯風景化する[70]」事業として土地会社の経営地内へ榕樹(ようじゅ)や檳榔樹(びんろうじゅ)の植樹も開始している。さらに実現はされなかったものの，昭和8 (1933) 年の京大臨海水族館併設の熱帯植物園計画，昭和10 (1935) 年の和歌山地方測候所所長提唱の熱帯植物園計画やシンガポール帰りの御坊在住者による鰐(わに)園計画など，いくつかの南国イメージを喚起する施設の計画がなされていた。

c 都市資本の参入と南紀白浜温泉の形成

ただ，南国景観化の事業の多くは上記のように地方の一部有志が主体であり，白浜土地は主体的な役割を果たすことはなかった。この背景には，白浜土地の中心的人物であった小竹岩楠が昭和8 (1933) 年に死去したこと，そして歓楽地化ばかりを求めない土地会社の方針などを考えることができる。その一方で，昭和5 (1930) 年創設の紀伊白浜温泉土地株式会社，昭和7 (1932) 年創設の東白浜土地株式会社や白浜温泉土地倶楽部といった，鉄道の白浜到達に合わせて参入した大阪資本の土地会社[71]は，南国景観化事業を積極的に推進することで，都市住民の欲望を投影した景観を創り出していった。

特に白浜温泉土地倶楽部は，栗本勇之助（大阪栗本鉄工所社長）主唱のもとで大阪倶楽部，商工会議所，鉄工組合員を母体に関西の財界人が多く出資参加した富裕層主体の土地会社であったため，「楽園の建設を主眼とし単なる土地会社如く営利のみに捉はるる事ない[72]」と，まさしく都市住民にとっての楽園創出をその目標に掲げていた。その主たる事業としては，約15万坪の別荘地開発と同時に，昭和13 (1938) 年の大浦熱帯動植物園の設立，栗本勇之助の社長就任による番所山動植物園の主体的運営，京大臨海水族館の委託運営などがあり，楽園創出のために白浜の南国景観化事業を推進する中心的役割を果たすようになっていた。なかでも，小林一三(いちぞう)の関係者が中心になって計画し，宝塚熱帯動植物園から動植物を移すことで完成した大浦熱帯動植物園においては，「将来は追々増資して宝塚の如き少女歌劇をこの地域内で開園し，宝塚と同じ

行き方で白浜の開発を企画」しており，女性のイメージとも結びついた南国楽園創出が計画されていたことが確認できる。このような南国における女性のイメージとしては，「南国乙女の純情さ」などという表現，そして東白浜土地による「情艶いと濃やかな南国美人のサービス」を売りにした桜新地の創設にみられるように，主に無垢で奔放な女性のイメージが強調されていた。そのため楽園としての南国イメージは，白い近代女性のイメージを喚起する洋風の近代的温泉場ではなく，歓楽郷のイメージを白浜に与えることになったと考えられる。

　また白浜の宣伝で中心的な役割を果たした鉄道関係機関も，大阪鉄道局が「南国の匂ひ溢れた明朗な南紀の海浜の温泉境」，南海・阪和両電鉄が「南紀楽園」などと，白浜に鉄道が到達した昭和8（1933）年以降は特に明るい南国イメージを強調していた。なかでも大阪鉄道局が，臨海研究所の裏へ昭和9（1934）年に「モダンなビーチハウス」を建設し，「夏の白浜は，最も季節的な誘惑を覚ゆる」「サマー・リゾート」であると売り出したこともあり，白浜は夏期に一番多くの旅客が訪れる海浜リゾートになっていった。このようにして次第に「南」を想起させる「南紀」の語が白浜に頻繁に冠せられるようになり，温泉場名についても，昭和10（1935）年には「南紀白浜温泉」の呼び名が用いられはじめていたことが確認される。

　これらの白浜の南国イメージの強調と南国景観化事業は，あくまで京阪神の都市住民にとって理想的な空間を創出するためになされたものであり，そのことは，第二次世界大戦などのため実現されることがなかった，ほかなる目的を持った白浜開発計画と比較することで確認することができる。例えば，白浜は昭和8（1933）年12月に和歌山市に次ぐ県下2番目の都市計画区域に指定され，「全体を一大公園として計画」し「産業都市のそれとは異なつた特殊の設計」をなすとされていたが，都市公園的なこの計画においては南国景観化は考慮されていない。また，より観光客のまなざしが反映された白浜開発計画としては，昭和10（1935）年夏の国際観光局による「世界の観光客をして心置きなく遊ばせるところの国際的大歓楽郷」計画があった。これは昭和15（1940）年に予定されていた東京オリンピックに際して「世界のエトランゼを陶酔境にさそひ財布をはたかせる」ための「東洋のモンテカルロ」を白浜で実現するための計画

であり,「特別地域として区画して観光外人のみを入場せしめ温泉,海水浴,ホテルダンスホール,ステージ,音楽室,カフエー,競馬場,ゴルフリンクス,テニスコート,読書室,散歩道を包含する総合歓楽場」を創設する特別な娯楽・保養施設の建設計画を行っていた[85]。この日本人が排除された外国人向けのリゾート計画においても,外国人招致を視野に入れた本多の計画と同じく洋風の近代リゾート創出が考えられており,南国景観化の動きは生じていなかった。

(2) 南紀白浜温泉の発展と境の場所神話の変容
a 療養地化——第二次大戦期

　上記のような他の開発計画の影響をほとんどうけなかったものの,昭和12 (1937) 年の日中戦争勃発以降は国策に沿った経営が義務であるとして,白浜を歓楽的温泉場から療養地にすることを求める機運が生じていた[86]。そして,アルカリ炭酸泉で効能も高いという温泉の治癒効果を強調した施策がなされ,昭和13 (1938) 年に大阪陸軍病院白浜療養所,昭和14 (1939) 年には傷痍軍人白浜温泉療養所が創設され,南紀白浜は「銃後の国民の心身鍛練の場所」[87]とも呼ばれるようになっていた。

　この戦時体制下においても白浜温泉土地倶楽部が昭和13 (1938) 年に熱帯動植物園を創設したように,南国イメージの強調と南国景観化事業は継続されていた。しかしながらこの時期の南国イメージは,歓楽地のイメージよりも,暖かさやオゾンに富んだ健康地のイメージや,温泉の治癒イメージと結びつきながら強く療養の場所神話を喚起することになった[88]。そのため昭和18 (1943) 年には温泉健康地区協会によって近畿で唯一の全国優良健康地区に指定され,白浜は関西圏における療養の象徴的中心地の一つに位置づけられるようになった。観光客数も療養軍人の増加もあって漸次増加し,昭和17 (1942) 年には宿泊客数年間約22万人にまでなっていた。

b 歓楽地神話の形成——戦後期

　敗戦後,昭和20 (1945) 年は宿泊客数4万7724人と大きく観光客が落ち込んだが,昭和26 (1951) 年には再び20万人を回復し,昭和30 (1955) 年には40万人を,昭和35 (1960) 年には100万人を突破するなど旅客数が大幅に増

加していた。この背景には，昭和23（1948）年の栗本勇之助の死去以降，白浜土地や昭和15（1940）年の町制施行で成立した白浜町を中心に白浜の観光振興が図られたことがあり，特に昭和25（1950）年の毎日新聞社主催の観光地百選において，地元の努力によって温泉地2位となった宣伝効果の大きさがしばしば指摘されている。またこれらに加え，「戦後進駐軍が入ってくるとそれをとりまく婦人の数が増え，3年ばかりで進駐軍が去ると赤線が増え，芸妓とともに，白浜をピンクに染め上げた」と語られたように，「『常夏の白浜』の売り込みから『大阪の奥座敷』への転身」が図られたことの影響が大きかったのではないかと考えられる。

　この白浜の歓楽地化の状況は，昭和33（1958）年当時27軒もあったヌードスタジオを中心として昭和34（1959）年にピークを迎えており，「遊客十人のうち，見ないのは四人ぐらい」とさえいわれていた。このような当時の白浜の状況は，後に以下のように記述されている。

　　正直なところ，戦後の白浜温泉が大衆的な温泉場ないし観光地として知られたのは，温泉の泉質でも風光でもない。お座敷ストリップとヌードスタジオの，いわゆるピンクムードが歓楽郷，白浜温泉として宣伝されたのである。……どういう理由でそれほどまでに発展（？）したものか，南国的な風土に適したとでもいうほかあるまい。

　　ダルマ倒しの標的にボールを命中させると，一糸まとわぬ女性がころがり出てきたという噂が根強い信仰のごとくに拡がり，暇が出来たら白浜へ遊びに行きたいと，大阪のサラリーマンたちは白浜をお色気のメッカのように思っていた。

　これらの記述から，当時の白浜には，南国イメージとも結びつくなかで「ピンクムード」が喚起され，「大阪のサラリーマンたち」にとっての「お色気のメッカ」という境の場所神話が形成されていたことがうかがわれる。実際に会社の慰安旅行客などが非常に多くなったことがいくつかの記事で指摘されており，この歓楽の場所神話が戦後すぐの白浜温泉の発展を支えていたと考えられる。もちろんこの場所神話は公言されずに主に口伝えによるものであったが，

41

熱海の人が「ヌードだったら白浜へ行きなさい」といったとする逸話，「白浜なんてとこは男性の遊び場所ね。女性には向かないわ」とする大阪在住の女性の発言，「ピンクムード日本一」であったと形象する後の懐古記事から，比較的広く認識されていたものと考えられる。

c　新婚旅行地化と場所神話の多様化——南紀ブーム以降

　昭和33（1958）年の売春防止法，そして昭和35（1960）年に流入してきた暴力団の追放運動の影響で，ヌードスタジオ業者は廃業に追い込まれ，かかる事業者と従業員は昭和37（1962）年4月に設立された白浜海上娯楽センターで他の業態の仕事をはじめることになった。その結果，「お色気のなくなった白浜に集ってくる客種もまた，会社の慰安旅行や招待旅行から，町内会の団体旅行や修学旅行などに一変しつつあるようだ」と，その客層が変化していたことが語られている。特に「恥部で売り出した過去のことなど触れられたくない姿の様に」白浜のイメージ刷新の努力が地元でなされたこともあり，昭和45（1970）年の白浜案内記事では「近年はすっかり健全ムードを打ち出し新婚旅行のメッカと言われるようになった」と，白浜が新婚旅行の巡礼地へと変貌したことが指摘されている。

　この新婚旅行客増加の要因として，昭和34（1959）年に紀伊半島の鉄道一周を可能とする紀勢本線全通が成し遂げられ，東京や名古屋からの旅客が大幅に増加する「南紀ブーム」が到来したことを挙げることができる。「新婚旅行の新しい傾向と人気プラン」と題された昭和38（1963）年の雑誌『旅』の記事では，「ここ数年新婚旅行地として人気のあるところといえば，南紀・九州・伊豆の順……なかでも南紀は圧倒的な人気」と記述され，南紀が日本における新婚旅行地の中心的存在となったことが指摘されている。そのため南紀白浜温泉という南紀を冠した呼び名も，南紀ブームを背景に，千葉の白浜との差別化を図ることも含めて，この頃定着したものと考えられる。

　また，「『行った』人からみた南紀訪問地ベスト5」を論じた昭和37（1962）年の記事では，渋谷，東京の交通公社営業所と大阪の3ヶ所すべてで，この「南紀ブーム」において南紀白浜が一番人気であったことが発表されている。こうした人気の背景には，南海や近鉄などの大型資本が参入したこともあり，

南紀白浜の宿泊および娯楽設備の近代化と大型化が進行していたことが考えられる。宿泊施設としては，南海資本が昭和36（1961）年に開業したホテル・パシフィックをはじめとして，昭和10（1935）年と昭和43（1968）年では旅館数が48から65軒へ，収容力が3250人から1万3700人へと大幅に増加し，団体旅行にも対応可能となっていた。そして白浜の場所イメージも，「無数の高層建築が明るい南国の陽に照り映えている有様は，さしあたりリヴェイラかニイスあたりを想わせる異国的な情景だ[103]」などと，近代的大型宿泊施設によって明るい南国に位置するエキゾチックなリゾートのイメージが喚起されていた。また昭和31（1956）年に大型ゴルフ場，そして昭和33（1958）年に平草原（へいそうげん）から白良浜までのロープウェイが創設されたことをはじめとして，南紀のなかでは白浜の娯楽施設が最も充実していた。特に熱帯植物園をはじめとする白浜の南国景観化事業によって，「周囲を熱帯植物の奇怪な群落にとりまかれていると，何処か遠い常夏の国にでもいるような幻想にかられる[104]」と語られるように，南紀のなかでもとりわけ異国的な南国楽園イメージを喚起できたことが人気の一因になったと考えられる。

　ただ観光客の比率としては，昭和43（1968）年で関東7.8％に対し近畿69.4％，昭和43（1968）年開港の南紀白浜空港が軌道に乗った昭和44（1969）年でも関東10.5％に対し近畿64.8％であり，「南紀ブーム」で新婚旅行地として全国区の観光地になったとはいえ旅客の中心は近畿圏在住者であり続けた[105]。そこで，ヌードスタジオはなくなったものの，「良心的なロマンの残党[106]」などとして芸妓や夜の盛り場がさかんに宣伝され，さらにラマ教の性的仏像を売り物にした白浜美術館が昭和41（1966）年に創設されたように，近畿圏における歓楽地神話の維持も図られていた。南紀白浜温泉は，昭和37（1962）年創設の新白浜熱帯植物園（昭和46（1971）年ハマブランカと改称），昭和53（1978）年のワールドサファリのような家族客を惹きつける施設も創設されたように，南国イメージを中心に多義的な場所神話を形成することで多く観光客を集めたのである。こうしたことを背景として，昭和50（1975）年の毎日サービス社主催の「新しい日本の観光地百選」においては，白浜が温泉レジャーランド1位に選ばれている。

5 おわりに

　南紀白浜温泉の形成過程の特徴について，他所イメージをはじめとする本章の視点に基づいてまとめると以下のようになる。

　①バトラーの観光地域発展仮説を参考に近代期における南紀白浜温泉の発展段階を考えると，まず古くから景勝地や湯治場として認知されていた同地域へ，脆弱な交通機関という状況を背景に一部の有閑階級や文筆家のみが都市から訪れるという，明治時代に湯崎温泉の名が定着するまで続いた「探検」期があった。その後，地方観光資本の白浜土地によって大正8（1919）年から近代的開発がはじまる「包含」期を迎え，鉄道や自動車などの交通機関も漸次整備されて，近代リゾートの白浜温泉が形成された。昭和8（1933）年の鉄道到達以降は都市資本が多数参入し，歓楽地化と大衆化が進行する「発達」期となり，次第に南紀白浜温泉の地域名称が定着しながら，観光客の漸増が昭和50（1975）年前後まで続いた。

　②各発展段階と他所イメージおよび場所神話との関係は以下のように整理できる。まず「探検」期には自然や素朴さといったイメージが他所性を創出し，温泉イメージと重なり合うなかで療養の場所神話を形成していた。次の「包含」期には白良浜の白さの場所イメージが，近代女性や近代的開発の白さのイメージ，そして理想的な他所としての西洋イメージと結びつくことで，恋愛や理想的な近代的空間という境の場所神話を形成していた。しかしながら近代的開発の進行に従い，都市と対比される白良浜の白さのイメージが減衰して他所性が薄れると同時に，西洋のイメージも日常生活を営む都市のイメージを喚起するためあまり強調されなくなっていった。「発達」期にはより魅惑的な他所イメージとして南国イメージが強調され，南国景観化事業の進展をみた。この南国イメージは楽園の場所神話を生み出し，社会的コンテクストの変化にともない，癒しや性的な奔放，新婚旅行地といった多様な場所神話を創出することで観光客を惹きつけていた。またこの段階では，本多静六の開発計画の影響が大きかった「包含」期と比べ，観光客の欲望が投影されたイメージ，すなわち表象の空間の次元がその形成に大きな役割を果たしていたことが指摘できる。

　③近代期の南紀白浜温泉の形成過程における他所イメージの変容，および南

紀白浜の場所イメージの特徴は以下の通りである。まず南紀白浜において中心となった他所イメージは，発展段階が進むにつれて，次第に遠方を喚起し，より欲望が投影されたイメージへと変化している。これは都市的空間へ包含されることに対する差異化，そして交通機関の発達によって増加する他の競合する観光地との差異化といった，二重の差異化が必要であったからである。そのため均質化が進行した「発達」期に，他所イメージを強く喚起する「南」の心象地理が強調されることになったと考えられる。また南紀白浜の場所イメージは，その形成過程にともない中心となる他所イメージも変容すると同時に，「包含」期に都市的空間への包含イメージが強調されたことを含め，多様な場所イメージが布置された。そのため南紀白浜温泉は，異種混淆の景観を創出し，欲求と欲望をともに満たす矛盾の空間になると同時に，時代の変化や多様な主体の要望に応える多数の境の場所神話も生み出し，観光客を惹きつけた。このようにして南紀白浜温泉は，異種混淆の他者性を特徴とする空間となったのだと考えられる。

【注】
1) (1) アーリ，J.（加太宏邦訳）『観光のまなざし—現代社会におけるレジャーと旅行—』，法政大学出版局，1995。(2) 荒井政治『レジャーの社会経済史』，東洋経済新報社，1989。
2) Butler, R.W., 'The Concept of the Tourist Area Cycle of Evolution: Implications for Management of Resources,' *Canadian Geographer*, 24, 1980, pp.5-12.
3) 南紀白浜温泉の場合，第1-1図における近年の旅客数の変動にあるように，強化期以降の発展段階は複数の要因が影響することもあって判然とせず，バトラーの仮説は参考にしがたい。また本章では空間の矛盾に注目した発展段階の分類を行ったが，各段階の存在の有無・長さの長短も含め，最も重視する基準や全体的な考察期間によって発展段階の節目が恣意的になることが指摘されるように，分類の設定もこの限りではない。Cooper, C., 'The Destination,' (Shepherd, R., ed., *Tourism: Principles and Practice: Second edition*, Longman, 1998), pp.101-123.
4) 原田哲朗「和歌山県の温泉湧出機構について」(白浜町編『第1回温泉講演会集 於白浜温泉旅館協同組合』，白浜町，1979)，3-31頁。
5) 雑賀貞次郎「白濱，湯崎両温泉の沿革」(雑賀貞次郎編『白浜・湯崎 温泉叢書 歴史文献篇』，南紀の温泉社，1933)，1-11頁。
6) 喜田貞吉「史的三名湯」，旅と伝説50，1932，2-7頁。
7) 雑賀貞次郎『白浜温泉史』，白浜町役場観光課，1961。

8）白浜町史編さん委員会『白浜町史　本編上巻』，白浜町，1986。
9）銀砂歩（白良濱），金液泉（崎の湯），芝雲石（千畳敷），薬王林（薬師如来像），平草原，龍口巌，行宮趾（御幸の芝）のことをいう。
10）雑賀貞次郎「紀伊続風土紀の記載」（雑賀貞次郎編『白浜・湯崎　温泉叢書　歴史文献篇』，南紀の温泉社，1933），108-113頁。
11）前掲7）参照。
12）小池洋一「白浜温泉観光地の近代的開発Ⅰ」，和歌山大学学芸学部紀要・人文科学12，1962，113-128頁。
13）前掲5）2頁。
14）ベルツ（中央衛生會訳）『日本鉱泉論』，中央衛生會，1880。
15）毛利清雅『湯崎温泉案内』，牟妻新報社，1908。
16）白浜町史編さん委員会『白浜町史　本編下巻一』，白浜町，1986。
17）前掲4）参照。
18）前掲8）参照。
19）小竹岩楠は明治43（1910）年に日高郡御坊町に日高電灯株式会社を設立して以降，紀南地方を中心にさまざまな事業を展開している紀南地方の有力な実業家であった。
20）湯川宗城『明光バス三十年史』，明光バス株式会社，1958。
21）本多静六・永見健一「白良濱土地建物株式会社経営地設計図説明書」（雑賀貞次郎編『白浜・湯崎　温泉叢書　科学文献編』，南紀の温泉社，1932），113-134頁。
22）前掲21）125-134頁。本多は植林および造園計画の視察のため，青島にドイツ領時代と日本領時代に一度ずつ訪れていた。
23）そのほかに，「鑑賞植物花卉類の名所」，「果樹園」，「花卉園及水池」，「実用動物園」，「道路並木」，「天然魚釣場」，「大運動場」，「遠方の実景見取図」を描いた「眺望台」を提言している。
24）さらに，学校，花壇，果樹園，寺院，祠堂，保養院，展望台などが設置予定になっていた。
25）『紀州政経新聞』の1957年8月13日の記事には，小竹が東京で天皇行幸の万全の手を打ったとしている。
26）白浜土地を招き入れた芝田与七の発案で瀬戸部の住民が中心となり誘致を成功させており，全国2番目となる大学付属水族館を有していた。
27）前掲16）参照。
28）翌年には本多の海水浴施設の提起にあるように脱衣場や温泉シャワーを設置し，その後飛び込み台，パラソル，滑り台など設備を増やしている。
29）並木茂『旅は紀州路』，旅は紀州路社，1935。
30）前掲29）参照。
31）『紀南の温泉』1934年11月17日。
32）『大阪朝日新聞和歌山版』1935年7月25日。
33）明光バスは，昭和5（1930）年7月に白浜温泉自動車株式会社の自動車部が

分離独立したものである。そのため白浜土地は昭和6（1931）年に白浜温泉土地建物として土地経営専門になっている。
34）『大阪毎日新聞和歌山版』1932年6月21日。
35）原静村『日本一の温泉郷　白浜湯崎の美を語る』, 南海新聞社, 1933。
36）鍋井克之「明朗白浜」, 海46, 1935, 17-18頁。強調点は筆者。
37）白浜土地は当初「新湯崎」の名で温泉地売り出しを企図したが、地元の対立を背景に実現しなかった。そこで大正10（1921）年頃白浜土地が招いた竹越与三郎と杉村広太郎が「白良」温泉と命名したが、結果的には同じ頃南海電鉄が普及させた白良浜の略称「白浜」を土地会社は温泉地名として採用した。
38）前掲8）参照。
39）北原白秋『白秋全集10』, 岩波書店, 1986。
40）『大阪毎日新聞』1933年6月28日。
41）前掲29）参照。
42）宮崎伊佐朗編『瀬戸鉛山村勢一覧』, 瀬戸鉛山村, 1933, 16頁, の統計による。大正14（1925）年夏に白良浜で開催された関西婦人連合会の婦人キャンプをきっかけとして、白浜への女性旅行者の数が増加したことが指摘されている。
43）北尾鐐之助『近畿景観　第四編　紀伊伊賀』, 創元社, 1933。
44）『大阪毎日新聞』1933年7月2日。
45）『行楽週報』1936年1月5日。
46）『大阪毎日新聞和歌山版』1933年12月17日。
47）前掲44）参照。
48）前掲29）参照。
49）前掲43）参照。
50）『大阪毎日新聞和歌山版』1935年8月8日。
51）宮崎伊佐朗編『瀬戸鉛山村勢一覧』, 瀬戸鉛山村役場, 1935。
52）前掲50）参照。三原山は当時、自殺の名所とされていた。
53）『和歌山新報』1935年11月7日。
54）前掲20）参照。
55）宮崎伊佐朗『ふるさと白浜』, 白浜文化倶楽部, 1951。
56）パンフレット「温泉と食堂　白浜温泉土地株式会社　直営　白浜ホール」, 1935（推定）。
57）前掲36）18頁参照。
58）『熊野太陽』1933年2月22日。
59）『紀南の温泉』1934年6月5日。
60）前掲20）参照。
61）前掲58）参照。
62）前掲43）参照
63）『熊野太陽』1933年7月1日。
64）並木茂「詩の国絵の国情熱の国　南紀の旅」(並木茂編『紀の国礼讃　紀南の巻』, 並木茂, 1926), 151-182頁。

65）前掲35）参照。
66）雑賀貞次郎『風景と温泉』, 紀南宣伝會, 1930。
67）志賀重昂『南洋時事』, 丸善商社, 1887。
68）昭和8（1933）年1月に気候観測所が設置されて, このような暖かさが宣伝されるようになった。田口克敏「冬の南紀の気象」（雑賀貞次郎編『白濱湯崎の諸文献』, 温泉の紀州社, 1941), 80-82頁。
69）『大阪毎日新聞和歌山版』1933年6月7日。
70）『大阪毎日新聞和歌山版』1933年10月20日。
71）さらに昭和9（1934）年には白石土地株式会社という東京資本の土地会社が参入している。
72）『紀州人』1933年9月。
73）『大阪毎日新聞和歌山版』1938年4月21日。
74）前掲29）xxi頁。
75）前掲29）xxiv頁。
76）雑賀貞次郎『白浜温泉情緒』, 南紀の温泉社, 1935, によれば, 実際に昭和10（1935）年段階で, 白浜半島の温泉地内には芸妓検番3ヶ所, カフェー18ヶ所, 芸妓89人, 酌婦12人, 女給112人, 仲居248人がいた。
77）大阪鉄道局運輸課旅客掛『風景と温泉の南紀めぐり』, 大阪鉄道局, 1935, 12頁。
78）『観光ニュース（大阪鉄道局）』1935年7月。
79）このような海水浴場の宣伝の多さは, 暑さによる観光客の夏枯れを防ぐためであったと指摘もされるが, 昭和10（1935）年瀬戸鉛山村調べの月別宿泊者数においては, 8月が最も多い2万2201人の旅客を集めていた。
80）みよしよね吉「明朗白良濱」, 旅12-2, 1935, 110-111頁。
81）『大阪朝日新聞和歌山版』1935年4月19日。
82）『大阪毎日新聞和歌山版』1935年8月11日。
83）『和歌山新報』1935年8月10日。
84）『大阪毎日新聞和歌山版』1935年12月6日。
85）前掲84）参照。
86）『黒潮』1943年6月10日。
87）『黒潮』1943年4月10日。
88）白浜湯崎観光協会編『熊野観光と白浜湯崎』, 白浜湯崎観光協会, 1941, 2頁。
89）萩野玉次郎「観光地20年の今昔　第5回　紀州・白浜温泉」, 旅33-6, 1959, 82-86頁。
90）三鬼陽之助「関西的旅情をつくる白浜の人々」, 旅36-12, 1962, 81-85頁。
91）「白浜情報　白浜裏話」, 旅36-12, 1962, 138-141頁。
92）前掲90）81頁。
93）邦光史郎「那智の若人白浜・勝浦の紳士たち」, 旅40-2, 1966, 68-72頁。
94）前掲90）81頁。
95）前掲90）81頁。

96) 平岩弓枝「雨の白浜」，旅 39-12，1962，86-89 頁。
 97)「白浜温泉ガイド」，温泉 38-2，1970，22-29 頁。
 98) 前掲 93) 71 頁。
 99) 前掲 90) 81 頁。
100) 前掲 97) 28 頁。
101)「新婚旅行の新しい傾向と人気プラン」，旅 37-9，1963，92-94 頁。
102) 前掲 91) 139 頁。
103) 石上玄一郎「白浜泉都めぐりと椿温泉」，旅 36-12，1962，75-80 頁。
104) 前掲 103) 79 頁参照。
105) 白浜町調べの資料による。また，昭和 43（44）年の他の地域からの旅客は，東海地方 12.8（12.1）％，四国 3.0（3.2）％，中国地方 2.9（3.2）％，東北地方 0.9（1.7）％，九州 0.8（1.0）％，北海道 0.5（0.4）％，外国 0.1（0.2）％である。
106) 前掲 97) 28 頁。

第2章
戦前期における和歌山市の観光都市化と郷土へのまなざし

1　はじめに

　「城下町である和歌山市は伝説の町，寺院の町，と共に風光の美はしさを加えて観光の都市でもある」。和歌山市在住の文化人であった喜多村進は，昭和11（1936）年発行の雑誌『大大阪』に「都市の横顔―和歌山―」と題した文章を寄稿し，そこで観光都市としての和歌山市の姿を指摘していた。また彼は，昭和14（1939）年に和歌山市役所が発行した観光案内『わかやま』の文章部分を担当し，そこで「私達は先ず大阪よりの旅客を導かねばならぬ」と，大阪からの観光客を誘致することも提唱していた。この『わかやま』巻末の交通案内をみると，明治36（1903）年に難波駅から和歌山市駅まで開通した南海鉄道の特急を使えば55分，昭和5（1930）年に天王寺駅から東和歌山駅まで開通した阪和鉄道の超特急を使えば45分で，大阪から和歌山市に到着できることが記されている。このような近代期の交通網整備による大阪との時間距離の短縮が，喜多村が指摘するような大阪からの観光客を想定した和歌山市の観光都市の可能性を生じさせていたのである。

　ただし，地方都市の和歌山市は，観光地として空間形成されたわけではない。先の第1章では，大阪からの観光客を想定して戦前期に開発された和歌山県南部に位置する南紀白浜温泉が，東洋のマンチェスターと呼ばれていた煙の都・大阪とは対照的な白さのイメージや，西洋や南国といった異国のイメージなど，大阪とは異なる他所のイメージが投影されるなかで，魅力的な観光空間として開発されたことを論じた。ところが，和歌山市の場合，日露戦争以後メンネル・紡績業が発達し，まさに工業都市としての相貌を呈しており，昭和9

(1934) 年発行の観光案内『旅は紀州路』において「現在では南海における煙の都」になっていると表現されたように，大阪と相違なきイメージや景観を特徴としていた。喜多村も「今日の和歌山市は，既に綿糸，綿ネル，メリヤス，染色，指物等の工業都市として知らるる外，亦重工業の都市として飛躍の一途上にあることは確かである」と，その現状を表現している。

このように，工業化の進んでいた地方都市の和歌山市においては，都市とリゾートの対比にみられるような単純な中心 - 周縁の関係は生じにくく，容易には大阪からの観光客にとっての魅力ある場所となりえなかったと考えられる。また近代リゾートの特徴として，観光客の欲求を充足させる都市的な日常性と，観光客の欲望が投影された非日常性をともに備えた両義的空間であることが挙げられるが，工業都市としての和歌山市の近代的空間は，リゾートにみられる快適な近代空間とは必ずしも同じではなく，またそこで生活する多くの住民を抱えている。そこで本章では，近代期における地方都市の観光空間化の特徴を探求すべく，和歌山市の観光都市化について考察することにしたい。また，和歌山市の観光都市化が推進された背景のなかでも，それを強く提唱していた喜多村進の郷土概念に注目して検討を行うことにする。

この郷土の概念は，ふるさとや故郷といった類似する用語とともに，日本の文化地理学において近年注目を集めているものである（以下，これらの用語を総称する場合は「ホーム」と記述する）。例えば，福田珠己は人文主義地理学における場所に根ざすこととしてのホームに注目するなかで故郷概念の多様性を提示し，成瀬厚は場所と自己同一性の関係性を故郷概念に着目しつつ検討しており，また「郷土」研究会は主に近代国民国家形成との関係性から郷土概念の分析を行っている。これらの研究は概して，個人や国民国家のアイデンティティ構築にとって，「ホーム」の概念が重要であることを論じている。故郷の物語を詳細に検討した成田龍一が注目したのも，まさにこの「アイデンティティの空間」としての故郷である。ただ，「ホーム」に関する既存の研究において，アイデンティティの構築に重要な役割を果たすはずの「他者 other」や「他所 other place」との関係性については，管見の限りほとんど検討されていない。もちろん，人文主義地理学では，ホームと対立する概念として，「アウェイ away」や「トラヴェル travel」が注目されており，このような視点がな

かったわけではない。しかしながら，しばしば引用される上野俊哉の「ふるさと」は「そこから出る空間的移動と，すでに出ているという時間的事後性」という「タイムラグ」によって可能になるという定式化に暗示されている,「ホーム」の概念に内在する他性に関する検討が不十分なまま残されていると思われる。福田は英語圏を中心とした文化地理学における「ホーム」をめぐる最近の議論について展望しているが，そこでも「ホーム」の他性についての言及はみられない。しかしながら，特に本章のように観光と郷土の概念の関係性を考えるにあたっては，この他性の問題に関する検討が必要である。そこで筆者は，喜多村の抱く郷土概念を，他所と対比されるアイデンティティの中心としての場所であると同時に，それ自体が他所でもある両義的な概念ととらえ，これら二つの性質の相互関係を考察するなかで，彼の和歌山市の観光都市化との関わりを検討したいと考える。

2　臨海部の観光開発と和歌山市の観光都市化

(1)　和歌浦と交通機関の発達および市域の拡張

　和歌山市における観光の焦点としては，喜多村が「観光の中心は何といつても城が中心となり，和歌浦が焦点となることと思ふ」と指摘したように，和歌浦を中心とする臨海部と，和歌山城を中心とする和歌山市中枢部を考えることができる。観光案内『わかやま』に掲載された観光コースも，その第1は和歌山城→和歌山公園→岡公園→紀三井寺→和歌浦→新和歌浦→京橋・元寺町付近を順にめぐる「和歌浦・紀三井寺遊覧」で，その焦点は第2－1図中央左の和歌山市中枢部（和歌山城・和歌山公園・岡公園・京橋・元寺町）と第2－1図下の臨海部（和歌の浦・新和歌の浦・紀三井寺）の2ヶ所となっている。観光コースの第2番目に挙げられた「和歌浦・双子島遊覧」も，紀三井寺が「双子島めぐり」に変更になるのみで，この特徴は変わることがない。

　ここでまず臨海部の観光空間化に注目すると，明治42（1909）年1月に和歌山水力電気会社が西汀町の県庁前から和歌浦まで市電を開通させたことが，その端緒として確認できる（第2－1図参照）。この市電の開通によって，古くからの名所である和歌浦と大阪が鉄道によって接続されることになり，和歌浦

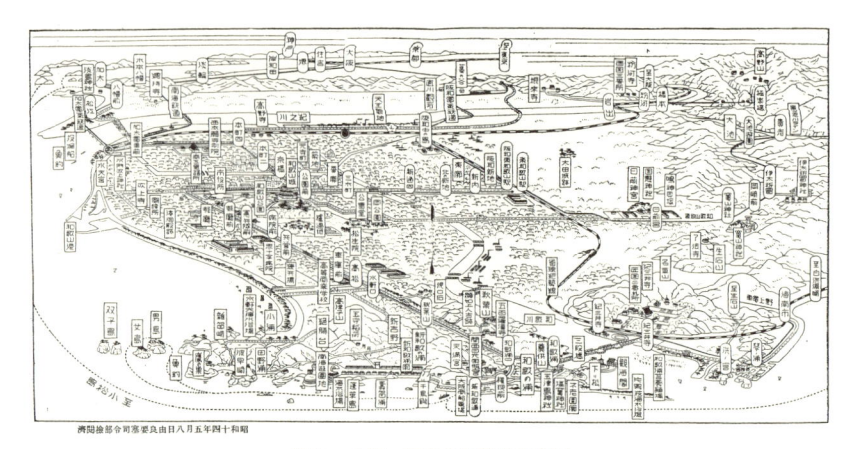

第2−1図　観光の和歌山案内図
出典）堀井正一編『わかやま』，和歌山市役所，1939。

は大阪からの観光客にとっての観光空間に包含されることになったと考えられる。この頃から「和歌山市を工業地などといふ奴は頭の古い人間……将来の和歌山は観光のお客を惹いて遊ばせるのが一番利口な策」などと，工業による都市発展の限界が意識されるなかで，観光に注目した和歌山市発展の方向性が語られるようになっていた。

こうした和歌山市の観光都市化への注目には，大正13（1924）年の和歌山市域への都市計画法の適用も重要な契機となった。当時，和歌山市においては予想される市街の膨張に備えて隣接町村を市域に編入して「グレート和歌山市」を建設しようとする動きがあり，大正7（1918）年に市区改正調査委員会を設置して市内道路や隣接町村の調査に着手し，大正13（1924）年の都市計画法には和歌山市のみならず近隣町村も計画区域に組み込んでいた。そのため，和歌浦は当時の行政区域としては和歌山市域外の和歌浦町であったが，この都市計画法によって和歌山市の都市政策と密接に関係を持つようになっていた。こうしてこの頃には，「和歌山市は将来は変態的の都市たるを免れぬ即ち一面和歌浦を中心とする遊覧都市であり且工業に基礎を有する都市でなくてはならぬ」などと，工業都市と同時に遊覧都市たる必要性が提起されるようになった。さらに，昭和8（1933）年に和歌浦が和歌山市に編入される頃には，「観光と産業

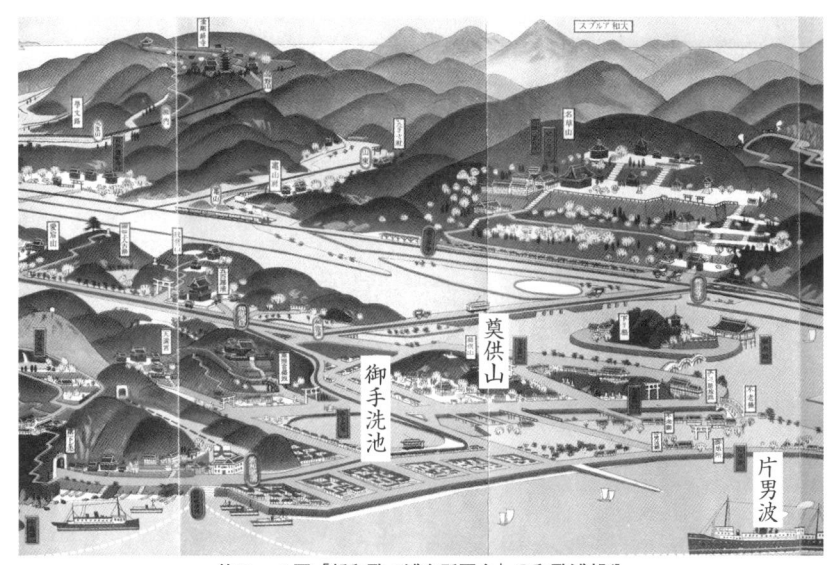

第 2 章　戦前期における和歌山市の観光都市化と郷土へのまなざし

第 2 − 2 図 「新和歌ノ浦名所図会」の和歌浦部分
出典）吉田初三郎『新和歌浦―名所交通鳥瞰図―』，観光社，1927．

都市和歌山市」たるための都市計画区画の必要性が叫ばれるようになっていた。[18] ここから，観光地の和歌浦が和歌山市域へと包含されるに従い，和歌山市のあり方の重要な方向性として観光都市がはっきりと意識されるようになったことがうかがわれる。

　実際，先の市電の開通は，和歌浦への観光客数を増大させ，また彼／彼女らの目的・階層の変化をもたらしていたことが確認される。明治 26（1893）年に和歌浦の名所旧跡を訪ねる参詣人は年間約 4 万 5000 人で，療養地としての片男波（おなみ）の海水浴場も注目されはじめていたとされる[19]（以下，和歌浦の名所の位置については第 2 − 1 図および第 2 − 2 図参照）。しかしながら，市電が開通すると，参詣客や療養客といった客層に避暑避寒客が加わり，また海水浴の目的も療養からレジャーへと変化するなかで，日露戦争時には 1 日に数百人程度であった海水浴客が 1 日に 2 万人に達する日もあるほど観光客数は増加していた。[20] そして，「和歌の浦は電車開通後御申越（もうしこし）の如く大阪地方より行くもの著しく増加仕候（そうろう）」[21] といわれたように，この増加の主因となっていたのは大阪からの観光客であった。

第2−3図　奠供山と望海樓の屋外エレベーター

　また，これら増大する観光客を想定した近代的な観光開発の動きが和歌浦で生じたことも確認することができる。和歌浦の観光開発に関心を示していた南海鉄道の大塚惟明は，大阪からの観光客の和歌浦への不平として「和歌浦の没趣味なること」，「諸機関等整備せざること」，「芦辺屋その他当地旅館不行届なること」を伝え，これらの改善を求めていた。そして，このような大阪からの観光客の要求に応えるために，まず明治42（1909）年に広田善八をはじめとする和歌山市内や和歌浦の有力者が発起人となり，「和歌浦東照宮前御手洗池を利用して同所に水族館及び海水浴場，釣魚，ウォーターシュート噴水器其他の遊技場を建設し和歌浦観光客の足を駐め和歌浦開発の一端に供せん」とする南海遊園株式会社の設立が企図された。さらに明治43（1910）年には，奠供山の

麓に位置する望海樓(ぼうかいろう)旅館が「東洋一と呼ばれた屋外エレベーターを建設」して「一般遊覧客が自由に登観し得るよう設備し待遇上般行届き観光客をして驚かしめた[24]」とされる（第2－3図参照）。これらはまさに「諸機関等整備せざること」という先に指摘された和歌浦の問題点を解消しうる計画や事業であったといえる。

　しかしながら，南海遊園の事業は和歌浦の風致を害するという理由で県に認可されず[25]，望海樓の屋外エレベーターは大正5（1916）年にとり壊されている。このエレベーターについては，賞讃の声がある一方で，奠供山は「聖武，称徳，桓武三帝の御臨幸」ある「我国希有の霊場」であるため，「我歴代の天皇の御遺志に背反する大不敬罪にして，極悪事たるなり」などと批判が絶えなかったことが確認される[26]。このように天皇に関する言及がなされない場合でも，例えば夏目漱石の『行人』の主人公がこのエレベーターについて「所にも似ず無風流な装置には違いないが，浅草にもまだない新しさが，昨日から自分の注意を惹いてゐた」と表現したように[27]，その新奇さへの関心と，歴史ある和歌浦との不釣り合いといった，相反する感情を観光客に与えていた。すなわち，万葉からの名所としての歴史，さらには皇室の歴史も喚起する和歌浦においては，エレベーターや遊園地といった近代的な観光施設は，社会的にその存在が困難な状況にあったのである。

(2)　新和歌浦と近代的観光開発

　近代的な観光開発は，和歌浦において頓挫する一方で，その西側の新和歌浦では着実に進展していた。明治43（1910）年に，伊都郡出身の森田庄兵衛が新和歌浦の開発に着手し，明治44（1911）年には第一トンネル（第2－4図参照）を掘削して新和歌浦遊園を完成させている。大正2（1913）年には市内電車も和歌浦口から新和歌浦まで開通し，明治45（1912）年に南海鉄道とともに和歌浦遊園を計画した和歌山水力電気は，大正6（1917）年9月には新和歌浦を遊園地化する計画を発表している。同年10月には，森田庄兵衛が中心となり資本金50万円で新和歌浦土地株式会社が設立されており，この頃には観光開発の焦点が新和歌浦へと移行していたことがうかがわれる。

　大正13（1924）年に森田が死去した後は，大正15（1926）年12月に和歌山

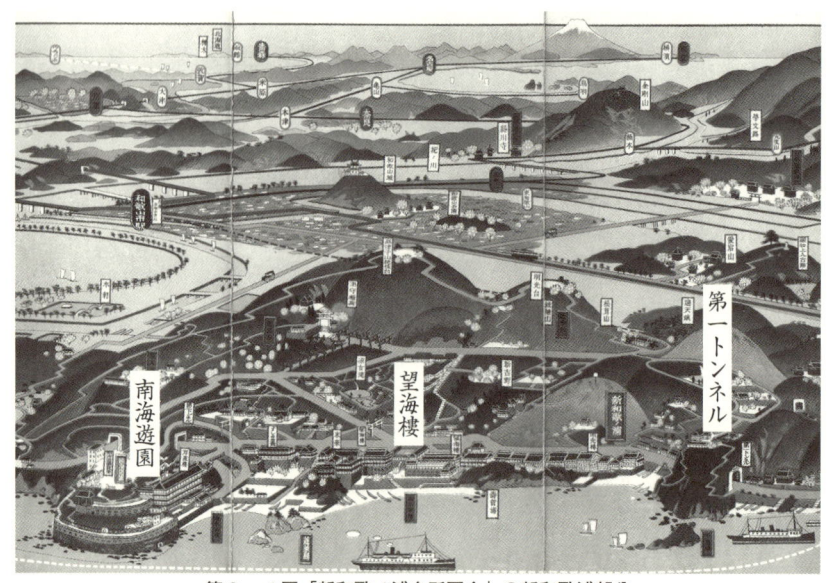

第2−4図 「新和歌ノ浦名所図会」の新和歌浦部分
出典）吉田初三郎『新和歌浦―名所交通鳥瞰図―』，観光社，1927。

　市を郷里とする谷井恭吉が社長を務める南海遊園が資本金100万円で設立され，新和歌浦の開発を引き継いでいる。同社の計画は，「京阪神地方民をひきつけるため宝塚，香櫨園の如き一大遊園地」を創設することを目的としたもので，「民衆娯楽施設として小劇場・水族館・大浴場」の建設を第一に掲げ，さらに「土地建物売買賃借其利用，旅館料理業，水陸運輸業の経営等」を行うとしていた。その後「旅館，料亭，鹽湯，食堂，海水浴場，土産物屋店等新時代的総ての施設が完備して居る」とする遊覧施設の「南海遊園」（第2−4図の左下）が建造された新和歌浦は，「諸機関等整備せざること」という大阪からの観光客の不満に応えていったといえる。

　また，南海遊園の東側，新和歌浦の海岸沿いには多くの大規模な旅館が建築されていたことが確認される（第2−4図および第2−5図参照）。これらの旅館の中心には大規模な旅館の「望海樓」があり（第2−4図参照），それは明治43（1910）年に和歌浦の奠供山に屋外エレベーターを建設した望海樓旅館が移転したものであった。森田庄兵衛の新和歌浦開発がはじまってすぐの明治44

第2-5図　海岸沿いの新和歌浦の旅館群

(1911) 年冬に支店として建設されたこの旅館は、「瀟洒なる日本建と四層の西洋式建築」で「宴会用大広間及多数の貴賓室等建並べ遊技用玉突場海に遊覧船陸に自動車及び運動場等の設備」があり、「新和歌浦の一名物として貴賓紳士の投宿するもの少なくない」と紹介されていた。また大正8 (1919) 年の望海樓の案内文をみると、すでに和歌浦の望海樓は廃業し、新和歌浦の望海樓が本店になっていることも確認される。和歌浦で賛否両論を浴びたエレベーターを大正5 (1916) 年にとり壊した望海樓は、かつて和歌浦で認可されなかった南海遊園と同名の遊覧施設が新和歌浦で実現したように、和歌浦ではなく新和歌浦で近代的な旅館建設を果たしたのである。また大正14 (1925) 年には、和歌浦の老舗旅館である芦辺屋も廃業してしまっている。「芦辺屋その他当地旅館不行届なること」に対する大阪人の不満を伝えた先の南海鉄道の大塚は、「今后の和歌浦は三十三札所的道者は日に減退しヤリ方一つでは続々上流人士を招く事」ができると指摘し、「和歌浦旅館に道者的によらず寧ろ京都鴨川木屋町的旅館たるを要す」と述べていた。大阪人が求める旅館は新和歌浦において実現され、芦辺屋廃業に象徴されるように、対応が遅れた和歌浦は次第に廃れていったのである。

第2－6図　新和歌浦の旅館からの海景

　それでは，大阪人からの批判の残りの一つ，「和歌浦の没趣味なること」についてはどうであろうか。ここでの「没趣味なること」という意味について大塚は，「同処は一言にていえば裸体と評すべきか，不老橋を渡りて海岸一帯には殆ど樹木無之斯くして極めて無趣味にして遊人の失望するも無理からぬ事と存候」と，その自然の風景美の貧困さを指摘していた。この点について和歌山市の観光案内を著した先の喜多村は「和歌浦打診」と題したエッセイにおいて，「風景に変りなくとも人の心に変化がある。まして自然の姿にも変化があつた。鶴の鳴き渡る眺めも無ければ，逝く春に追ひついたと感傷的にもなれなくなつた」と，大塚と類似の指摘をしている。その一方で，新和歌浦については「海に面した旅館の一室が得られたら，そこに寝ころがつて，海の風景を眺めるのは之また無上によい」と記し，新和歌浦の旅館から眺める海景美のすばらしさを論じている（第2－6図参照）。また「景観を荒らす者は誰ぞ」と題したエッセイでは，「新和歌浦の眺望が，海岸寄りに櫛比された旅館，料理屋によつて独占され，その旅亭の一間などに席を占めなければ，ほしいままなる眺望のできないことは，我等無産者にとつて，癪に障ることである」と批判して

もいる。新和歌浦の海岸に林立する近代旅館群は，自然の美を鑑賞しようとする大阪からの観光客の欲望が反映されたものであったと考えられる。

このように，遊覧施設，快適な近代旅館，美しい自然風景といった大阪からの観光客が求める要素を備えた新和歌浦は，昭和7（1932）年には「年々百万以上の遊覧客を吸引している新和歌浦」といわれるまでになっていた。新和歌浦は，大阪からの観光客のための観光地として創造され，実際に多数の観光客を集めていたのであり，それゆえに観光都市としての和歌山市の焦点となっていったのである。

3　和歌山市の観光都市化と喜多村進にとっての郷土

（1）　和歌山城と都市美運動の推進

　もう一つの観光の焦点とされた和歌山城は，紀州藩時代の和歌山の伝統を象徴する建造物として，戦前期に発行された和歌山市の観光案内の多くで第一に紹介されていたことが確認される。ただ，工業都市たる和歌山市の中心部に位置していた和歌山城は，和歌浦や新和歌浦とは異なり和歌山市の観光都市化を牽引する観光資源であった痕跡を認めることは管見の限りできない。むしろ和歌山城は，和歌浦および新和歌浦の観光地としての発達にともなう和歌山市の観光都市化のなかで，その価値が再発見されたのだと考えられる。このことは，『わかやま』において第一に紹介された和歌山城界隈を含む観光コース（和歌山城→和歌山公園→岡公園→紀三井寺→和歌浦→新和歌浦→京橋・元寺町付近）が，「和歌浦・紀三井寺遊覧」と題されていたこと，実際の移動を考えると和歌山城界隈は市電を使って和歌浦方面に行くためのちょうど起点となる場所に位置していたことからも推察される（第2-7図参照）。多くの観光案内に紹介されていた和歌山市の花街について考えても，この観光案内のコースでは，江戸時代から存在し和歌山市で最も規模が大きかった東廓へは行くことができず，明治時代に入ってから形成された和歌山城近くの番廓と呼ばれる花街（コース最後の京橋・元寺町付近）に行くことになるのであり，ここからも和歌浦方面への道程との関係が重要であったことがわかる。

　しかしながら，市街地に位置する和歌山城が観光の焦点の一つとして注目を

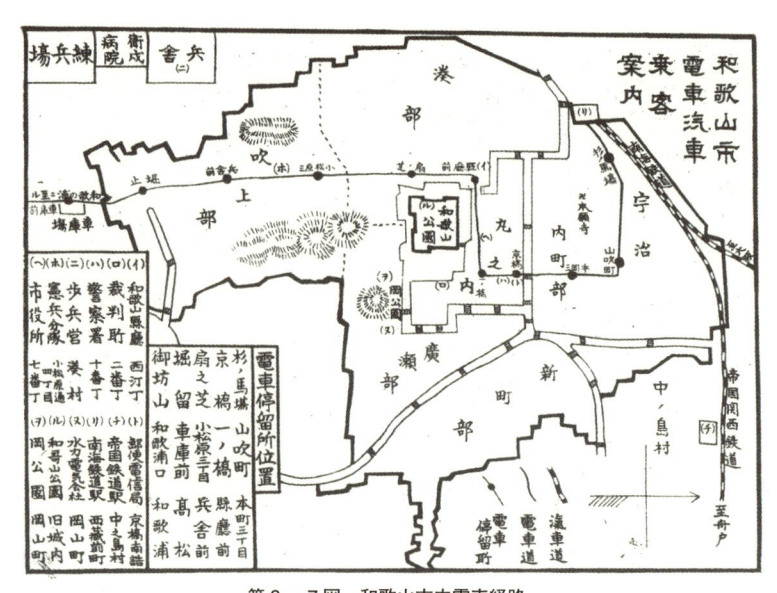

第2−7図　和歌山市内電車経路
出典）浜口彌編『新和歌浦と和歌浦』，枇榔助彌生堂，1919。

集めたことは，観光都市の議論に新しい展開をもたらすきっかけになっていたことが認められる。喜多村進は，「和歌山市景観の吟味」と題したエッセイで，以下のように論じている。

　　晴れた明るい空，三方を取囲む山々，それから紀の川の流れと，和歌浦，雑賀崎あたりの海岸美を有する我和歌山市は，その環境に於ては断然恵まれてゐると言つてよい。それ故にワカヤマといふことのみで，旅人には一つの魅力を感ぜしめる。勿論この自然の素晴らしい美観と共に，古代歌枕になつた吹上の濱以来，徳川時代に於ける五十五萬石の城下たる伝統が，旅情に強い印象を與へてゐるのは言ふまでもないことである。
　　そこで，旅人が，まづ大阪を経て南海電車に身を托し，和泉の海岸を馳つて，和歌山市駅に下車したとする。その旅人を捉へて，第一印象を語らしめるがよい。
　　恐らく彼等の凡ては，駅前から仰がれる竹垣城を指して，その秀麗さを讃へるであらう。だが第二句目には何といふ？　停車場の陰鬱さを訴へる。穢さを

非難する。都市の迎接門として実際その景観を害する程の貧弱さである。……
この第一印象は恐らく和歌山に好感を抱いてゐる者にとつて、興味半減すること請合である。
……

　［和歌山城の］濠に沿うた市営売店も、あれは決して所を得たものと言ひ得ない。濠と石垣のクラシカルな景観が、之により全く打ち毀されてしまふ。たとへそれを許すとしても売店の体裁それ自身が、既に時代遅れの甚しいものである。かかる勝景の地区、眼目たる地域の建築物に就ては十分の研究と注意を拂はなくては、全く台なしになつてしまふ。今や観光都市として宣伝しきりなるの時、よろしくこの売店も颯爽たる姿を以て観光客を惹き付ける用意をせねばならぬ。
……

　観光都市として宣伝するならば、又必ずともさういふ看板を掲げずとも、我々は我々の住む都市をして少しでも快適にしたいのが心願である。……我等の都市として、よりよき人工景観を持つ和歌山市に建て直したいのが私の望みである。
……

　幼にして出郷、今三十余年振りに郷土に帰り来り、愛郷の念燃ゆるがままにこの文を草したわけであるが、望むらくは和歌山市民諸君一同が、尚一層の進取的気象を養ひ、以て愛市の一念より和歌山市をして、その恵まれたる環境に応じ、美はしき景観を現出せしめたいことを冀ふ次第である。[37]

　喜多村は、観光客にとっての「ワカヤマ」の魅力を論じ、特に大阪からの観光客のまなざしを介して、和歌山城の美しさを指摘すると同時に、和歌山市の都市景観を批判していく。なかでも和歌山城については、観光都市が叫ばれる現状において、この地域の建築物は観光客を惹きつけうる美しい外観たるようにと提起している。

　このような観光客のまなざしを介するなかでなされた喜多村の主張とは、自身の住む都市を「快適」にし、よりすばらしい「人工景観」としたいということであった。明治22（1889）年に和歌山城下で生まれた喜多村進は、14歳の時に東京に移住してからは田山花袋の指導下で文筆家として活躍し、昭和8

(1933) 年に和歌山市に帰郷し和歌山県立図書館司書に着任してからは，昭和9 (1934) 年に結成された文化団体の「十日会」の中心メンバーとして活動していた。この十日会は，「和歌山を愛する一念の共通点」を有した和歌山の文化人によって結成され，「自らの生活内容を深めると共に，外部に向つては和歌山をより住み良き所たらしむる」ことを目標と掲げており，彼らはまず景観整理を提唱し警察と協力しつつ和歌山市の都市美運動に尽力していった。そして喜多村は観光都市を目指す当時の和歌山市政に注目し，観光都市化を掲げることで「美はしき景観の現出」を目指す運動の正当性を強化していった。すなわち和歌山市の観光都市化は，住みよき街への理想，美しき景観の追求と重なり合い，大阪からの集客のためだけでなく，和歌山に住まう人のための都市創造へと展開していったのである。そしてこの都市美運動と関わる観光都市化の提唱は，当然のことながら，都市中心部のみでなく臨海部の観光地化に関する議論へとも展開していったのであり，喜多村は新和歌浦から雑賀崎にかけての景観美化の提唱も行っていたことが確認される。

(2) 喜多村進の郷土概念の変容と観光都市化の変奏

　ここで，観光都市化を叫ぶ都市美運動の動機として先のエッセイで言及されている，喜多村の「愛郷の念」について確認しておきたい。彼にとっての郷土を考えると，その思いは強く，かつ複雑なものであることがわかる。喜多村は，昭和8 (1933) 年の帰郷より前に，紀伊半島の海岸線をめぐる旅行をしており，久しく足を踏み入れていなかった郷土の和歌山に到着している。そこで彼は「我郷土に土地一坪すら持たぬ私は，常に旅の子である」が，郷土は「懐かしさの深い土地」であり，そこでの「追憶は常に美はしい夢を織りかへす」と述べている。大都市東京に居を定めていた時の喜多村にとっての郷土とは，まさに今ここにない他所として想像され，「追憶」によって審美化されたものであったことがわかる。

　このような他所としての郷土は，和歌山市に設立された南紀芸術社が昭和6 (1931) 年9月の創刊号から昭和10 (1935) 年1月の第10号まで刊行した『南紀芸術』においても提唱されたものであった。東京生まれの雑誌編集兼発行者の猪場毅は，「わが南紀文化の水準を高めるために，芸術を慕ひ郷土を愛する

第2章　戦前期における和歌山市の観光都市化と郷土へのまなざし

第2－1表　『南紀芸術』第1号および第2号の作者名と作品タイトル

第1号		第2号	
作　者	作　品	作　者	作　品
保田龍門	[表紙]	保田龍門	[題字]
谷崎潤一郎	[扉字]	川端龍子	[表紙装画]
佐藤春夫	浜木綿	池田昌克	[扉字]
野尻清彦	ヴァン・ドンゲンの言葉	谷崎潤一郎	覚海上人天狗になる事
藤田進一郎	科学の限界	狩野光雅	大和絵と紀州と
O. ロダン	思索 [画]	佐藤春夫	故園晩秋の歌
P. グセル（保田龍門訳）	芸術―オーギュスト・ロダン―	日比野道男	記紀万葉に見える橘について
V. ゴッホ（池端俊輔訳）	愛弟テオへの手紙	加藤一夫	農村的、郷土的芸術・文化を語る
		羽山金次郎	おうむ [画]
V. ゴッホ	橘の素描 [画]	藤田進一郎	創造
日比野道男	橘について	黒田鵬心	オットマンの思ひ出
山田朋義	新文学の機軸	H. オットマン	風船買の女 [画]
西博民	本むる心	玉置照信	漫談二則
南幸夫	とげのある	水原堯栄	高野山
猪場毅	あとがき	山田朋義	西田博士の心境
V. ドンゲン	[裏表紙]	喜多村進	上海点描
		井上吉次郎	知つた紀州人
		堀内喜一郎	五月会洋画展評
		猪場毅	あとがき
		猪場毅	刊行の辞
		木村荘八	[裏表紙]

の諸先輩総動員の下に，芸術の全野にわたる総合的指導機関」たることを掲げ，佐藤春夫や谷崎潤一郎をはじめとする東京での活躍の経験を有する南紀と何らかの関係を持った著名な作家の作品を当該雑誌に多数掲載しており(第2－1表参照)，喜多村も東京在住時から上海の紀行文，『南紀芸術』と類似した19世紀後半のイギリスの芸術雑誌を紹介した論稿，「生まれ故郷紀州」の紀行文，幼少期を過ごした地を述懐したエッセイを寄稿し，その中心的メンバーとして活躍していた。ロラン（Rolland, R.）の民衆芸術論の影響を受けていた猪場は，郷土を新しい創造可能性の地として想像し，郷土から「やがて生まれ出づるもの」を期待して郷土芸術運動を展開していたのであり，喜多村は，このような運動の影響もうけながら，理想的な他所性を有した郷土としての和歌山市を

65

想像していったものと考えられる。先の十日会も，喜多村をはじめとする5人の『南紀芸術』参加者が中心となり発足したものであった。

また彼が「常に旅の子」と自己形象するのは，幼少時の幾度かの強制的な旅と別離の経験によるものであったが，その結果，彼にとっての郷土には，「きはめて仄(ほの)かな，おぼろげな事しか語れない」とする7歳まで生活していた和歌山城下と，「霞多き郷土」と呼ぶ14歳までの約6年間生活した城下から東方へ約10kmの場所に位置する山東(さんどう)村という，二つの場所が存在することになった。なかでも，先の旅行において「都市居住者のかなしき習慣で，明るき場所に，人の立ち込む処に，田園山間の自然につつまるるよりも，我が心の住家を探りやすい」として和歌山市内の盛り場の散策を好んだように，彼にとっての和歌山市は，懐かしき追憶の過去としての郷土と，東京という都市生活者の住処としての「心の住家」といった二つの側面が緩やかに重なり合う場所となっていた。さらに喜多村は，北海道，紀伊半島，上海，南洋など多くの場所を旅行しており，「旅の子」という自己形象は彼自身の好む実践でもあった。そのため，喜多村にとっての和歌山市という郷土は，観光客のまなざしを介して発見されるものでもあったのであり，そこは都市的な日常性と追憶の他所としての非日常性を有した理想的な両義性を有する観光空間ととらえられたのだと思われる。これらの郷土概念から喜多村は，帰郷し居を定めるにあたって，他所としての南紀や山村の山東村ではなく，両義的な空間である和歌山市を郷土と措定し，十日会を主導するなかで，住みよき和歌山を目指して，都市美運動と観光都市化を推進していったのだと考えられる。

ところが先の「和歌山市景観の吟味」にあるように，観光客のまなざしを有する喜多村は，理想の空間として思い描いていた「ワカヤマ」と，「陰鬱さ」や「貧弱さ」などの表現で語られる現実の「和歌山」，という二つの郷土の姿をみることになる。特に景観整理という都市美運動との関わりから，喜多村は後者の意味での郷土「和歌山」の姿を強く認識するようになり，景観の美に対する無関心，利己的な考え，封建の伝統にある陰険や策謀などを指摘し，和歌山市民に対しても厳しいまなざしを注ぐようになっていく。[50]そして喜多村にとっての理想的な郷土の「ワカヤマ」が次第に打ち消されるなかで，十日会の注目は現実の和歌山市ではなく，和歌山市の過去の姿へと向けられるようにな

る。

　十日会は，昭和 10（1935）年 7 月に明治時代の和歌山の文化に注目した「和歌山文明開化展」を開催し，喜多村はこの展覧会の説明に際して，郷土愛を「独逸魂」や「郷土教育」と結びつけ「愛国心」について語っている。特に，十日会の活動が終息した後，『南紀芸術』や十日会の主要メンバー，南方熊楠，雑賀貞次郎といった和歌山県南部の著名な文化人・郷土史家，そして多くの教育関係者を会員とし，昭和 11（1936）年 10 月に喜多村が勤務する和歌山県立図書館内に設立された紀州文化研究所は，紀州文化の研究が，日本文化の研究に，そして自民族の偉大なる能力の再確認に資すると提言し，郷土教育という郷土についての啓蒙活動を経由することで，個人（児童）の心性に関与して，郷土愛と愛国心を喚起することを目的としていた。そして，皇室と紀州とのつながりや神社に関する記事を多く掲載していた機関誌『紀州文化研究』（第 2 － 2 表参照）の編集者兼発行者になっていた喜多村も，「紀州文化研究第三年を迎へて」と題した記事のなかで，「凡そ明日の日が今日に続く故に，私共は歴史を尊重するのである。国民精神の発露は歴史の温床なくして生まれ出る筈がないと共に，あらゆる文化を織り出すには又歴史の蔵をくぐらざるを得ない。私共は日本文化の一角を占むるために我ら郷土紀州の文化を闡明にする任務を痛感せざるを得ないのである」と，戦時体制下という時代背景のなかで「国民精神の発露」のために「郷土紀州の文化の歴史」に注目しており，歴史的な郷土を上位のナショナルな空間スケールと接合するなかで，そこを他所ではなくアイデンティティの中心と位置づけるようになったことが確認される。

　このような郷土概念の変容の後で書かれた観光案内書の『わかやま』は，昭和 14（1939）年版にあっては十日会時代の喜多村の随筆を観光案内向けに修正した文章が中心であったが，昭和 16（1941）年版になると戦時体制の影響のもとで「尊くいつき祀られたる神社を伏し拝み，ゆかりある寺院を訪づれて禮拝すること，之も観光の一内容である。更に体位向上の点から，国民保健の問題から，観光の必要なることが大に叫ばれてよいと思ふ」などといった文章が加筆され，過去の歴史の注目をより強力にナショナリズムの高揚へと結びつけた観光都市としての和歌山市が指摘されるようになる。すなわち，ここに至って，「敬神思想滋養の上から誠に恵まれた都市」としての和歌山市が論じられ，

第2-2表 『紀州文化研究』第1号の作者名と作品タイトル

著者	タイトル
	竃山神社 [写真]
花田大五郎	紀州文化研究所設立の意義
竹岡勝也	郷土史研究の二つの立場
岸田国士	紀州人
佐藤東	建国と紀州
成田衛夫	倉田何庵先生の追憶
花田比露思	竃山神社に詣でて [短歌]
小池龍吉	竃山神社と何庵先生
藤田進一郎	日高と日向
花田比露思	吹上の白菊 [短歌・詞書]
今岡規静	藤白坂を超ゆ [短歌]
日比野道男	竃山 [短歌]
小山耕生	紀州ところどころ [俳句]
島本紫芋子	夏秋二草 [俳句]
三宅黄沙	初詣 [俳句]
桑山嗣昌	浜木綿 [俳句]
植野徳治郎	皇室と紀州とに関係ある予の詩 (一)
野田為一	神武天皇の御東征と紀伊
浜田康三郎	皇室と明恵上人 (一)
阪田勇次郎	曇り日 [短歌]
浅田二三男	天守閣・橘 [詩]
児玉洋一	中世経済史に於ける熊野三山の地位
坂口総一郎	紀州の生物相に就いて
井上豊太郎	崇古談苑
南幸夫	和歌山地方語解 (一)
[座談会]	明治初年の教育 - 過ぎし昔の事ども
湯川貢	せりいちのこと
喜多村進	膽星臺雑記
	郷土著述新刊紹介
瀬藤正夫	喜多村進氏著「紀州萬華鏡」を読みながら
	紀州文化研究所規則
	編集雑記

「二千六百年の記念の年にふさはしき，神武天皇の皇兄彦五瀬命をいつき祀れる官幣大社竈山神社を初め，官幣大社日前国懸両神社」が位置する第2－1図右側中央の地域が新たな観光の焦点となり，天皇とイデオロギーで密接に結びついた歴史的な寺社仏閣の重要性が再発見されたのである。

4 おわりに

　本章における検討から，戦前期における和歌山市の観光空間化は，多様な文脈（交通機関の発達，市域の拡張，離郷や帰郷といった移動，郷土芸術運動，都市美運動，ナショナリズムなど）や多重の空間スケール（大阪と和歌山市，和歌山市と臨海部，和歌浦と新和歌浦，東京と和歌山市，紀州と日本など），そして立場の異なる主体（観光資本，行政，文筆家など）が重層的に関係するなかで推進されていっていたことが確認された。特に，戦前期の和歌山市の観光都市化の過程として，臨海部の観光開発の動向と，喜多村進が推進した都市美運動と彼の郷土概念の変容に注目することで，以下のことが判明した。

　まず主に前者から，①和歌浦という自然景勝地が交通機関の発達を背景に大阪からの観光客の観光空間へ包含され，市域の拡張も相まって観光都市としての和歌山市の議論を勃興させたこと，②その歴史性ゆえに近代的開発が進まなかった和歌浦の隣で，新和歌浦という大阪からの観光客のための近代的観光空間の創造がなされたこと，そしてこの観光都市化の過程のなかで，③和歌山城をはじめとするその他の観光の目的地の再発見もなされたことが認められた。ここから，工業都市でもあった和歌山市の観光都市化に際しては，大都市の大阪と対照的なイメージを有した自然風景地を観光空間化し，そこを包含するという過程が重要な役割を果たしていたことが見出された。

　また主に後者から，①移動によって観光客のまなざしを獲得した喜多村進による観光空間としての和歌山市という郷土の発見がなされたこと，②住みよき街を目指した都市美運動の過程で主に和歌山城界隈をとりあげるなかで和歌山市の観光都市化が提唱されたこと，③都市美運動終息後に郷土の歴史に注目が集まり，さらに戦時体制下においてナショナリズムと親和的な寺社仏閣が新しい観光の目的地として再発見されたことで，和歌山市東部に新たなる観光都市

の焦点が生じはじめたこと,が確認された。ここから,戦前期における和歌山市の観光都市化においては,都市住民にとっての理想的な居住空間であることと観光空間化が重なり合い,観光客のまなざしが住みよき都市創造に利用されていたこと,またその過程には他性を喚起すると同時にアイデンティティと密接に関係する郷土へのまなざしが介在しており,郷土概念が変容すると観光都市化の方向性や焦点も変化していたことが見出された。

【注】
1) 喜多村進「都市の横顔―和歌山―」,大大阪 12-9, 1936, 52-57 頁。
2) 堀井正一編『わかやま』,和歌山市役所,1939。
3) 和歌山県統計協会編『旅は紀州路』,和歌山県統計協会,1934。
4) 前掲 2) 8 頁参照。
5) 故郷や郷土といった用語は,英語で home, homeland, home-place などと,主として home にまつわる地理的用語として表現される,類似した地理的概念である。しかしながら,日本において郷土が郷土教育の文脈で頻繁に論じられてきたように,これらの用語は時に異なった社会システム・文脈において流通・使用されてきた歴史的概念であり,またそこに付与されている意味や親和的なイメージ,想定される物理的空間との関係性も必ずしも同じではない。そのため本章では,故郷や郷土といった概念を総称する際には日本語として特定のイメージを喚起しにくい「ホーム」を用い,引用や具体的な事例の検討をなす場合は,それぞれ実際に用いられた用語を使用することにした。また後に紹介する人文主義地理学において用いられる home については,括弧をつけないホームの語を使用することにする。
6) 福田珠己「近・現代文学にみる故郷の概念」,徳島県立博物館研究報告 3,1993, 25-38 頁。
7) 成瀬厚「東京・武蔵野・江戸―写真による地理的表象と自我探求―」,地理学評論 74-8, 2001, 470-486 頁。
8) 「郷土」研究会編『郷土―表象と実践―』,嵯峨野書院,2003。
9) 成田龍一『「故郷」という物語』,吉川弘文館,1998。
10) 前掲 6) 27 頁参照。
11) 上野俊哉『ディアスポラの思考』,筑摩書房,1999。
12) 福田珠己「『ホーム』の地理学をめぐる最近の展開とその可能性―文化地理学の視点から―」,人文地理 60-5, 2008, 23-42 頁。
13) この両義的な「ホーム」の概念に注目するにあたり,筆者が重要と考える視点をいくつか挙げておきたい。まず最も注目すべきものとして,「ホーム」の空間スケールの可変性や国家などの上位スケールへの接続,「ホーム」と対比され

る空間のスケールとそこまでの距離といった，空間スケールに関連する問題がある。また，「ホーム」を可能にする空間的移動の問題も重要であり，これは身体的なものだけでなく，「ホーム」を認識する際のポジショナリティの移動にも注意を払うべきだと考える。さらに，「ホーム」に関するイメージや意味と，物質的な地理空間や居住する人々との関係性といった，異なる空間の次元の相互関係にも注目する必要がある。そして，個人的な「ホーム」と社会的な「ホーム」の関係性も検討を要すると考えられる。この点については先の成瀬や成田は明確に意識して考察しているが，この問題に注目することにより，社会的な「ホーム」と密接に関わる国民国家形成やさまざまな文化ポリティクスの問題と，個人的な「ホーム」への愛着やそこでの経験との関係性を問う視点を得ることが可能になる。先の他性に注目した認識と同時に，これらのいくつかの視点を組み合わせることで，複雑な「ホーム」の概念の様相がより明らかになると考えられる。なおこうした視座については，前掲12）においても紹介されている。

14) 前掲 1) 参照。
15) 『紀伊毎日新聞』1909 年 2 月 20 日。
16) 和歌山市史編纂委員会編『和歌山市史 第 3 巻 近現代』，和歌山市，1990。
17) 『和歌山新報』1925 年 5 月 7 日。
18) 『大阪毎日新聞和歌山版』1934 年 12 月 9 日。
19) 高嶋雅明「和歌浦開発と和歌浦土地株式会社―若干の資料紹介と覚え書―」，紀州経済史文化史研究所紀要 10，1990，25-40 頁。
20) 重松正史「郊外開発論争と市政―1910 年前後の和歌山市―」，日本史研究 359，1992，1-30 頁。
21) 『和歌山新報』1909 年 6 月 19 日。
22) 前掲 21) 参照。
23) 『紀伊毎日新聞』1909 年 3 月 24 日。
24) 浜口彌編『新和歌浦と和歌浦』，枇榔助彌生堂，1919。
25) 高嶋雅明「近代の開発と和歌浦」，和歌山地方史研究 17，1989，32-37 頁。
26) 前掲 20) 参照。重松は，当時の和歌山市議会の党派間の政治的対立とそれを支える支持基盤の関係性が，和歌浦の近代的開発に対する相反する言説を生み出す要因であったことを指摘している。
27) 夏目漱石『行人』，講談社文庫，1977。なお夏目は明治 44（1911）年に和歌浦を訪れていた。
28) 『紀伊毎日新聞』1925 年 10 月 28 日。
29) 吉田初三郎『新和歌浦―名所交通鳥瞰図―』，観光社，1927。
30) 前掲 24) 参照。
31) また，この段階ではすでに新和歌浦に支店も創出している。
32) 『和歌山新報』1909 年 6 月 19 日。
33) 前掲 32) 参照。
34) 喜多村進『紀州萬華鏡』，津田源兵衛書店，1936。
35) 前掲 34) 126-132 頁。

36)『大阪朝日新聞和歌山版』1932年2月27日。
37) 喜多村進「和歌山市景観の吟味」、明暗1, 1934, 51-59頁。
38) 前掲34) 109-116頁。
39) 前掲34) 126-132頁。
40) 前掲34) 57-71頁。
41) 南紀芸術については、以下の論考に詳しい。(1) 半田美永「和歌山県近代文学史稿—文化的土壌の確認とその意義—」、皇學館大学紀要35, 1996, 31-50頁。(2) 恩田雅和「昭和六年の『南紀芸術』」、南紀芸術[復刊]1, 1983, 1-11頁。
42) 猪場毅「刊行の辞」、南紀芸術2, 1931, 43頁。
43) その内容は評論・随筆・研究・翻訳・短歌・詩・絵画など多彩なものとなっており、参加した作家は100人以上、タイトル数は170以上にのぼっている。また東京との関係の深さは、この雑誌が猪場の個人的人脈によって生み出されたことに依っており、南紀芸術社の支社も創刊当時から東京市に存在していた。
44) 喜多村進「上海點描」、南紀芸術2, 1931, 28-35頁。
45) 喜多村進「ビアズレイについて—附『黄表紙』『サヴォイ』及『南紀芸術』—」、南紀芸術3, 1932, 11-18頁。
46) 喜多村進「潮岬」、南紀芸術5, 1932, 11-15頁。
47) 喜多村進「秋と南国の少年」、南紀芸術7, 1932, 2-11頁。
48) ロオラン, R.（大杉栄訳）『民衆芸術論』、日本図書センター, 1992（初版1921）。[原著の初版は1903年発行であるが、邦訳に用いられている原著は1913年発行の再版である。また本書の邦訳初版として1917年発行のものが存在する。]
49) 猪場毅「あとがき」、南紀芸術2, 1931, 42頁。
50) 前掲34) 126-132頁。
51) 前掲34) 160-162頁。
52) 花田大五郎「紀州文化研究所設立の意義」、紀州文化研究1-1, 1937, 1-5頁。
53) 喜多村進「紀州文化研究第三年を迎へて」、紀州文化研究3-1, 1939, 35-36頁。

第3章
日本統治期台湾における国立公園の風景地選定と心象地理

1 はじめに

　第二次世界大戦前の日本における観光資源としての国立公園の成立について検討した荒山正彦は、国立公園の指定による真正性の創出について論じ、そこから「観光資源が国家の構成員としての国民にとって、意味や価値が共有されるような国土空間の成立に寄与した」ことを指摘している[1]。また、国立公園に指定された風景は、「国家や国民のアイデンティティを示すナショナリズムと、きわめて親和的な風景」だとし、国立公園候補地の変遷を検討するなかで、「山岳や渓谷、森林」が「日本を代表する風景」とされたことも論じている[2]。このように荒山は、戦前期日本における観光資源としての国立公園は、ナショナリズムと親和的な国家の真正な風景として「山岳や渓谷、森林」を選び出すなかで、均質化された国土空間を生産するものであったことを明らかにした。
　しかしながら、序章において議論したように、観光に注目して国立公園を考える際には、差異や他性の問題にも注目すると同時に、そこが均質化とともに差異化を求める矛盾した空間であるという性質を理解する必要がある。さらに、荒山の国立公園風景についての考察は、地理的表象がはらむ権力の問題に注目し、それを生み出す近代性を批判的に検討する「新しい文化地理学」として位置づけることができるが、序章において指摘したように、こうした研究はその静的な表象分析偏重の傾向が批判され、近年の研究では、関係的に、そして動的にある事象の顕在を理解し、その生成の過程を問うようになっている。かかる視点からすれば、国立公園の風景についても、権力とのつながりを指摘することに力点をおくのではなく、アイデンティティ、権力、イメージ、感情、物

質などの複雑な関係性のなかで，それがいかに生成したのか，その動的な過程を検討することが求められる。

そこで本章では，国立公園の風景地選定について，国家・国民にとって真正なアイデンティティの中心であるという特徴だけでなく，観光地としての他性の特徴にも注目しながら，さまざまな関係性が絶えず変容するなかでそれが生成した動的な過程を考察することにしたい。こうした検討を行う際に興味深い事例として，明治28（1895）年から昭和20（1945）年まで日本の植民地支配下にあった台湾における国立公園選定がある。日本の植民地のなかで唯一国立公園が指定された台湾では，荒山が指摘するように，昭和12（1937）年に「山岳，渓谷，森林を特徴とする台湾の風景」として3ヶ所の地域が国立公園に指定されていた。しかしながら，後に詳述するが，台湾は（亜）熱帯気候であったため，日本人が他性を感じる熱帯的風景こそが観光客を呼び寄せるのに役立ち，またそれこそが台湾を代表する風景であると考える一部の台湾在住日本人知識人が，山岳的風景地ばかりの国立公園の選定場所に異議を唱えるという事態が生じていた。すなわち，日本統治期の台湾における国立公園の指定と観光は必ずしも親和的ではなかったのであり，この事例をとりあげることで，国立公園という空間が有する両義性や矛盾，そしてそこから生じるゆらぎが明らかになると同時に，その選定過程におけるさまざまな関係性の変化や風景の意味の変容および重層性がより検討しやすいと考えられるのである。こうした分析を行う際に，本章では特に「山岳，渓谷，森林」を特徴とする山岳的風景の心象地理と，（亜）熱帯植物を特徴とする熱帯的風景の心象地理の相互関係に焦点をあて，アイデンティティと他性，ナショナリズムや帝国主義がはらむ権力，そして観光との相互関係を考察しつつ，台湾の国立公園の選定過程について考察することにしたい[4]。

そこでまず第2節では，台湾における国立公園候補地の選定過程について確認すると同時に，選定された風景の特徴を明らかにする。次の第3節では，台湾の国立公園の候補地決定に際してなされた論争から，顕在化したさまざまな対立について検討を行う。そして第4節では，台湾の熱帯的風景と国立公園に選定された山岳的風景の心象地理について，アイデンティティ，観光，権力，感情などとの結びつきやそれらの関係性の変容について考察する[5]。

2 台湾における国立公園の選定過程とその特徴

(1) 国立公園の選定過程と観光開発

　日本統治期台湾における国立公園選定過程にみられる特徴を考えるにあたり，まず日本（内地）における状況を簡単に確認しておきたい。日本に国立公園が紹介されたのは明治30年代末からで，明治5（1872）年に世界で最初に誕生したナショナル・パークであるアメリカ合衆国のイエローストンなどが，国園などの名で観光資源としての性質が注目されながら伝えられていた。そして，明治44（1911）年の第27回帝国議会で「国設大公園設置に関する建議」をはじめとする国立公園の設置に関する3件の建議・請願が採択され，国立公園設置の運動が開始されることになった。これらは当時の外国人観光客誘致の潮流や，明治50（1917）年開催予定の日本大博覧会を背景とした，観光資源整備による地方経済振興という意図が含まれたものであった。その後，国家および地方の観光事業振興の潮流と折り重なるかたちで，大正9（1920）年からの内務省衛生局保健課による国立公園調査，昭和2（1927）年の衛生局内での国立公園協会の設置，昭和5（1930）年の国立公園調査会の設立，昭和6（1931）年の国立公園法の公布と事業が進展し，昭和7（1932）年には国立公園委員会が12の候補地を決定して，昭和9（1934）年と昭和11（1936）年に順次国立公園の指定がなされている[6]。

　このような過程で指定された国立公園はすべて内地のものであったが，その議論の初期においては植民地も視野に入っていたことが認められる。特に内務省衛生局嘱託として国立公園の選定に深く関わった田村剛は，彼が大正10（1921）年に選び出した16ヶ所の国立公園候補地のうち，さらに一流として選び出した4ヶ所の候補地のなかに朝鮮金剛を入れる[7]など，植民地への国立公園設置を早くから想定していた。田村は昭和3（1928）年に台湾を訪れた際にも，「朝鮮に一つ台湾にも一つ選定され内地の公園組織のうちに取入れられるのではないかと思ひます[8]」と言及しており，上述の内地で進行する国立公園選定の範疇に植民地のそれも含まれると考えていたのである。しかしながら，昭和6（1931）年に公布された国立公園法の効力は内地に限られ，植民地においては台湾総督府などの植民地当局とそれを監督する拓務省によって調査研究

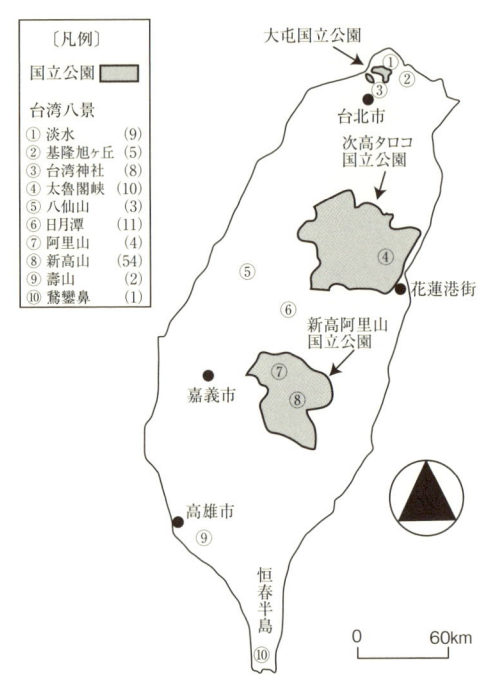

第 3 − 1 図　日本統治期台湾における国立公園と台湾八景の位置概略図
出典：『国立公園図　五十万分の一（昭和 13 年 1 月）』をもとに筆者作成。
注）　1）国立公園は昭和 12（1937）年指定。台湾八景は昭和 2（1927）年選定。
　　 2）台湾八景は、③と⑧が別格として選定されたため、計 10 ヶ所選定されていた。
　　 3）台湾八景の名前右の括弧内の数字は、人気投票における順位である。

された後で新たに勅令によって施行される場合があるとされた[9]。同年 11 月の第 1 回国立公園委員会総会においては、植民地に国立公園が設定できるかとの質問がなされており、拓務省側から国立公園委員会と連絡をとりいずれ適当に考慮されると返答されている[10]。そして実際に、内地で 12 ヶ所の公園候補地が決定した後、台湾総督府は、昭和 8（1933）年に国立公園調査会を立ち上げ、昭和 10（1935）年に勅令 273 号で台湾に国立公園法を施行して、昭和 11（1936）年の第 1 回台湾国立公園委員会で候補地を決定し、昭和 12（1937）年に大屯、次高タロコ、新高阿里山という 3 ヶ所の国立公園を指定している[11]（第 3 − 1 図参照）。

第3章 日本統治期台湾における国立公園の風景地選定と心象地理

第3－2図 阿里山絵図
注）原図は「新高山阿里山導覧」（1933：作者不詳）の一部。［所収］荘永明編『台湾鳥瞰図』，遠流出版公司，1996。］

　これら3ヶ所の国立公園のうち，早くから注目されていたのは新高阿里山であり，なかでも阿里山は台湾における国立公園指定に関する議論の契機となった地域であった。阿里山とは，明治32（1899）年に発見された大森林で，明治37（1904）年から後藤新平民政長官主導のもとで開発計画が進められ，大正元（1912）年に登山鉄道が開通してから森林経営が行われた，官営の伐木事業地を指している[12]（第3－2図参照）。この地における伐木経営は，台北帝国大学農林専門部教授の青木繁が，大正15（1926）年に阿里山の針葉樹林は13年後には枯渇すると指摘した[13]ように，次第に行き詰まりが予想されるようになっていた。そのため大正14（1925）年に阿里山に登った第10代台湾総督の伊沢多喜男が，阿里山への鉄道を永続させるために，林間学校や避暑・別荘地としての活用とともに，国立公園化をその方向性の一つとして提起する[14]など，台湾総督府においても伐木減少に備えたあり方が模索されるようになった。そして昭和2（1927）年前後に観光客誘致のために阿里山の天然公園計画が叫ばれはじめ，小規模のものでなく，国立公園的大計画を立てようという殖産局長の高橋新吉

の意見に基づき,田村が昭和3(1928)年に公園調査のため招聘され,その後すぐに高橋は「阿里山を中心とする国立公園を造る」という方針を掲げている。こうして,木材生産の地として開発された阿里山において,観光客誘致を目指した国立公園化が志向されることになった。

また,国立公園の設置に際しては,地元の誘致活動が活発に行われていたことも確認される。阿里山を中心とした国立公園化には,登山鉄道の起点の都市である,昭和5(1930)年に市制が施行された嘉義市(第3-1図および第3-2図参照)が注目していた。この地の経済は,製糖業と同時に,大正3(1914)年に大規模な製材工場が設立されたことによって,林業が基盤となっていた。ところが,市制がはじまった頃にはその両者とも停滞しつつあったこともあり,国立公園化が叫ばれる阿里山や周辺地域の景勝地への起点として,さらには市内に発達した遊廓による「美人郷」の名で,嘉義市の経済振興を図ることが官民双方から叫ばれるようになっていき,「観光都市」としての市のあり方が掲げられるようになっていた。なかでも観光都市化に重要な役割を果たすと考えられた阿里山の国立公園化を目指すため,昭和6(1931)年に嘉義市役所の役人と地元の商工業者は阿里山国立公園協会を市役所内に設立し,機関誌『新高阿里山』を発行するなど,国立公園誘致運動を積極的に展開していったのである。また次高タロコ国立公園も,同年から花蓮港庁が国立公園候補地としての売り出しを模索し,昭和7(1932)年に東台湾勝地宣伝協会を花蓮港街役場内に設置して,官民一体となって国立公園誘致運動をはじめており,嘉義市側と国立公園候補地をめぐって政治的争いを展開していた。大屯国立公園については,台北州が御大典記念事業として本多静六と田村に昭和3(1928)年に公園設計を依頼していたが,国立公園誘致活動としてはやや遅れた昭和9(1934)年に同州に大屯国立公園協会が設置されている。この協会の設立に際しては,昭和10(1935)年に開催予定の始政40周年記念台湾博覧会を視野に入れるべきだとの提起がなされており,実際に博覧会場の分館である観光館が大屯山麓の草山に設置され,またそのなかでは国立公園の候補地が紹介されていた。このように,台湾における国立公園の選定は,内地の場合と同じく,観光客誘致による地方経済振興策の一つと考えられるなかで進展していたといえる。

(2) 国立公園の風景と台湾八景

　以上のように，結果的には誘致運動が起こっていた地域が国立公園に選定されてはいるものの，その過程を考えると候補地選定の主体はつねに台湾総督府であったことが確認される。阿里山の国立公園化が台湾総督府によって先鞭がつけられたのはもちろんのこと，東台湾勝地宣伝協会や大屯国立公園協会の設立も台湾総督府が候補地として次高タロコや大屯をとりあげてからのことであった。[22] また，これら3ヶ所の国立公園調査にはすべて田村が携わっていたが，彼自身も台湾総督府が候補地としていた地域を国立公園適地としてお墨付きを与えただけで，自身で積極的に選定したわけではない。そのため彼は，阿里山一帯の国立公園調査を依頼された時には，台湾においては一つの国立公園が選定されるだろうと述べていたが，[23] 次高タロコの調査以降は，適地があれば二つでも三つでもかまわないと，[24] 現地の状況に応じて候補地数についての考えを変化させていたのである。

　実際に国立公園候補地の調査にあたったのは，台湾総督府が昭和8（1933）年に立ち上げた国立公園調査会であった。その構成員は，会長を台湾総督府総務長官とし，17名の委員のうち台北帝国大学総長以外はすべて台湾総督府の役人であった。[25] また台湾総督府内で国立公園を担当したのは内務局土木課であり，昭和8（1933）年に開かれた第1回国立公園調査会では，この土木課長によって国立公園に関する説明などがなされている。[26] これは昭和3（1928）年の阿里山の国立公園調査時に，先の高橋殖産局長が，「国立公園となれば相当な道路を作らねばならぬから内務局土木課の事業として実行してもらはねばならぬ」[27] と述べていたことから，観光開発を視野に入れてのことと考えられる。[28] そして，この国立公園調査会は，昭和8（1933）年と昭和9（1934）年の2回の会議で「国立公園法施行に関する件」と「国立公園選定に関する件」を審議し，どちらも内地の法案・方針に準じることに決定している。[29] その結果，国立公園の選定基準としては，第3-1表のような内地とまったく同じものが適用され，[30] それに基づいて国立公園調査会は第3-2表のような理由から，最終的に選定された地域とほぼ同様の3ヶ所の国立公園候補地を選び出している。[31]

　この選定理由をみると，山岳の風景地が選定されていたこと，その植物景観としては原生林と熱帯植物が注目を集めていたこと，そして観光地としての有

第3−1表　日本における国立公園の選定基準

必要条件
我が国の風景を代表するに足る自然の大風景地たること 即ち国民的興味を繋ぎ得て探勝者に対しては日常体験し難き感激を與ふるが如き傑出したる大風景にして海外に対しても誇示するに足り世界の観光客を誘致するの魅力を有するものたること 上述の条件に適合するものとしては左記に該当するものたるべし 　(1) 同一形式の風景を代表して傑出せること 　(2) 自然風景地にして其の区域広大なること 　(3) 地形地貌が雄大なるか或は風景が変化に富みて美なること

副次条件
(1) 自然的素質が保健的にして多数の利用に適するものなること即ち空気，日光，気候，土地，水等の自然的素質が保健的にして多数の登山，探勝，散策，釣魚，温泉浴，野営，宿泊等の利用に適すること (2) 寺社仏閣，史跡，天然記念物，自然現象等教化上の資料に豊富なること (3) 土地所有関係が公園設置に便宜なること (4) 位置が公衆の利用上有利なること (5) 水力電気，農業，林業，牧畜，水産，鉱業等各種産業と風致との抵触少きこと (6) 既設公園的施設が国立公園計画上有効に利用せらるるものなると共に将来の開発容易にして国立公園事業の執行上便益多きこと

資料）台湾国立公園委員会編『第一回台湾国立公園委員会議事録』，台湾国立公園委員会，1936。

望さへの言及があることが，すべての候補地に共通していることが認められる。また少なくとも大屯国立公園については，実際には内地と同じ選定基準が適用されてはいなかったと考えられる。なぜなら，「地域は広大でない」とされ，その特徴も「本島唯一の火山として優に台湾に於ける独特の風景形式」とあることから，「我が国の風景を代表するに足る自然の大風景地たること」という国立公園の必要条件を満たしているとは理解できないからである。

　さらに，台湾の国立公園の特徴をより明らかにするために，昭和2（1927）年に台湾日日新報主催で選定された台湾八景と比較してみたい。台湾八景は，「埋もれたる風景美，知られざる名勝地を探求し汎く之を天下に紹介」し，「此麗はしき蓬莱島の中に真に麗はしき自然美を保つ名所として之を海の内外に宣伝」することを目指し，「愛する台湾の為めに，真に台湾を代表する名所を選定」したものであり，選定方法は葉書などによる一般投票に基づき，審査委員会の審議を経て決定されるものであった。1人何枚でも投票してもよいという

第3章 日本統治期台湾における国立公園の風景地選定と心象地理

第3－2表　台湾における国立公園3候補地の概略と選定理由

公園名	概略と選定理由
大屯国立公園	約9350ha（日本の国立公園中最小面積）。「随所に原始林乃至自然林が保存せられて，固有の熱帯性植物景観を呈している」。「諸所に温泉地，登山地，野営地等利用上有利なる地点がある」。「本島の最北端に位する高地であるから自から避暑地として適」する。「台北市に近接し台湾観光客をして必ず一遊せしむるに足るべく，位置並に交通上最も有利なる条件を有する」。「地域は広大でないけれども本島唯一の火山として優に台湾に於ける独特の風景形式を有し且つ利用上頗る有利である」。
次高タロコ国立公園	約25万7090ha（日本の国立公園中最大面積）。「水成岩及変成岩系統に属する山地として特異の風景形式を備へ本島否日本の傑出せる代表的風景地と謂ふべくその山岳，渓谷，海岸等の風景に付ては世界的特色を誇り得る」。「随所に広大な原始林又は自然林があり，よく下部熱帯より上部寒帯に至る林相の推移を指摘し得る」。「利用方法も探勝，登山，野営，釣魚，温泉浴等に限らるるも……長期の滞在にも適している」。
新高国立公園	約18万7800ha。「日本の最高峰新高山を盟主とする水成岩系統の頗る雄渾を極むる山地であつて，本邦に傑出せる顕著なる風景形式を有する」。「本候補地と次高タロコ地域国立公園とは略同一の風景形式に属し互に伯仲する大風景地であるが，結局，地理，地形，地質，植物等の特徴に於て夫々特異点を有する」。「植物景観に就ては，最も特色がある，即ち下部熱帯林に始まり一万尺の高地に達する寒帯林迄，各代表的林形を逐次展開」する。「登山，探勝，野営，温泉浴等の外特に高地に於ける避暑に適している」。「阿里山方面は観光地として相当の設備を有する」。

資料）台湾国立公園委員会編『第一回台湾国立公園委員会議事録』，台湾国立公園委員会，1936。
注）概略と選定理由の記述は、記載内容の主要部分を抜粋したものである。

条件であったため，3億5963万4906票もの数を集めたが，その選定は3対7[33]の比率で審査委員の投票を重視するとされていた。最終的に八景を決定した審[34]査委員会は，台湾総督府交通局長を委員長とし，その他交通局を中心とした総督府の役人5名，大阪商船基隆支社長といった運輸交通関係を中心とした実業家4名，台北市内の高等学校を中心とする教育関係者3名，中央研究所から3

名,総督府博物館から1名が出席し,「(1) 台湾の景色として特色あること,(2) 規模小ならざること,(3) 交通の利便あること並に将来其の施設可能なること,(4) 史蹟,天然記念物を考慮に置くこと,(5) 全島に亘(わた)り地理的分布を考慮に置くこと」を審査基準にして,台湾神社と新高山をそれぞれ神域と霊峯として別格とし,八景として,八仙山,鵞鑾鼻(がらんぴ),太魯閣峡(たろこきょう),淡水,壽山(ことぶきやま),阿里山,基隆旭ヶ丘(きりゅう),日月潭(にちげつたん)を選定した[35](第3−1図参照)。

ここで選定された風景の特徴については,先の委員会にも出席していた中央研究所林業部長で林学博士の金平亮三が,淡水,基隆旭ヶ丘,壽山,鵞鑾鼻は海岸の風景地として,そして太魯閣峡は渓谷,日月潭は湖水,阿里山と八仙山は山嶽と森林美の風景地としてそれぞれ入選したと論じている。[36] 内地で先に選定された日本八景[37]と異なり,台湾においては風景地を分類せず自由に選定したためこのように類似した地域が複数選ばれていたが,その結果,国立公園風景の特徴とされる「山岳,渓谷,森林」は別格の新高山を入れて4ヶ所のみしかなく,残りは海岸などの他の風景地となっていた。また投票段階の順位をみると(第3−1図参照),新高山は54位とかなり得票数が少なく,1位の鵞鑾鼻がその100倍以上の得票数を獲得していた。[38] この台湾八景では,投票者が地元の風景地に投票するという傾向がみられたが,少なくとも1位の鵞鑾鼻については,地元の高雄州の投票者数が台北州に次いで2位であったこと,[39] 同州内の大都市である高雄市に近接する壽山が2番目に多いほぼ同数の票を獲得していたこと,[40] さらには投票した場所が八景に選ばれた際にもらえる景品の当選者に高雄州在住者と同数の台北市在住者がいたこと[41]などから,多くの住民が台湾を代表すると考える風景地であったことが認められる。一方の新高山は,当時の日本で一番標高が高い山であり,「皇徳の益々高きこと此の山の高きより高く」,「皇威を宣揚し奉らさる可(べ)けんや」[42]などといわれたナショナリズムと親和的な風景地であった。そのため審査委員会は,台湾在住の人々にはあまり支持されなかったにもかかわらず,そこを別格の霊峯として政治的に選び出したのだと考えられる。またこのような新高山の選定には,審査委員長をはじめ多くの台湾総督府の役人が参加していたことから,後の国立公園選定を視野に入れていた可能性もある。委員会に参加していた先の金平も,八景のなかに新高山や阿里山,八仙山といった山岳的風景が選定されたことを評価し,そこが国立公園

としてふさわしいことを論じている。[43]

　ここで台湾の国立公園と台湾八景を比較すると，台湾を代表すると考えられた風景地のうち，山岳地帯にあるものだけが国立公園に選び出されていたことが明らかである（第3－1図参照）。特に最も票を獲得した鵞鑾鼻が国立公園候補地から外れていること，そして新高山が国立公園の重要な要素としてとりあげられていることから，台湾を代表する風景と日本を代表する風景が必ずしも同じではなかったことと，山岳的風景地のみが選定されたことが明らかである。また大屯国立公園については，台湾八景を一つも含んでおらず，それに次ぐものとして選定された台湾十二勝の草山北投（そうざんほくとう）が存在するだけであったため，先に言及したように日本を代表する大風景であることも疑わしい上に，台湾を代表する風景としてもあまり考えられていなかったことが認められる。

3　台湾における国立公園候補地をめぐる論争

(1)　第1回台湾国立公園委員会における議論

　昭和10（1935）年に台湾国立公園法が施行されると，「国立公園は台湾国立公園委員会の意見を聴き区域を定め台湾総督之を指定す[44]」と定められ，国立公園調査会は解散して台湾国立公園委員会が立ち上げられた。同委員会は，会長を台湾総督の中川健藏，副会長を総務長官の平塚廣義とし，田村剛と内務局長の小濱淨鑛（こはまじょうこう）が委員と幹事を兼ね，その他27名の委員と10名の幹事によって構成されていた。[45]この委員のうち，台北帝国大学総長の幣原坦（しではらたいら）と7名の台湾総督府の役人が国立公園調査会の委員，2名の台湾総督府の役人が台湾八景選定委員であり，さらに昭和5（1930）年に台湾に史蹟名勝天然記念物保存法が施行されたのにともない設立された史蹟名勝記念物調査会の委員から早坂一郎と日比野信一という2名の台北帝国大学教授が選出されていた。[46]また，本島人は実業家の2名だけであり，[47]当該委員会は内地人を中心とする委員によって組織されていたことが認められる。

　第1回台湾国立公園委員会は昭和11（1936）年2月に開催され，台湾総督の中川が，国立公園設置の目的は「傑出して居ります所の自然の風景地を保護，開発致して国民の保健，衛生上に稗益すると共に情操の陶冶を図ること」と，

「又一面国土の保全に資しますると共に進んでは外客を誘致して国際貸借の改善に貢献」することであると指摘し，なかでも「今日の如く挙国非常時に直面致して居る際に於きましては」，「国民の剛健なる精神と，健全なる体格を滋養」することが特に緊要であると感じる，と宣言することからはじまっている。続いて内務局長の小濱が，国立公園設置の経過を述べた後，第1号議案である「国立公園候補地決定に関する件」の審議を行うため，第3－1表の国立公園の選定に関する条件と，第3－2表の国立公園調査会が選定した候補地とその選定理由を説明している。

　この国立公園調査会の提案に対して参加委員はいくつかの疑義を呈したが，候補地選定に関するものとしては，国立公園の数の削減を望むものがあった。古生物学者であった早坂一郎は，新高と次高タロコの二つの候補地が「似寄つた地域」でありまたその中間にこそ破壊されていない自然があるといい，この両者を一つにすべきだと提起した。さらに台湾新聞社長の松岡富雄は「台湾に一つの立派な国立公園を作る，台湾の誇りを誇り度い」とし，3ヶ所も作るのではなく「他の追従を許さない一つの偉いものを作り度」いと発言している。また植物学を専門とする日比野信一もこれに同調し，一つの台湾国立公園を設定し大屯などをその特徴的な地点として紹介する方法を提案している。このような意見はその他の委員もおおむね賛同しており，松岡は「此の三候補地に決定をして終つたと云ふ様な事は少し早計」ではないかと苦言を呈していた。これらに対し田村は，「国内的には一つの決つた一定の方針の下」で国立公園を設定することを強調して「九州は大体台湾と似た様な面積でありますが，あそこに三つ」あると，その数が適当であることを論じている。

　また早坂は，台湾の国立公園は特異性を考えることが重要であり，内地から観光客を呼ぶためにも「台湾でなければ見られない所の風景，景観」を選定しなければならないと提起している。そして，「台湾に居ります者が暑い平地に居りまして山に憧れる」ためか，「台湾の特徴ある景観が平地にあると云ふ事を忘れて居る」ことを指摘した上で，台湾南方に位置する珊瑚礁が綺麗な鵞鑾鼻や広い大地が特徴的な恒春半島一帯を，「熱帯台湾の地理的特徴である所の熱帯景観」が存在する地域だとし，そこを国立公園に含めることを提案している（第3－1図および第3－3図参照）。また日比野も早坂の説に同調しつつ，

第3章　日本統治期台湾における国立公園の風景地選定と心象地理

第3-3図　台湾南部の恒春一帯の熱帯的風景
出典）台湾総督府官房文書課編『台湾写真帳』，台湾総督府官房文書課，1908。
注）桄榔樹林（上）と榕樹（下）。

恒春半島に熱帯降雨林に近いものが存在することを指摘し，そこが「熱帯的景観」によって「台湾的な最も特色のある所」であると論じている。このような意見に対して小濱は，「国民の剛健なる思想並に体育の増進」のため「内地に於きましても，割合に山が選定されて居る」のであって，「台湾が暑いから山が選定されて居ると云ふ訳」ではない，もちろん「山岳が涼しいと云ふ事」が考慮されているが，それならば3ヶ所に限られないと反論している。

加えて，この日比野の意見は，「単に雄大なる，傑出した，変化に富んだ風景地」を国立公園にするだけでなく，「世界的に貴重な天然物及天然現象と云ふものを充分に保護」しなければならないと強く主張した上でのものであり，台北帝国大学総長の幣原も彼に同意し，「他に余り類例の無いと云ふ様な特異性と云ふものを加へなければ何等深い意味を為さない」ため「国立公園と云ふものが，始めて考慮されました元の精神，即ち天然の有益物の保存といふものを考へて然る可き」だと述べている。しかしながら田村は，「国民の保健上非常に効果のあると云ふ様な大規模のものを擇ぶと云ふ様なのが，我が内地の国立公園の大体の方針」であるとし，「天然記念物或いは名勝地，或いは観光地」のようなものまでも含めるのではないと主張した。この田村の意見をうけて早坂は，学術的な価値ばかりでなく，恒春半島の台地を歩くことが身体の訓練にも役立ち，鵞鑾鼻が観光地として人気があるため，北海道では大雪山のようにその地域に特徴的な氷河地形を国立公園にしているのだから台湾も熱帯的特徴を前面に出すべきではないかとさらに反論している。しかしながら，「特に反対の動議として成立するもの」はない，と明確な説明もないまま台湾総督はこうした意見を黙殺し，原案通りこの3候補地が決定されるに至っている。

　以上の議論から，台湾における国立公園の地域選定に際しては，その数と場所，そして風景をめぐって，それが日本と台湾のどちらを代表するものなのかという問題を中心に，3候補地を選んだ台湾総督府の役人およびそれに関わった田村と，台北帝国大学の研究者や台湾在住の実業家などの他の委員との間で意見の対立がみられたことが確認される。この問題は，観光や自然保護，そして国民の心身涵養などについての考え方が交差するなかで，鵞鑾鼻を含む恒春半島一帯の熱帯的風景地も選ぶのか，それとも山岳的風景地ばかりを選ぶのかという点で特に顕著になっていた。また，候補地の決定に関しては，結果的には原案通り3ヶ所の山岳的風景地となったが，その選定理由も，台湾が暑いからではなく，内地において山が選定されているからとされたように，内地の基準がそのまま適応されたことになっていた。第1回台湾国立公園委員会においては，あくまで日本を代表する風景地として台湾の国立公園は選ばれたのであり，そのために，台湾のアイデンティティや気候，そして観光や自然保護といった観点は等閑視されたのである。

（2） 早坂一郎による国立公園候補地の選定に対する異議

　こうした委員会での結論に対して，早坂はその後いくつかの批判を行っている。彼は，「国立公園候補地の選定に至るまでの行き方などに，種々の批評を免れがたいことがあつた」とし，「形式と伝統をかたくなに執つて進んだ点で，台湾の国立公園の，選定の事務的過失はないであらう。けれども学術的考究の足りなかつた点については，将来の国民からの非難や批評を甘んじて受くべきであらう」と，学術的な視点からみた問題点を指摘する。特に，「日本帝国に於て台湾のもつとも特色とする熱帯的の大自然景観が，各方面の学者達の極めて真摯な主張にも拘(かか)はらず，今日までまつたく考慮されるにいたらぬこと」を問題視し，「台東から屏東，高雄附近に達する緯度以南鵞鑾鼻に至る一帯の，真に熱帯的な一角の地域が，将来の国民のために保存せられ，かつ，一般民衆の行楽のために種々の施設を必要とすると云ふ，私の主張はその後，植物学，動物学の専門家達の側からも，その特殊相の故を以て，盛に声援されつつある」[48]と，台湾南部一帯を国立公園化することによる自然の保存とその行楽のための利用が，台湾在住の内地人の研究者に支持されていたことを論じている。

　ただし早坂も，昭和8（1933）年段階では内地の国立公園を検討するなかで，「我国の天下に誇るべき勝景の大部分が火山景観であると云ふ結論」を得て，そこから「我が台湾には内地に比を見ない水成岩（粘板岩及び砂岩等）から成る高山が多数ある」として山岳的風景の範疇における差異を発見し，「阿里山　新高山」を第一に，次いで「タロコ峡」を国立公園に推していたことが確認できる[49]。こうした認識から，南部の熱帯的風景地への注目に転じた理由としては，彼の史蹟名勝天然記念物の調査活動が考えられる。内地においては，大正8（1919）年に史蹟名勝天然記念物法が制定されたが，台湾では，大正13（1924）年の台湾博物学会による「台湾史蹟名勝天然記念物保存に対する建議書」をうけ，台湾総督府が昭和5（1930）年2月に史蹟名勝天然記念物保存法を施行した。そして，同年12月に任命された早坂を含む19人の史蹟名勝天然記念物調査会委員によってその選定作業が行われたのである[50]。特に天然記念物に関しては，昭和8（1933）年11月26日と昭和10（1935）年12月5日に合わせて12件指定され，そのうち台湾南部においては「毛柿及榕樹林」と「熱帯性海岸原生林」が後者の昭和10（1935）年時に指定をうけている[51]。そしてこの時の調査

成果と推察されるものが，昭和10（1935）年7月に台湾博物館協会の機関誌『科学の台湾』に「恒春特集号」として発表されており，そこで早坂は，「我国の最南端の突角であり，又我国最南の灯台所在地として有名な鵞鑾鼻は，よく人の訪れるところであり，その特殊な風景には常に人を驚嘆せしむるものがある」とし，そこの風景をなす地形として，「平坦な地盤」，「珊瑚礁」，「珊瑚礁石灰岩の洞窟」，「カルスト地形」を挙げている。こうした活動から早坂は，「要するに，国立公園とは，私共の解釈するところでは，大自然を保存すると云ふことが主眼である」と諸外国の事例を批評した上で論じたように，国立公園の指定においても保存を重視するようになったのであり，また台湾南部地域の国立公園化を主張するようになったのだと考えられる。

　ここで日本における史蹟名勝天然記念物と国立公園の関係性を簡単に確認しておきたい。史蹟名勝天然記念物は観光と同じく国立公園の指定に密接に関連しており，第3－1表にある国立公園の選定基準の副次条件にも掲げられている。しかしながら，保存に重点をおく史蹟名勝天然記念物法の延長で国立公園を考えていたのは，内務省衛生局保健課と同じく大正9（1920）年から国立公園候補地調査を行っていた内務大臣官房地理課であり，そこは大正14（1925）年頃には史蹟名勝天然記念物の所管のみとなり国立公園選定事業からは手を引いていたとされる。そして，国立公園事業は，内務省衛生局保健課に一本化されるが，その部署は国民の保健増進を目指す立場で国立公園の開発利用を志向していた。つまり，内地における戦前期の国立公園は，観光と国民の保健増進の問題が密接にからまり合い，自然保護よりも開発に重点がおかれるなかで選定されたのである。

　そして日本統治期台湾の国立公園選定においても，国民の保健を考える内地の論理を持ち込んだ内務省衛生局嘱託の田村と，観光開発に主眼をおいていた内務局土木課によって国立公園候補地が選定されており，内務局地方課が管轄する史蹟名勝天然記念物調査会の委員である早坂たちは候補地選定に実質的には関わることができず，第1回国立公園委員会における自然保護に力点をおいた意見も完全に無視されてしまっていた。また田村は同委員会直後の講演会において，国立公園の候補地が「山地に傾くから恒春，鵞鑾鼻方面の如き内地で見られないものを加へてはとの意見」があったと早坂たちの発言について言及

しているが，「之は国立公園と云ふよりは学術的に史蹟名勝天然記念物保存法に依つて解決出来るものと達観して居ります」と，国立公園と史蹟名勝天然記念物を切り離すことによって，台湾南部地域の国立公園指定を否定している。このように，田村と早坂の対立の背景には，開発や国民保健と，自然保護のどちらを重視するのかという問題があったのである。

　田村と早坂の意見の顕著な違いは，台湾における国立公園の風景が日本と台湾のどちらを代表するのかという点にもあり，これは空間スケールをめぐる政治として考えることができる。先の委員会後の論考において早坂は，「新高国立公園と，次高，タロコ国立公園との間」には「自然地理学的に著しい類似がある」ことを指摘してそこを一つにすべきだとし，また「火山国日本の台湾で，何を苦しんで大屯火山彙に火山景観の特徴を見出さうと苦心するのであらうか」と難じて「これを国立公園としなければならぬ理由を発見するに苦しむ」と論じ，かつ「ケッペンの分類において月平均気温18℃以上である恒春半島の周囲の平地のみが，眞の熱帯と呼ばれてよいもの」と述べて「我日本帝国領土内に於ける台湾の特殊的自然環境を全然無視して，眞に熱帯的なる特徴を有つ恒春半島付近を考慮しなかつたことは，国立公園調査会の不用意であつた」と批判していた。すなわち彼は，学術的な言説を用い，台湾という空間スケールを強調して，国立公園の候補地選定すべてを否定していたのである。

　さらに彼は，「アメリカはアメリカ，何もアメリカやヨオロツパの真似をする必要はなかろう，と云ふ議論は今日もつとも出さうな議論である。けれども，国立公園は，ただに自国民のみならず，遠く外国からも観光客を招かんことを理想として居る。故にその施設に当つては，よほど国際的に考を練る必要がある」と，観光に注目するなかで，グローバルな空間スケールでの思考も強調し，「国家の経営のみを高調してそれに依つて自を利せんとするが如き徒輩あらば，それ等は高尚な理想をもつ国立公園事業からは蹴落とされるべきものである」と，ナショナルなスケールでの思考を批判していた。また，「国立公園の選定の経緯の内に，地方開発を目的とする利権屋的臭気が多分にあるものとすれば」，「果して彼等の好んで云ふところの心身の修養，国民精神滋養の目的に副ひ得るや否や」と，地域の観光開発主導の国立公園選定が田村達の掲げる目的を減じることを指摘し，個別地域の空間スケールも批判していた。

このように早坂は，台湾もしくはグローバルな空間スケールを重視し，国家
や個別地域という空間スケールにおける問題点を指摘するなかで，「今後に於
いてでも，眞に台湾的なる自然と人文とを保存し，かつ，将来の国民の身心の
鍛練，趣味の涵養のために，充分の施設を行ふ国立公園の指定並びに事業を，
台東附近以南の地域のためにも要求したい」と，「眞に台湾的」なる国立公園
を主張したのである。一方の田村は，ナショナルな空間スケールを重視し，山
岳的風景に代表される国立公園の選定を遂行するために，それに抗する言説を
生み出す史蹟名勝天然記念物法や観光をその基準から切り離し，台湾の独自性
を強調させる熱帯的風景の台湾南部地域の国立公園選定を否定したのだと考え
られる。そして国立公園候補地に山岳的風景地のみが選び出されることで，内
務局長の小濱が第1回国立公園委員会の後に著した「国立公園の使命」と題し
た論考で，「台湾の代表的風景の特徴は概ね山岳美」であると記したように，
台湾を代表する風景も，台湾八景の人気投票でも早坂たちの主張においても注
目された熱帯的風景ではなく，山岳的風景であるとされるようになっていった
のである。

4　台湾における熱帯的風景と山岳的風景の心象地理

(1)　田村剛の熱帯的風景への注目とその変容

　台湾南部の熱帯的風景地を国立公園に選定することを求めた早坂は，「恒春
半島付近は，風景の美がないと云ふ論者がある。一体風景の美とは何であるか。
ここに風景論をやるつもりはないが，少くも風景を観る人々の主観が可なりの
部分を占めてゐることは否定出来ない」と，田村たち国立公園専門家の山岳的
風景偏重のまなざしについても批判していた。しかしながら田村は，昭和3
（1928）年の阿里山公園調査に関する旅行記『台湾の風景』において，以下の
ような思いを抱いて台湾に旅立ったことを記している。

　　嘗て渡米の途次ハワイに上陸して，その空，その海，その動植物，その他の風
　　物悉くが，南国特有の強烈な光や色や香に濃く色付けられて，吾々の地上で
　　想像し得る限りの，所謂パラダイスそのものを実現してゐるのを見た時，機

会があったら重ねて遊びに来たいものだと沁みじみ思つた事があつた。……私の推定する所に依ると，ハワイに酷似する気候風景等を有するものを我が領土内に求めるならば，それは正しく台湾島であらねばならぬ。[60)]

このように田村は，ハワイに訪れた際に感じた南国のパラダイスというイメージを[61)]，「気候風景」の類似から台湾に投影していたのであり，実際に台湾に到着してからも，「何等かの特徴を有つた，調子はずれの，呆けた様な，何処までも奇抜な姿態」の熱帯的風景を構成する植物に注目している[62)]。また彼は昭和3（1928）年に著した他の論考において，台湾は「随分風景地としては特色のある所で南部方面は南国の珍しい熱帯的の景観を有つて居ります」と，その風景の特色として「南部方面」の「熱帯的景観」を挙げ，そこが「日本の最南端を究めやうと云ふ人の好奇心に投ずるやうな一つの特色」なのだとも指摘している[63)]。そして，昭和9（1934）年には「観光地としての台湾」と題した論考を発表し，以下のようにまとめている。

　　観光地としての台湾の最も重要なる要素の一つは，夫が常夏の国であり前も内地及アジア大陸から孤立した一つの島であると云ふ点である。……凡そ旅行者は日常生活からかけ離れた異国的なる環境に抱かれる事に依って無上の愉悦を感ずるものである。内地人に対して台湾は全くエキゾチックなる島であつて，自然も人文も悉く内地にあつては想像だに及ばぬもので満たされて居る。かくして台湾は内地人に対しては太平洋の楽園ハワイと極めて類似した関係にある。[64)]

彼は，観光地としての台湾の重要な要素として，楽園ハワイと類似した常夏の島と位置づけられることを挙げ，それがために「内地人に対して台湾は全くエキゾチックなる島」となることを論じている。このように，南国の心象を喚起する熱帯的風景を求めていた田村は，それを台湾の観光地化の重要な要素と考えたのであり，加えて「此の如き植物景観に抱かれて台湾の平地には非凡なる大風景地が随所に旅行者を待ち受けて居る」と，平地の大風景地として，北投温泉，壽山，東海岸の大断崖とともに「本島の最南端の鵞鑾鼻」を挙げていた[65)]。すなわち，実際には田村こそが，早坂よりも早い段階で台湾の熱帯的風

景に注目し，そこから観光地としての可能性を語っていたのであり，なかでも鵞鑾鼻に焦点をあてその魅力を論じていたのである。

さらに同論考において田村は，「観光地としての台湾は高山を有するが故に益々其の価値を加へる事となる」と，熱帯的風景地とともに山岳地域にも注目していた。この両地域の関係は，観光地としての台湾とその文脈における阿里山の価値について論じた昭和5 (1930) 年発行の『阿里山風景調査書』において，以下のように論じられている。

> 台湾の地は南国に位して併も位置高く夏季気候冷涼であるから，南方支方南洋地方等に対しては最も便利な位置にある唯一の避暑地といつてもよい。かくして熱帯又は之に近き南方地方の外国客を誘致すべく一大「ツーリスト」国を実現せしめるならば，台湾の経済上にも著大なる貢献をするであらう。

ここから，観光地としての台湾の山岳地域とは，まず（亜）熱帯地域における気候の差異としてその価値が発見されていたことが認められる。そして山岳である阿里山の観光地としての内地からみた差異については，「内地の風景地の大部分を占める火成岩風景」ではなく「水成岩風景」であることと同時に，「内地のそれとは全く異り可なり熱帯的風趣に富む森林景観を認めることが出来る」などと，山岳に存在する熱帯的な風景に注目していた。

また田村は，内地人にとっての台湾の魅力として，先の昭和9 (1934) 年の論考において，自然に加え，「台湾の人文」もあることを指摘している。彼は「人種従つて風俗，習慣を全然異にする支那大陸系統の本島人，台湾土着の生蕃等が居て或は都邑をなし或は聚落をなし平地より高地に至る間特殊の文化景観を構成して居る」ことが台湾の景観の特徴であるとし，特に「台湾の風土に適した生活を営」んでいる「深山幽谷を自が天地」とする「生蕃」に注目している。このように，「水成岩」と「熱帯的風趣」に「生蕃」が加わることで，内地人にとっての台湾山岳がさらに魅力あるものとして想定され，差異が強調されるなかで，そこは異種混淆の風景として認識されていったのである。

そして，こうした観光客のまなざしから差異を求める田村は，「内地の観光客の立場からすれば台湾に来たからには台湾固有のものに接し度いのが万人の

慾求であるに相違ない」として、「風景地の開発利用に付ては其の土地の自然と人文とを夫に依つて破壊しないように計画しなければならぬ」と論じ、「特に風景地の内地化、洋風化等に就いて細心の注意を払つて慾しい」と、近代的な観光開発に注意を促していた。そのため、「台湾の風景施設としては成可く台湾の風景と人文とて其の純粋の姿で保存する事が最大なる要件」となり、「此の如き特色を亡ぽさんとする傾向が有る」「拓殖計画」から観光地を守るために、「国立公園州立公園都市公園等の施設」や「学術上貴重なる地域物件は史蹟名勝天然記念物保存法」によって保存を遂行するべきだと主張した。このように田村は、熱帯的風景や観光に注目するなかで、台湾の独自性の重要性を訴え、その保存のために国立公園をはじめとする諸制度の活用を考えていたのであり、まさに早坂と同じ主張をより早い段階で行っていたといえる。

　ただし、国立公園と観光との関係性についてのとらえ方は、昭和 3（1928）年の阿里山調査時と、昭和 9（1934）年の観光地としての台湾を語った時では、異なるものになっていたと考えられる。彼は阿里山調査時においては、国立公園とは「官庁の力」ばかりでなく、「地方民間有志の力を借り協力」しなければならないと述べると同時に、「国立公園の要素としては第一に驚くべき偉大なる優れた大風景地であること、第二に永遠に天然のまま保存し得られること、第三には誰にも広く利用し得られること」と、大風景、保存、利用を説くのみで国家的であることはまったく指摘しておらず、当時はさかんに阿里山の観光地としての価値を論じていた。ところが田村は、昭和 5（1930）年には雑誌『国立公園』において、国立公園とは「国家的利害を有するものであつて、決して地方的利害関係により左右せらるべきものではない」とし、「その風景を保護し開発する目標は、国民の享用、観察、研究等のためである。外客誘致の如きは第二次的な副産物であり、一地方の経済を発展せしめるが如きは第三次的なものと見てよろしい」と、外客誘致や観光による地方開発を副次的なものとし、国家的であること、国民のためであることを強調するようになっていたのである。そして、昭和 10（1935）年時に台湾に訪れた際には、「国立公園は自然の大風景を保存、保護致しまして、さうして国民の保健、休養、教化に資すると云ふのが、国立公園の大体の定義」であり、「日本で国立公園運動が起りました時に、大蔵省関係とか或は議会に於ける政府の答弁等から、外客誘致

93

が可なり高調されたのであります」が,「国民の為の公園でありまして,外客誘致を主目的とするのではない」と説明するようになっていた。[74]

その後の田村は,先述したように,第1回台湾国立公園委員会において,国家における均質な基準を強調して国立公園の観光地としての価値を否定し,それによって山岳的風景地のみを選び出し,委員会後に鵞鑾鼻附近は史蹟名勝天然記念物として指定すればよいと発言している。彼はさらに,昭和11（1936）年7月発行の雑誌『台湾の山林』の「台湾国立公園号」に,「台湾国立公園の使命」と題した論文を寄稿し,以下のように論じている。

　　内地とその気候風土を全然異にする台湾に於て,特異なる風景地はこれを求めることは容易であるけれども若し傑出してゐるものがないとすればそれは遂に国立公園と為すの必要を認めぬのである。
　　重点は我が国民をして大自然に接して雄渾なる気宇を養はしめ強健なる身体を練へしむるに（ママ）在る。殊に台湾の平地に在住する者は気候の関係上心身共にややもすれば遅緩して生気と活気とを失ひ勝ちである。冷涼なる高地に転地して心身を休養せしめ,雄大豪壮なる風景に接して気象を壮大にすることは寸時も怠つてはならぬ所と思はれる。世間動もすれば国立公園と観光地を混同しがちであるが,これは重大なる誤解である。国立公園は最も健全なる休養地であり,最も完備せる野外の運動場であり,それは最も神聖なる精神修養の霊域である。かうした施設が植民地と謂はれる台湾在住者にとつて,極めて適切なるは多言を要せぬ所である。[75]

田村はここで,平地の熱帯的な風景地を,「傑出」しておらず単に他性を喚起する「特異なる風景地」あることを論じると同時に,そこが在住者を「心身共にややもすれば遅緩して生気と活気とを失ひ勝ち」にさせることを指摘している。すなわち熱帯的風景地とは,観光客を惹きつける特異なる他性の地であり,かつ日本を代表するのにふさわしくない悪環境の地でもあるという,アンビバレントな他所として認識されたのである。そして国立公園が「国民をして大自然に接して雄渾なる気宇を養はしめ強健なる身体を練へ」る地であるとする田村は,観光地であることを否定することで「特異なる風景地」たる熱帯的な平

地をそこから排除し，かつ悪環境の平地との対比を強調するなかで「冷涼なる高地」を「心身を休養せしめ」る「雄大豪壮なる風景」の地とし，そこを「健全なる休養地」，「野外の運動場」，「神聖なる精神修養の霊域」とする国立公園に位置づけたのである。

　ここでの山岳の意味づけは，「植民地と謂はれる台湾在住者」に注目し，かつ台湾という空間スケール内での差異に注目したものであり，昭和5（1930）年発行の『阿里山風景調査書』において，「阿里山風景の経営は単に台湾住民に対する公園たるに甘んぜず，世界的風景地，休養地を大成するの覚悟を以て臨まなくてはならない[76]」と述べていたのと正反対になっているのはもちろんのこと，国家内の均質な基準を強調した委員会における論理とも符合しないものであった。このように田村は，第1回台湾国立公園委員会の後に，台湾における山岳の意味に注目し，熱帯的風景地の心象地理に悪環境としての認識を加え，台湾在住者の心身の問題を台湾の国立公園の意義に加えていったのである。

(2) 植民地住民の心身と山岳的風景地の心象地理

　田村の言及した台湾の平地における熱帯の悪環境に対する認識は，当時しばしば言及されたものであり，そこには白人の熱帯環境における心身の退廃についてハンチントン（Huntington, E.）が論じた[77]ような，環境決定論の影響があったことが認められる。例えば，早坂と同じ台北帝国大学の地質学教室に所属し人文地理学を専門としていた冨田芳郎は，「植民地としての台湾」と題した論考において，「熱帯であると，その気候の暑いといふことが人類の精神活動の上の障害」になること，そして「白人は熱帯の暑い気候に対しては抵抗力が弱い」ことや「熱帯の原住民はその文化の程度が低いままで進歩発達を見ずに今日に至つた」ことを指摘し，「台湾は日本人が熱帯の植民事業に於いて実際にその事業に耐えうるか否かを試す試験場」であると論じている[78]。こうした点について，台湾を紹介する書籍でも，先のハンチントンの著書を紹介して「とに角，熱帯的気候なる者は，人様の人相をばブチ壊す位に身体の健康上の賊である」と論じるなかで，その環境の有する問題点を指摘している[79]。

　一方，台湾の山岳は，大部分が「蕃人」が占有する「蕃地」で，そこは警察管理下で国有の特別行政地域であり，警察の発行する入蕃許可書なしでは一般

人が立ち入れない地域であった。そしてこの蕃地では，明治43（1910）年にはじまる5ヶ年計画理蕃事業が完了するまで，「蕃害」と呼ばれた蕃人による内地人の殺傷事件が頻繁に起きており，「首狩りの里」などと呼ばれる恐怖の感情を喚起する場所となっていた。青木の調べによれば，大正元（1912）年からの5年間で年平均297人，その後5年間が年平均81人，その6年後の昭和2（1927）年までで年平均7人が蕃害で死亡しており，彼はそこに至ってようやく「最近蕃人は首を取らない」と述べている。そのため，台湾における登山もこの蕃害とそれにともなう山地開発の遅れのため実質的には大正10（1921）年以降に開始され，台湾山岳会が設立されたのも大正15（1926）年になってからであった。国立公園の議論も勃興した台湾八景の選定時は，まさにようやく山岳地帯に観光地としての可能性が開かれた時期だったのである。特に，台湾総督府による伐木地としての開発が順調に進んだ阿里山は，大正15（1926）年に1639人，昭和2（1927）年に3246人の観光客が訪れ，また台湾八景に選定された後の昭和3（1928）年には入蕃許可証が廃止されるなど，政策的にも観光地化が推し進められていった。

そして大正15（1926）年に青木が，「阿里山に内地人を其の官吏と民間とを問はず，せめて酷暑中強制的に追ひ上げること」を提唱し，それにより「内地人の精神と肉体の湾化，防止」を図ることを台湾総督府に求めたように，阿里山は平地から逃れて湾化を防ぐための避暑地として位置づけられるようになった。昭和10（1935）年発行のある阿里山の紀行文で，「宿の女中達は林檎の如く健康な頬を輝かしてゐる。台湾特有の風土色を帯びないのはこの高層生活の然らしむる所で平地に下れば当初は健康を害し次第に土色に変るといふことである」と著されていたが，こうした記述は当時非常に多く，熱帯の悪環境から逃れる避暑地としての認識は広く共有されていたと考えられる。

そしてこの悪環境の平地からの逃避場という意味では，台北市に近接していた大屯山一帯が，北投と草山という二つの温泉地の発達を背景に早くから開発され，かつ重要な意味を持っていた。北投は，明治29（1896）年の旅館創設以降，大正2（1913）年に公共浴場が新設されるなど漸次開発が進められ，大正5（1916）年に新北投駅が創設されて台北市内からの交通が便利になると，「本島に於ける遊覧地としてその右に出づるものなし」といわれるようになってい

た温泉地であった。また草山も，大正2（1913）年の公共浴場設置以降，大正9（1920）年には遊園地計画が樹立されて北投へ接続する道路が建設されており，昭和4（1929）年度で8284人の旅客を集める温泉地となっていた。これら両地の存在を背景に，昭和2（1927）年に金平亮三は「台湾は熱帯地であるから海抜を利用して庶民が行楽の出来得るところが是非欲しいと思ふ」と指摘し，大屯山一帯の国立公園指定が望ましい旨を述べたのである。また本多は昭和4（1929）年に発表した大屯山の公園計画において，「台北市の如き熱帯地にありては常に心を用いて肉体の健康維持と精神の緊張確保とに力を致さざれば遂ひには其の湿潤なる苦熱に圧倒されて安逸遊情に流れ心身共に疲弊する虞あり。されば當大屯山山麓の如き山間涼冷の地を選みて時に暑を此処に避け英気を養ひ以て心身の退化を防がんとするは誠に其當を得たるもの，其の達見に賛嘆の辞を惜まざるものなり」と，熱帯の悪環境から逃れ，心身の退化を防ぐ地としての山岳の価値を具体的に指摘し，同じくこの地の国立公園としての可能性についても言及していた。実際に国立公園調査会においても，「台湾は空気，日光，暑熱といふ点に於て内地とは異る事情がある此の酷熱の地では国立公園の如きその計画は冷味を加へる事は特に必要である，外客誘致といふ事も重要な事だが，又一面島民の保健上の考慮をもなすべきであり万人向きの手近なところで国立公園を選定する事は最も意義が深い」という意見を財務局長が述べ，それが「一同の注意を惹」いたとあることから，選定理由には公には書かれていなかったものの，（亜）熱帯地方における大都市に近接した山岳であったことが，大屯の国立公園候補地選定の大きな理由になったのだと考えられる。

　台湾における山岳的風景は，そこが内地と類似した場所であり，内地人にとって母国への郷愁を喚起させることもしばしば指摘されていた。この点について，田村が昭和3（1928）年に，「大屯山は云ふ迄もなく台湾に於ける唯一の火山であつて，内地では到るところ火山的風景が多いが，台湾ではこの種のものが少ない。若し内地人が内地に対する何等かの憧憬をもつて，大屯山にお出になると，内地に於ける風景美を想ひ出されることと思はれる」と，大屯のそうした特徴について言及している。阿里山についても，例えば台湾日日新報社主筆の大澤貞吉が「阿里山が内地の気候や風土と相似る所多く，その山川草木の情趣等自づから内地の自然を想起させ，一段と懐かしさの情をも増させる」

第3－4図　阿里山の桜
出典）荘永明編『台湾鳥瞰図』，遠流出版公司，1996。

などと記したように，同じような指摘がしばしばなされていた。この点については，特に桜の植樹において顕在化しており，阿里山においては，大正元（1912）年頃に嘉義市の遊廓内に「内地気分」を喚起するため植えられていた「内地桜」が移植されて以降，大正7（1918）年には阿里山在住者の献金により900本，昭和3（1928）年には嘉義商工会が486本植樹するなど順次「内地桜」の植樹が行われ，昭和9（1934）年には「三月下旬と言へば阿里山一帯爛漫たる櫻花に包まれ，母国の春を偲ぶに十分で例年続々と観櫻登山客が多数訪れて僻陬（へきすう）の山地にも時ならぬ賑やひを呈する」と伝えられるまでになっていた（第3－4図参照）。当時，「湾製」と呼ばれた台湾で生まれた第二世代の内地人も本島人もあまり山へ登らないことがしばしば指摘されていたが，その背景には，このような母国への郷愁の有無があったと考えられる。

そしてこの内地的なる山岳的風景地は，日本人としてのナショナリズムの感情を刺激する審美的で政治的な空間になっていたことも確認される。こうした

第 3 章　日本統治期台湾における国立公園の風景地選定と心象地理

第 3 − 5 図　阿里山からの新高山の風景

　山岳認識は，例えば青木が昭和 3（1928）年に，「四季の変化の面白味が無くて常夏なる実質を備へる」台湾の平地ではなく，「日本最高新高山を中心として，海洋中に浮んでゐる台湾の姿を望めることを，我々は常に忘れてはならぬ」と提言し，山に旅することで，「秀偉なる，風趣ある日本人たる国民性が涵養される」として，「殺風景なところとのみ台湾を見る勿れ，垂直的台湾に，到るところ秀偉なる風景がある」と論じていたことに認められる。ここで彼は，「日本最高新高山」を台湾の中心に位置づけているが，第 2 節で言及したように，そこは天皇崇拝，帝国主義礼讃の象徴的な場所と当時考えられていた。なかでも，新高山山頂において日の出を眺める時がその最高の瞬間とされ，ある紀行文では「一同狂気して絶頂に集り，誰が云ひ出すともなく声を合はせ，東方遥拝，宮城遥拝，戦地敬礼，天皇陛下万歳，君が代の合唱と移つて行く」と，その時空でナショナリズムの感情が強く刺激されたことを記している。そして新高山方面に昇るご来光が眺められる阿里山の祝山（いわいやま）は，そこで「新高山，其の霊峰からの御来光」をみて「神々しさにぬかづかせられ」，その「蛤形の山頂が雲海に浮き出された姿」に「神の国を仰ぎ見る心地」がしたなどと述べられていたように，山岳的風景地のなかでも神国としての日本を感じること

99

ができる重要な場所となっていたのである（第3－5図参照）。

　先に青木が台湾住人の「湾化」防止のために阿里山の活用を説いていたことを指摘したが，この湾化とは当時，「恐る可きは環境の感化だ。内地人の台湾生活者が，いつの間にか湾化して，反日本的言動に及んでも恥ぢとしない」[103]などといわれたように，単なる精神的・肉体的な退廃だけではなく，内地人が台湾で政治的にも非日本化する現象として考えられていた。そのため，平地の熱帯的風景地は，青木のように「殺風景」などとより一層忌避すべき対象とされたのだと考えられる。そして，この熱帯的風景地との対比によって，「日本人たる国民性」を涵養するという政治的な目的のために，山岳的風景地が「秀偉なる風景」とされ，重要な地と位置づけられる傾向が強まったのである。このような背景から，昭和9（1934）年には「桜花が，我が国民精神を養ふに偉大なる力」があるため，「台湾に於ける国民的情操陶冶」をなし，「内地延長所謂同化の実を挙げ」るために台湾における桜の植樹が必要であると提言されるようになり，[104]「凡そ大和桜とは似てもつかぬ台湾桜」ではなく，「『敷島の大和心』を培う」「日本桜，内地桜」の植樹が提唱され，「社会教化の事業」の一環として「阿里山一帯を桜花で包むこと」，そしてそれによってこそ「同地は名実相伴ふ国立公園」になるといわれるようになったのである[105]。

　以上から，台湾における山岳的風景地は，「日本的」なる地と位置づけられ，悪環境の熱帯的風景地で生活する住民を，心身ともに健康にすると同時に日本人化させるという帝国主義的な目的のために重要であったことがわかる。そしてこうした認識は，上述のように，台湾の国立公園に関する議論においてもさかんにとりあげられ，国立公園調査会における候補地選定や，第1回台湾国立公園委員会後の田村による台湾の国立公園に対する意義づけに大きな影響を与えたのである。これらをうけて，国立公園選定後に内務局長の出口一重が昭和13（1938）年に発表した「台湾の国立公園制度とその使命」では，「台湾の平地を見るに，熱帯と亜熱帯に属して，その風土気候は動もすれば肉体より健康を蝕み，精神よりは緊張を奪ひ勝なのである。之に対しては週間又は夏期等の休暇を利用して自然の懐に入つて身心の休養を心掛け，或は登山野営等により質実剛健の気風を涵養し，以て滅私奉公の覚悟の具現化に精進するの要がある」[106]と，平地の悪環境からの逃避と心身の日本人化が明確に台湾の国立公園の意義

第3章　日本統治期台湾における国立公園の風景地選定と心象地理

に加えられている。

　ただし出口はこの文章の末尾に，「台湾の国立公園は，我国唯一の多彩な熱帯地の国立公園で，その観光的興味も深く且又観光地理に恵まれて居る等の点を利用して，今後国内の観光系統と結びつけ，或は更に亜欧満鮮等の国際観光の系統にも織込ましめて，極東に於ける最も有力な国際的観光地帯たらしめ」ることについても論じており，熱帯的風景地の魅力も観光の文脈においては強調されていた。さらに国策としての南進論が昭和11（1936）年頃にはじまり昭和15（1940）年頃に本格化するなかで，「南」が政治的にも意味を持つようになってくると，田村も昭和13（1938）年には「由来島帝国日本は，特に南に向つて発展すべき運命に置かれてゐる。熱帯地方に於ける国立公園を，その公園系統に加へることは，極めて緊要である」と，台湾の国立公園の説明に際して南の熱帯地方であることの重要性について言及するようになっていた。

　こうした変化を象徴するものに切手の図案があり，大正12（1923）年に台湾で最初に発行された「皇太子殿台湾行啓記念切手」は「図案には霊峰新高」が配された「本邦最初の山岳切手」であったが，第2番目の昭和14（1939）年に発行された6銭切手は「南海を睨んで立つ鵞鑾鼻灯台を配し帝国南方進展の精神を象徴したもの」となっていた。その後，昭和16（1941）年には，大屯2種類，新高阿里山2種類，次高タロコ4種類の計8枚からなる台湾国立公園切手が発行されている。これは，3ヶ所の台湾における国立公園を指定した昭和12（1937）年の第2回台湾国立公園委員会で提起され，台湾総督の賛同も得て推進された事業で，昭和13（1938）年には台湾の各国立公園協会が連名で，国立公園を「国民の保健休養教化に資するのみならず，観光事業を完成し，本島の実情を紹介」することに活用するためその発行を総督府に陳情した，観光振興への地元の期待が込められたものであった。実際の発行にあたっては，「南進日本の前進基地，我が台湾の力強い存在を一億同胞の眼に訴へ且つは聖戦五年世界新秩序を目指し暮進しつつある皇国日本の文化的美術的方面に於ける余裕ある一面を如実に全世界に伝へんもの」と，南進の政治的意義が強調されたものとなっていた。このような状況を背景に，「暖国台湾を表はす植物景観が一枚位あつてもよい」という理由で，「大屯山の遠景と前面に在る林投（りんとう）の群落は如何にも暖国台湾的な風景」とされた大屯国立公園切手の図案ができあ

101

がり，それは「林投の方が寧ろ主役で，山の方は従位にしかなつてゐない」ため「台湾在住の我等から見て，一番無意味と思はれる」が，「内地に居る人から見れば林投のとげとげしい風姿が，何となく台湾を象徴する熱帯植物であるかに見へて，結局逓信省当局の目を惹いたのであろうと想像される」[114]などと批判され物議をかもしたものであった。このように，熱帯的風景が，観光客のまなざしと南進論が絡まりあうなかで，国立公園指定後に再度その風景として注目を集めるという状況が生じていたのであり，台湾の山岳は異種混淆の風景地として提示されていったのである。

5 おわりに

本章で明らかになったことをまとめると以下のようになる。

①台湾における国立公園候補地の選定は，内地と同じく初期においては特定の地域の観光開発が大きな影響を与えており，またそれは内地における国立公園選定の基準が導入されるなかで，山岳的風景地が選び出されていたことが認められた。このように台湾における国立公園候補地の選定は，基本的には内地のそれの延長線上であったと考えられるが，大風景地とはいい切れない大屯国立公園を候補地にするという，内地とは異なる基準での選定もなされていた。また，台湾八景と国立公園候補地との比較検討から，山岳的風景地がナショナリズムと親和的である一方で，台湾を代表すると台湾住民が考える風景地とは必ずしも同一ではなかったことも認められた。

②こうしたひずみの一端は，台湾における国立公園の候補地を決定する第1回国立公園委員会における議論において顕在化した。そこでは，台湾在住の知識人から，観光客誘致や自然保護と関係づけつつ，台湾の地域アイデンティティの主張がなされ，特に台湾南部の熱帯的風景地の国立公園化が求められることになった。しかしながら，日本というナショナルな空間スケールが強調されるなかで，これらの主張は取り入れられることはなく，田村によって観光や自然保護の重要性が否定されることになった。

③また，台湾における山岳は，それが（亜）熱帯地域に位置する植民地に存在していたがために，内地のそれとは異なる意味が付与されていたことが明ら

かになった。そこは，当時の環境決定論の思想による熱帯的環境による人種的廃退の考えや，母国である内地への憧れが関係するなかで，ナショナリズムの感情を刺激すると同時に身体の日本人化を図ることができる審美的で政治的な空間として考えられていたことが確認された。そしてこうした理由から，大風景地とはいい切れない規模の小さい大屯が，内地的な火山風景でありかつ大都市である台北市に近いがために，国立公園に選定されたことが判明した。

　④熱帯的風景地に対する心象地理は，楽園としてのそれをもっぱら語っていたのは初期においては田村であり，また彼はそうした観光客のまなざしで台湾の観光地としての可能性を論じてもいた。それは，（亜）熱帯の悪環境を論じた本多とは正反対の認識であったが，これらはともにステレオタイプ化された他所表象には変わりがなかった。そのため田村は，熱帯的風景地のみの国立公園選定には反対し，ホームたる日本の真正性を喚起する国立公園の風景として山岳を選定したのであり，熱帯的風景は，混淆物として山岳的風景地の国立公園に他性をもたらすものという認識を超えることはなかった。また国立公園選定の過程において，熱帯ではなく山岳としての台湾の表象が優位になっていったが，戦時体制期の南進という社会状況において，再度，熱帯的風景が喚起する南の心象地理が評価される機運が生じていたことも確認された。

　⑤田村が，早坂の意見に反対するために観光の重要性を否定せざるをえなかったのは，他性を求める観光客のまなざしが，特定の空間スケールに依存しないがためだと考えられた。すなわち，観光を強調することは，資本主義的な地域発達を論じるために重要である一方で，ナショナルな空間スケールを融解させる可能性も有していたため問題含みだったのである。しかしながら，観光という視点は，国立公園候補地選定から選定後まで，ほぼ継続的に重要な一要素ではあり続けていたため，アイデンティティの中心とされる山岳的風景地の国立公園において，熱帯的風景や原住民などが他性を喚起するものとして注目され，そこはつねに異種混淆の風景として認識される傾向があったことが認められた。

　⑥日本統治期台湾における国立公園選定の過程を検討した結果，上述のように国立公園（候補地）の風景への意味づけが変化し続けていたことが認められた。これは，国立公園という空間が有する両義性や矛盾，そして社会的文脈の

変化を背景としながら，アイデンティティ，観光，心象地理，感情，政治などの関係性とその内容が変容し続けるなかで生じたものであり，それは特に台湾における国立公園選定に深く関与した田村による認識の変容に如実にあらわれていた。さらに，同時期にあってもその関係性や意味づけに対する考え方は，そのポジショナリティによって多様であり，台湾の国立公園の選定における諸関係は，動的に変容すると同時に，極めて重層的なものであることが明らかになった。

なお，戦前期において国立公園に指定されなかった台湾南部の鵞鑾鼻一帯は，1982年に台湾国民政府が最初に指定した国家公園の墾丁国家公園に含まれている。こうした，植民地統治期以後の台湾国民政府による国家公園指定と，それ以前の日本政府による国立公園指定との関係性を，本章のような視点から検討することで，台湾における国立（国家）公園の風景地選定をめぐるより動態的な過程を描き出すことができるであろう。

【注】

1) 荒山正彦「文化のオーセンティシティと国立公園の成立—観光現象を対象とした人文地理学研究の課題—」，地理学評論 68A-12，1995，792-810頁。
2) 荒山正彦「自然の風景地へのまなざし—国立公園の理念と候補地—」（荒山正彦・大城直樹編『空間から場所へ—地理学的想像力の探求—』，古今書院，1998），128-142頁。
3) 前掲 2) 141頁参照。
4) こうした研究を行うにあたって，19世紀のイギリス人を中心としたヨーロッパ人の旅行者たちによる，イギリス植民地であったスリランカのキャンディ高地への，ロマンティックな心象地理の投影について論じたダンカンの論考（'Dis-Orientation: On the Shock of the Familiar in a Far-away Place,' (Duncan, J. and Gregory, D., eds., *Writes of Passage: Reading Travel Writing*, Routledge, 1999) pp. 151-163）は非常に参考になる。その研究において彼は，キャンディ高地には，衰退・荒廃・欠如のロマンティックなイメージをともなったオリエンタルなものと，ピクチュアレスクな光景の探索において旅行者たちに愛されている高山ヨーロッパ，という二つのイメージがヨーロッパ人によって投影され，その他者性と不思議な親しみの異種混淆性によって彼／彼女たちに好まれたことを論じている。さらに退廃のオリエンタルの美学は熱帯における白人の人種的堕落の環境決定論とつながっており，熱帯地方がもたらすヨーロッパ人への身体的ダメージから幾分か逃れうるということがキャンディ高地の魅力となっていたこ

第 3 章　日本統治期台湾における国立公園の風景地選定と心象地理

とが指摘されている。この議論における，熱帯の植民地にある山岳は，他性の心象が魅力の一側面を有し，また遠方だからこそホームたる心象が意味を持ち，さらに熱帯についての環境決定論的認識がために山岳の魅力が生じていたということは，本章の事例の検討に際して大きな示唆を与えてくれる。(亜) 熱帯地域に位置する台湾の国立公園について検討する際には，熱帯的風景と山岳的風景の心象地理に注目しなければ理解できない部分が存在するのである。

5) 本章でとりあげる日本統治期台湾の国立公園については，いくつかの研究でその事実がとりあげられているが，それを主たるテーマとしてとりあげたものとしては，管見の限り下記のものがある。しかしながら，これらの研究においては，日本統治期に国立公園が選定された過程を紹介しているが，事実確認の面でも不十分な点が多く，また本章のように風景や心象地理の問題に注目して検討したものはない。(1) 劉東啓・油井正昭「第二次世界大戦以前における台湾国立公園の成立に関する研究」，ランドスケープ研究 63-5，2000，375-378 頁。(2) 黄躍雯『台湾国家公園建制過程之研究』，国立台湾大学地理学研究所博士論文，1998。

6) (1) 丸山宏『近代日本公園史の研究』，思文閣出版，1994。(2) 村串仁三郎『国立公園成立史の研究—開発と自然保護の確執を中心に—』，法政大学出版局，2005。なお，指定された 12 ヶ所の国立公園は，阿寒，大雪山，十和田，日光，富士箱根，中部山岳，吉野熊野，大山，瀬戸内海，阿蘇，雲仙，霧島である。

7) 田中正大『日本の自然公園—自然保護と風景保護—』，相模選書，1981。

8)『台湾日日新報』1928 年 3 月 9 日。

9) 伊藤武彦「国立公園法解説（一）」，国立公園 3-7，1931，10-15 頁。

10)「第一回国立公園委員会総会の記」，国立公園 3-12，1931，26 頁。

11) 台湾総督府国土局土木課編『台湾総督府国土局主管　土木事業概要』，台湾総督府国土局土木課，1942。

12) 早川直義「嘉義と阿里山」，新高阿里山 1，1934，37-39 頁。

13) 青木繁「阿里山所感」，台湾時報 84，1926，42-50 頁。

14)『台湾日日新報』1925 年 11 月 23 日。

15) 關文彦「阿里山と田村博士の脚」，新高阿里山 1，1934，10-12 頁。

16) (1) 林璽堅『躍進嘉義近郊大観』，台湾時代嘉義支局，1937。(2) 嘉義市役所編『嘉義市を繁栄せしむべき具体的方策』嘉義市役所，1933。

17)『台湾日日新報』1932 年 7 月 17 日。

18) 大橋準一郎「国立公園たらんとする大屯山彙」，台湾の山林 105，1935，1-13 頁。なお，本多静六は田村と同じく内地における国立公園指定において重要な役割を果たしていた。

19) 大屯国立公園協会編『大屯国立公園協会規約及会員名簿』，大屯国立公園協会，1940。

20)「台北州主催『国立公園としてみたる大屯山彙』座談会」，台湾新報 183，1935，44-52 頁。

21) 鹿又光雄編『始政四十周年記念 台湾博覧会協賛会誌』，始政四十周年記念台

105

湾博覧会，1939。

22)（1）『台湾日日新報』1932年4月13日。(2)『台湾日日新報』1934年11月17日。
23) 田村剛「風景地の施設経営（上）」，台湾時報101，1928，33-44頁。
24)『台湾日日新報』1932年4月23日。
25) 台湾総督府編『台湾総督府及所属官署　職員録』，台湾時報，1934。
26)『台湾日日新報』1933年9月27日。
27)『台湾日日新報』1928年3月14日。
28) 実際に，国立公園候補地が決定すると，内務局土木課の早川透は，「国立公園として利用する為の計画及事業」として（A）利用施設（交通施設，休泊施設，保健衛生施設，教化施設）と（B）保護施設（造林施設，養魚施設，砂防施設，防災施設）が必要だとし，その開発計画の構想を披露している。早川透「台湾国立公園の事業と施設」，台湾の山林123，1936，85-100頁。
29)『台湾日日新報』1934年9月5日。
30) これは昭和6（1931）年9月に内地の第3回国立公園調査会で決定された「国立公園の選定に関する方針」である（厚生省国立公園部監修・田村剛編『日本の国立公園』，財団法人国立公園協会，1951）。
31) 新高国立公園候補地は，最終的には新高阿里山国立公園という名称になっている。
32)『台湾日日新報』1927年5月30日。
33)『台湾日日新報』1927年8月1日。
34)『台湾日日新報』1927年8月27日。
35) 前掲34）参照。また台湾八景に次ぐものとして，八卦山（台中），草山北投（台北），角板山（新竹），太平山（台北），大里簡（台北），大渓（新竹），霧社（台中），虎頭埤（台南），五指山（新竹），旗山（高雄），獅頭山（新竹），新店碧潭（台北）が，台湾十二勝に選定されている。
36) 金平亮三「台湾八景と国立公園」，台湾山林会報27，1927，2-5頁。
37) 昭和2（1927）年に『東京日日新聞』と『大阪毎日新聞』主催で選定されたもので，八景としては室戸岬（海岸），十和田湖（湖沼），温泉岳（山岳），木曽川（河川），上高地渓谷（渓谷），華厳瀧（瀑布），別府温泉（温泉），狩勝峠（平原）が選ばれている（白幡洋三郎「日本八景の誕生—昭和初期の日本人の風景観—」（古川彰・大西行雄編『環境イメージ論—人間環境の重層的風景—』，弘文堂，1992），277-307頁）。
38) 1位の鵞鑾鼻が3510万5180票を獲得したのに対し（『台湾日日新報』1927年7月29日），54位の新高山は31万6982票しか集めていなかった（『台湾日日新報』1927年7月30日）。
39) 1位の台北州が延人数1億1653万8276人に対し，高雄州が延人数7696万2452人であった（『台湾日日新報』1927年8月1日）。
40) 3497万8387票（『台湾日日新報』1927年7月29日）。
41)『台湾日日新報』1927年8月29日。

42) 藤井包總「新高山御命名ノ記」, 新高阿里山 1, 1934, ix 頁。
43) 前掲 36) 4 頁参照。
44) 木原圓次「国立公園法の一瞥」, 台湾の山林 123, 1936, 9-28 頁。
45) 台湾国立公園委員会編『第一回台湾国立公園委員会議事録』, 台湾国立公園委員会, 1936. 本項における第1回台湾国立公園委員会に関する情報やそこにおける言説はすべてこの資料を参照した。なお, 第1回台湾国立公園委員会は, 7名の委員が欠席している。
46) 台湾総督府の職員録より確認した。
47) 当時の台湾は, 日本本土から渡ってきた「内地人」, 主に福建省から移民してきた漢民族の「本島人」(「台湾人」とも呼ばれる。時に「高砂族」も含めた総称としても使われる), インドシナ系やマレー系人種からなる原住民の「高砂族」(「生蕃」,「蕃人」とも呼ばれる), 中華民国国籍の人々が大半の「外国人」, そして少数の「朝鮮人」によって構成されていた。昭和10 (1935) 年段階では, 総人口 531 万 5642 人のうち, 内地人 (朝鮮人含む) は 26 万 9798 人, 本島人は 483 万 9642 人, 高砂族は 15 万 489 人, 外国人は 5 万 4109 人であった (台湾総督府官房調査課編『昭和十年　台湾総督府第三十九統計書』, 台湾総督府官房調査課, 1937)。また本章では,「蕃人」などの現在では差別的表現と考えられる呼称についても, 政治的な問題についても言及する論文の主旨から, 基本的に当時と同じ表現を用いることにする。
48) 早坂一郎「台湾の国立公園事業に対する希望」, 台湾の山林 123, 1936, 238-241 頁。
49) 早坂一郎「本邦国立公園の自然地理」, 台湾地学記事 1, 1933, 6-9 頁。
50) 宮地蒼生夫「史跡名勝天然記念物保存事業に就いて」, 台湾時報 145, 1931, 13-28 頁。
51) 「台湾の史跡名勝天然記念物」, 科学の台湾 4-3, 1936, 42-45 頁。
52) 早坂一郎「鵞鑾鼻地方に見らるる地質現象の二三」, 科学の台湾 3-3・4, 1935, 1-8 頁。
53) 早坂一郎「台湾の国立公園」, 台湾博物学会会報 151, 1936, 182-189 頁。
54) 前掲 1) および 6) 参照。
55) 前掲 7) 192-223 頁参照。
56) 田村剛「国立公園問題と林業」, 台湾の山林 119, 1936, 44-49 頁。
57) 本項における以降の早坂の言説は, すべて前掲 53) からの引用である。
58) 前掲 53) 188 頁参照。
59) 早坂一郎「台湾の国立公園」, 台湾博物学会会報 151, 1936, 182-189 頁。
60) 田村剛『台湾の風景』, 雄山閣, 1928。
61) 田村は, ハワイの国立公園視察を回想し, そこで「熱帯の植物・花・鳥」をみて「此世の極楽のやうな夢心地」に誘われたことを論じている。田村剛「海外国立公園巡り [三] ハワイ国立公園」, 国立公園 1-8, 1929, 20-22 頁。
62) 前掲 60) 14 頁参照。
63) 前掲 23) 40-41 頁参照。

64) 田村剛「観光地としての台湾」,台湾の山林 100,1934,54-59 頁。
65) 前掲 64) 57 頁参照。
66) 前掲 64) 56 頁参照。
67) 田村剛『阿里山風景調査書』,台湾総督府営林所,1930。
68) 前掲 67) 3-7 頁参照。
69) 前掲 64) 57 頁参照。
70) 前掲 64) 58 頁参照。
71) 前掲 64) 58 頁参照。
72) 『台湾日日新報』1928 年 3 月 9 日。
73) 田村剛「国立公園の選定」,国立公園 2-8,1930,5 頁。
74) 田村剛「田村林学博士講演　台湾の国立公園」,大屯国立公園協会,1935。
75) 田村剛「台湾国立公園の使命」,台湾の山林 123,1936,6-8 頁。
76) 前掲 67) 25 頁参照。
77) ハンチングトン,E.(間崎萬里訳)『気候と文明』,中外文化協會,1922。
78) 冨田芳郎「植民地としての台湾」,台湾地学記事 2,1933,1-12 頁。
79) 林肇『台湾を語る』,殖民時代社,1933。
80) 早川透「台湾国立公園の事業と施設」,台湾の山林 123,1936,85-100 頁。
81) 鈴木秀夫「国立公園と理蕃」,台湾の山林 123,1936,210-212 頁。
82) 青木繁「垂直台湾の意識と理蕃」,台湾時報 112,1929,66-70 頁。
83) 大橋捨三郎「感想録」,台湾山岳 11,1940,77-81 頁。
84) 前掲 67) 20 頁参照。
85) 『台湾日日新報』1928 年 2 月 1 日。
86) 前掲 13) 48 頁参照。
87) 「湾化」は,身体的,精神的な台湾化を指し示す語として当時しばしば用いられていた。先述の環境決定論的認識のもとで,熱帯的気候による日本人の人種的退廃を意味していた。
88) 中山喜久松「阿里山登山記」,新高阿里山 4,1935,10-13 頁。
89) 中島春甫『台北近郊の礁渓・北投・草山・金山温泉案内』,台湾案内社,1930。
90) 前掲 18) 3-5 頁参照。
91) 前掲 36) 3 頁参照。
92) 本多静六『御大典記念　大屯山公園設計概要』,台北州,1934。
93) 『台湾日日新報』1934 年 9 月 5 日。
94) 田村剛「造園家の観たる台湾」(石原幸作編『台湾日日新報壱萬號及創立三十周年記念』,台湾日日新報社,1929),135-147 頁。
95) 大澤貞吉「台湾のオアシス阿里山の価値に就て」,新高阿里山 1,1934,21 頁。
96) 近藤幸吉「阿里山の事業懐古」,台湾の山林 209,1943,24-34 頁。
97) 大橋準一郎「大屯国立公園と桜植栽」,台湾の山林 191,1942,21-32 頁。また大屯でも大正 4(1915)年以降,桜の植樹が行われていた。
98) U 生「営林官制発布竝阿里山事業創始二十五周年記念式に参列の記」,台湾の山林 97,1934,84-93 頁。

99) 小生夢坊『僕の見た台湾・樺太』，日満新興文化協会，1935．
100) 青木繁「台湾の風景を平面的にのみ見ず垂直的に見よ（上)」，台湾山岳 2，1928，104-106 頁．
101) 佐藤一徳「初めて見る新高を讚ふ」，台湾逓信 2，1937，61-64 頁．
102) 高橋鏡子『女性に映じたる蓬莱ヶ島』，秀陽社図書出版部，1933．
103) 宮川次郎『台湾放言』，蓬莱書院，1934．
104) 本間善庫「台湾島の桜化を提唱す」，台湾時報 5，1934，45-47 頁．
105) 大澤貞吉「阿里山一帯を桜花で包みたい―その時は国立公園以上―」，新高阿里山 4，1935，5 頁．
106) 出口一重「台湾の国立公園とその使命」，台湾時報 218，1938，90-95 頁．
107) 矢野暢『「南進」の系譜』中公新書，1975．
108) 田村剛「台湾国立公園の使命」，国立公園 10-1　1938，1 頁．
109) 郵便掛同人「台湾国立公園を繞りて」，台湾逓信 219，1940，29-32 頁．
110) 藤原記「切手発行に至るまで」，台湾逓信 230，1941，110-119 頁．
111) 郵便掛同人「台湾の国立公園切手愈々発行さる」，台湾逓信 228，1941，8-9 頁．
112) 鈴木登良吉「台湾の国立公園ところどころ」，台湾逓信 229，1941，30-54 頁．
113) 前掲 110）116 頁参照．
114) 谷川梅人「台湾国立公園切手の長所短所」，台湾逓信 229，1941，57-61 頁．

第4章
熊野の観光地化の過程と
イメージの変容

1 はじめに

　観光空間とは社会的に生産されたものであるため，社会的コンテクストが変化すれば，しばしばその魅力や意味は変容していくことになる。こうした点について検討することは観光空間の生産過程を考えるにあたり重要であり，序章で論じたように，その際には表象を分析しそこに投影された地理的想像力について考察することが必要となる。そうすることで，観光客にとっての特定の観光地の魅力や，政治的意義も含めたその空間の社会的な意味づけを理解することができるからである。そしてこの問題を考えるにあたっては，国や地方自治体による観光振興関連の政策や制度に注目することが一つの有効な視点となる。なぜならば，これらの政策・制度は特定の空間の観光地化に大きな影響を与えるものであり，またその社会的な意味づけにあたって主要な役割を果たしてきたからである。そこで本章では，観光地という社会的に観光のための空間として位置づけられた観光空間の魅力や意味が，社会的なコンテクストの変化にともないどのように変容したのか，関係する政策や制度によって当該空間へ投影されるイメージに注目して考察することにしたい。

　こうした政策・制度の日本における代表例としては，第3章で議論したように，昭和9（1934）年にはじまる国立公園の指定がある。国立公園は，昭和6（1931）年に国立公園調査会が答申した「国立公園ノ選定ニ関スル方針」に，「国民的興味ヲ繋ギ得テ探勝者ニ対シテハ日常体験シ難キ感激ヲ與フルガ如キ傑出シタル大風景ニシテ海外ニ対シテモ誘示スルニ足リ世界ノ観光客ヲ誘致スルノ魅力ヲ有スルモノタルコト[1]」を必要条件として選定することが明記され

111

ているように，「傑出シタル大風景」と位置づけることで特定の地域の観光地としての価値を国が認める役割を果たしてきた。また昭和62(1987)年に制定された，「良好な自然条件を有する土地を含む相当規模の地域である等の要件を備えた地域について，国民が余暇等を利用して滞在しつつ行うスポーツ，レクリエーション，教養文化活動，休養，集会等の多様な活動に資するための総合的な機能の整備を民間事業者の能力の活用に重点を置きつつ促進する措置を講ずる」[2]ことを目的に掲げた「総合保養地域整備法（リゾート法）」も重要である。これは，国の承認のもとで都道府県が策定した計画に基づいてなされる民間事業者を活用したリゾート開発政策であり，全国で42ヶ所が認められて観光資源化が図られてきた。さらに平成4(1992)年に日本が批准した，ユネスコの「世界の文化遺産及び自然遺産の保護に関する条約（世界遺産条約）」も注目に値する。このユネスコの世界遺産登録は，遺産としての価値をグローバルなスケールで認めることで，当該地域の観光地化と密接に結びついてきた。[3]国や地方自治体による世界遺産登録を目指した動きは，表向きには主張せずとも，実質的には近年の重要な観光振興政策となっている。

　そこで本章では，国立公園法やリゾート法，さらには世界遺産条約といった時期的に異なるさまざまな観光振興関連の政策・制度の影響をうけることで観光地化した，「熊野」と表象される空間を事例としてとりあげることにした。そしてこの熊野の観光地としての魅力や社会的な意味づけといったものが，社会的コンテクストの変化にともないどのように変容していったのかを考察する。まず第2節では，昭和11(1936)年の吉野熊野国立公園の指定を中心に，国立公園の指定と熊野イメージの変容について戦前期から戦後期を中心に検討する。続く第3節では，戦後から現代までの和歌山県における観光振興関連の政策・制度に注目しながら，熊野のリゾート地化から世界遺産登録に至る過程でそのイメージがどのように変化しているのかを考察することにしたい。

2　国立公園の指定と熊野イメージの変容

(1)　吉野熊野国立公園の指定と熊野の海岸風景の発見

　吉野熊野国立公園の指定以前，近代期において熊野の風景が認識されたきっかけとして，新宮町（現・新宮市）の久保写真館が，明治33（1900）年以降に「熊野百景」として熊野の風景写真を発表していったことがあった。ここでいう熊野とは，牟婁郡（明治12（1897）年に和歌山県西牟婁郡・東牟婁郡および三重県南牟婁郡・北牟婁郡に分割）のことを指しており（第4－1図参照），撮影者の久保昌雄はその地形・植生・集落・交通・生業といった多様な風景を写真として切り取っていった。この写真帳について島津俊之は，「瀞峡，那智瀧，勝浦，鬼ヶ城，潮岬までいまの国立公園地帯が細大漏らさず写されて，後世熊野風景の台本となつている」という，吉野熊野国立公園選定時に活躍した前川真澄による久保の写真帳への評を引用して，「熊野を自然と人文に跨る多様な風景の集合体とみなす見方の起点になったこと」を論じている。

　こうした多様な熊野の風景のなかでも，明治35（1902）年に雑誌『太陽』の第10回懸賞写真で久保が撮影した「雨中の瀞八丁」が1等入選を果たしたように，当時注目されていたものとしては瀞峡があったことが認められる（第4－2図参照）。特に，大正14（1925）年5月に後藤新平が熊野へ来遊した際，その風景を絶賛したことによって瀞峡が広く知られるようになったことが指摘されており，後の観光案内でも「後藤新平伯の三嘆された天下の瀞」などとこの件がさかんに紹介されている。また，後藤の進言により昭和2（1927）年に大阪から熊野まで大型船を就航させた大阪商船は，大正14（1925）年に南紀保勝協会を設立して瀞峡と那智の滝（第4－3図参照）の宣伝に力を入れていたことから，那智の滝も熊野の代表的な風景地として考えられていたことがわかる。これら両者への注目は，昭和2（1927）年の大阪毎日新聞社・東京日日新聞社主催，鉄道省後援でなされた日本新八景の選定において，地元の保勝会や県が協力して渓谷部門の瀞峡と瀑布部門の那智の滝に票を集めていたことからも確認できる。投票の結果，瀞峡は渓谷部門で第3位，那智の滝は瀑布部門で第13位の票数を獲得し，最終的には日本新八景選定委員会の審査により，それぞれ二十五景の渓谷部門と瀑布部門の筆頭に位置づけられている。この日

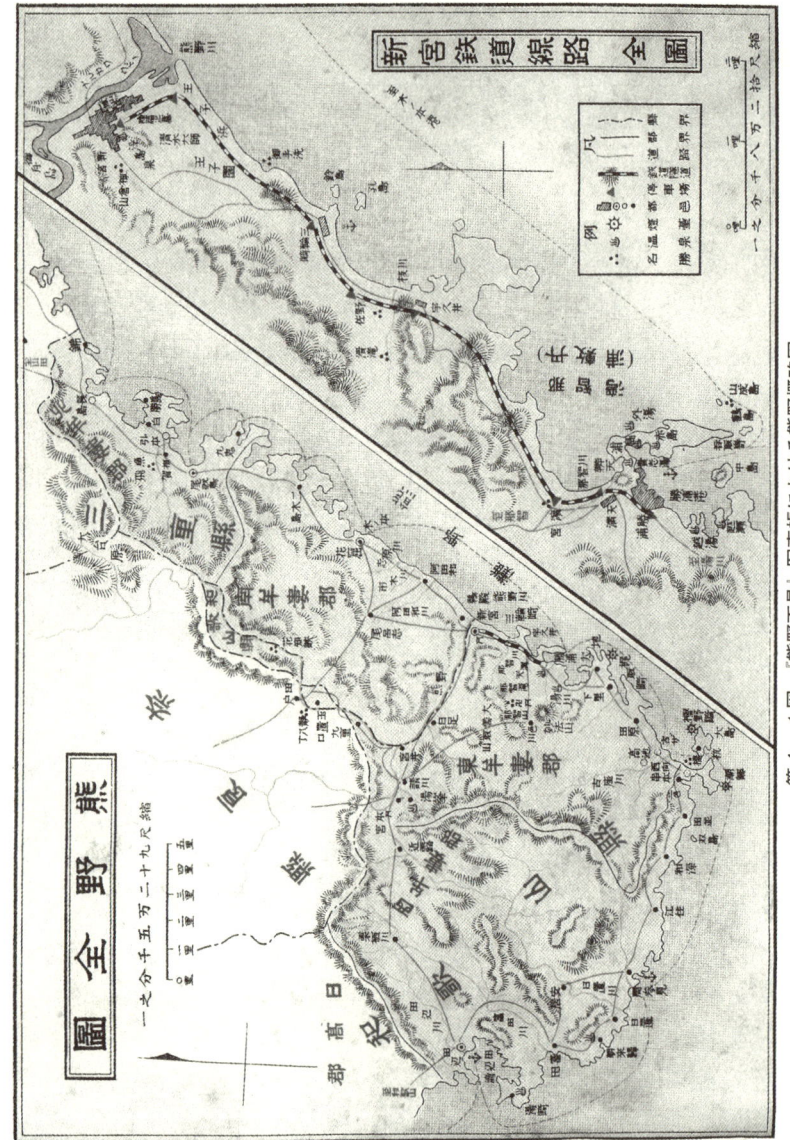

第4-1図 「熊野百景」写真帳における熊野概略図
出典) 久保嘉弘編『熊野百景』, 久保昌雄, 1923。

第4章　熊野の観光地化の過程とイメージの変容

第4-2図「雨中の瀞峡」写真
出典）久保嘉弘編『熊野百景』，久保昌雄，1923。

第4-3図　那智の滝

本新八景の選定によって,瀞峡と那智の滝が熊野を代表する風景として広く認識されていったと考えられる。
　その後の熊野の風景は,主に昭和11(1936)年に指定された吉野熊野国立公園との関係において議論されていたことが確認される。吉野熊野国立公園とは,奈良県(吉野郡7ヶ町村),三重県(多気郡・南牟婁郡13ヶ町村),そして和歌山県(新宮市および東牟婁郡・西牟婁郡22ヶ町村)にまたがって指定された国立公園であった(第4-4図)。この地の国立公園化へ向けた動きは,大正2(1913)年に吉野山保勝協会が設立されたことにはじまり,大正11(1922)年に吉野郡会議長名や奈良県議長名で国立公園指定の請願書や意見書が内務大臣宛に提出されて具体化している。その結果,大正12(1923)年に衛生局が選定した16ヶ所の候補地に吉野群山にある大臺ヶ原が選ばれることになったのである。けれども,吉野の国立公園指定運動で中心的な役割を果たした岸田日出男は,吉野群山の高さが低いことや民有林が多いことなどからその指定に懐疑的になり,昭和3(1928)年頃から熊野地方を加えた国立公園指定を模索するようになっていく。その後,岸田の積極的な働きかけにより,昭和6(1931)年1月に近畿国立公園期成同盟会が成立し,同年11月には国立公園委員会委員の田村剛と脇水鐵五郎による吉野・熊野地域の視察が実現することとなった。そして脇水は,昭和6(1931)年12月の国立公園委員会特別委員会で熊野を含む国立公園候補地の拡大案を提起し,昭和7(1932)年9月の特別委員会において「吉野及熊野」という国立公園候補地が承認されることになったのである。
　このような熊野の国立公園化が実現した背景には,瀞八丁と呼ばれ大正9(1920)年からプロペラ船が運航していた下瀞から,次第に上流へとその観光圏が広がり,昭和2(1927)年には奥瀞と呼ばれる最上流域が発見されたことがあった。これにより,吉野と熊野という離れた二つの地域が接合され,国立公園の指定に向けて大きく前進したことが指摘されている。この点については,吉野熊野国立公園について解説した和歌山県発行の『國立公園の知識』における「景観美概要」の項目に,「北山川及熊野川」についての説明があり,そこにおいて「本河川は吉野群山と熊野海岸とを連ぬる唯一の連鎖帯であつて,しかも本公園の中核をなし,本公園の成立よりすれば頗る重要なる役割を演ずるものと言ふべきものである」と言及されていることからも確認される。ただし,

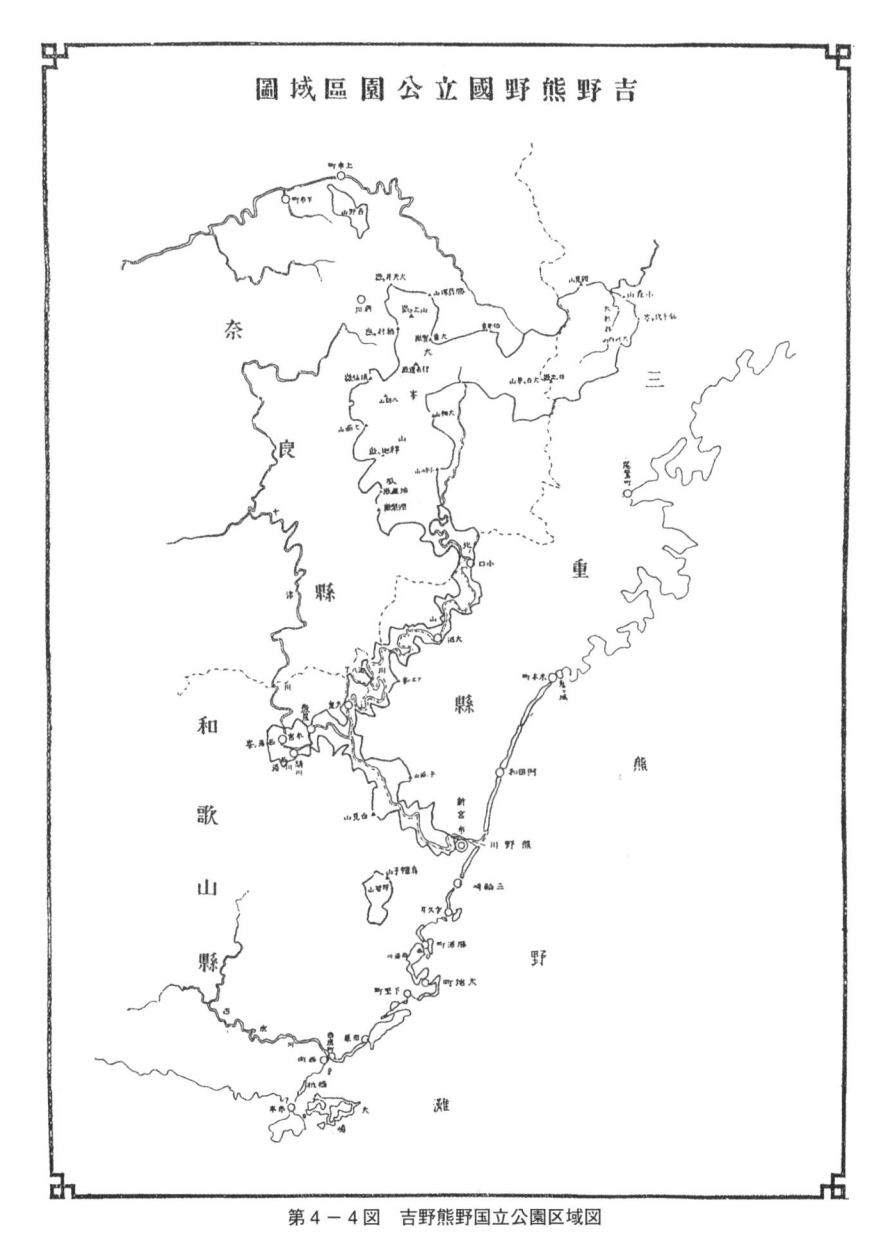

第4章 熊野の観光地化の過程とイメージの変容

第4-4図 吉野熊野国立公園区域図
出典）和歌山県編『國立公園の知識―附 関係法規及例規―』、和歌山県、1936。

この「景観美概要」の項目は,「熊野海岸」,「北山川及熊野川」,「吉野群山」,「気候」,「霊地, 史蹟その他」から構成されているが, そのどこにも那智の滝についての記述を認めることができない。すなわち, 吉野熊野国立公園においては, 瀞峡とともに熊野の代表的な風景であった那智の滝は注目されていなかったのである。さらに, 瀞峡について記載された「北山川及熊野川」よりも前に「熊野海岸」の解説が記されていることから, 吉野熊野国立公園の指定を契機に, 瀞峡と那智の滝に代表されていた熊野の風景認識が大きく変容したのだと考えることができる。

ここで第一にとりあげられた熊野海岸とは,「約九一 粁(キロメートル) の間岬角, 港湾, 砂汀, 断崖等連亘して本邦第一流の景勝を聚(あつ)めて居る」とされた, 鬼ヶ城(第4－5図)から橋杭岩(はしくいいわ)(第4－6図)にわたる三重県と和歌山県にまたがる臨海部を指していた。この熊野海岸について田村剛は, 昭和8 (1933) 年に「前途洋々として無盡藏(むじんぞう)かとも想はれる風景資源は實(じつ)に最近熊野海岸に於て発見せられた。……そこは史蹟としては神代に遡り得るほどに古いが, 風景地としては未だ十分にその價(か)値を世に問ふに至つてゐない。言はば文字通りの處女地である」と評している。このように, 熊野の海岸風景は, 国立公園の選定に関わった人物に, 新しい風景資源として発見されていたのである。第3章で述べたように, 日本における国立公園は山岳的風景地をその特徴としていたが, 瀬戸内海国立公園は例外で,「国立公園の設定に就ては山岳美や湖沼の美を中心とする勝景地のみに偏することなく廣(ひろ)く海洋の美を抱擁する地域を選定すべしという輿(よ)論は相當強く年々帝國議會に提出さるる」という状況において, 昭和6 (1931) 年夏頃から「海洋国立公園候補地」として新しく調査が進められた地域であった。すなわち, 瀬戸内海とほぼ同時期に調査がなされた熊野海岸は, 熊野において新しく発見されたというだけでなく, 国立公園制度においても比較的新しく見出された風景だったのである。

こうした熊野海岸の国立公園としての価値について, その指定に大きな役割を果たした脇水は,「海国たる我国では海岸美に勝れた土地を公園内に取入れて, 我国特有の風景を表徴することも必要であると考へられる」と,「海国」日本に特有の風景として海岸美を考えていた。すなわち, 海岸の風景も「山岳や渓谷, 森林」と同じくナショナリズムと親和的な風景として発見されたので

第 4 章　熊野の観光地化の過程とイメージの変容

第 4 – 5 図　鬼ヶ城

ある。そして脇水は，海岸のなかでも特に熊野海岸を国立公園に指定した理由として以下のように述べている。

> 日本の海岸風景には太平洋式と日本海式と瀬戸内海式の三つの型式がある。……日本に若し海岸風景を代表する国立公園を選定せんとするならば太平洋岸と日本海岸と瀬戸内海とに就て各その代表的風景を選ぶべきであるが，内務省原案にはただ瀬戸内海が一つあるのみで，他の二つの型式を表はすに足る場所は何處も選に入つてゐなかつた。……海岸地方は餘りに開け過ぎて居るという理由で太平洋岸と日本海岸に各一個の獨立した国立公園を設くることは許されなかつた。そこで思付いたのが一カ所で両型式を備へて居る海岸を物色することで，その選に當るのは熊野浦沿岸より他にないといふことになつたのである。[25]

ここでは，日本の海岸風景を代表すると考えられた三つの型式を国立公園においてすべて満たすために，そのうち二つの型式を有する熊野海岸が選ばれたことが指摘されている。この脇水の議論から，国家を代表する風景地という考え方と熊野の国立公園指定とのつながりを確認することができる。

119

第4-6図　橋杭岩
出典）パンフレット「国立公園熊野めぐり」（発行：熊野自動車株式會社，発行年：不明）。

　また熊野の国立公園調査に関わった千家哲麿(せんげてつまろ)は，「熊野の海岸」と題した文章において，「熊野の一帯は海岸に，河川に，温泉に，史蹟に他の國立公園に優るとも決して劣らぬ多くの特徴を持つ我が國一流の風景地である。瀞八丁のみを以て知られてゐた一帯が如何に傑れた風景地であるかは全ての観光客が驚嘆する處(ところ)であり年々増加する観光客の數(かず)はその魅力の如何に大きいかを物語つてゐる」[26]と，海岸をはじめとした風景地の存在と観光客の増加について指摘している。ここから，熊野への観光客が国立公園の指定にともない増加すると同時に，その重要な観光資源が，瀞峡と那智の滝から，熊野海岸と瀞峡を中心としたものへ変化していたことがうかがわれる。国立公園指定後の昭和12（1937）年に発行された観光案内でも，以下のように海岸と峡谷を強調して観光地としての熊野を論じていることが確認される。

　　熊野の山水は綜合せられた自然風景美と稱(しょう)すべきでありませう。紀伊半島の南半を占めた熊野地方の沿岸は，黒潮に洗はれて至るところに豪壮な海岸美を発揮し，内に入つては峡谷から山岳の広範囲に亘つて，雄渾にして巧妙極まりない自然景観を実現し，優れた観光地帯をなして居ります。[27]

(2) 戦中期における霊地・史蹟としての熊野・高野山への注目

　観光資源としての熊野を考えた場合，国立公園指定後の戦中期に入って，またその表象のあり方が変容していたことが認められる。例えば，昭和15（1940）年の紀元2600年を記念した紀元二千六百年祭記念観光事業協賛會発行の観光パンフレット「旅は紀州路」では，以下のような記述がなされている。

> 　日本歴史の第一頁から我等に親しみ深い紀州熊野路，名づけて，旅は紀州路へ
> それは人々の胸にそぞろに旅を思はせる響がある，そのがみの雅かな牟婁のいで湯の行幸，平安の都よりはるばる三熊野への御参籠さては笈摺(おいずる)を肩に山伏野伏が熊野の山々の荒修行，又西國三十三番の憐れも深き巡禮(じゅんれい)，聖域高野山の神秘など，星の移りの變(かわ)りにもたゆる事なく旅こそは紀州路へ！
> 　さればすぐれた造化の妙は限りなき歴史の装をこらして旅心をそそる
> 　そこには史蹟があり，傳説(でんせつ)があり，奇勝があり宗教がある，温泉が湧き絶景がある，詩が生まれ唄が歌はれる
> 　休暇の一日二日を一週間を避暑に海水浴に史蹟を尋ねて探勝に，遊覧に神詣でに入湯にちよつと一足紀北を訪ね紀南を渉(わた)つて！！！[28]

　この文章は熊野だけでなく和歌山県全体の観光案内文であるが，「日本歴史の第一頁から我等に親しみ深い紀州熊野路」と，観光の文脈でその歴史性が強調され，自然美に対する言及は後退していることがみてとれる。戦中期に入って，ナショナリズムの高揚が観光の文脈でも重要となり，地域の歴史性が強調されるようになっていたのである。

　熊野に関しては，その風景写真を撮影した先の久保が，「熊野百景」を国家や天皇との関連から論じていたことが指摘されており[29]，早くから国家主義的な意味づけがなされていたことが確認される。また，昭和4（1929）年発行の『風景と熊野』[30]という観光案内でも「我國建國史の第一頁を燦として飾る神郷熊野」と記してあることから，熊野を国家の成立との関係で価値づけることがしばしば行われていたことがうかがわれる。こうした系譜のなかで，先に紹介した吉野熊野国立公園の景観美概要の最後に記された「霊地，史蹟その他」においても，「熊野は神武天皇御東征の際御親征の第一歩を印されたる地であつ

て，それより大和橿原宮に建国の礎を築かるるまで，獰猛なる土賊を平げられつつ吉野群山の嶮峻を踏破せられ，あらゆる困苦欠乏と闘はれたる，最も光輝ある建国の史蹟を蔵してゐる」こと，さらには「熊野には所謂熊野三山あり，熊野の歴史にして熊野三山と没交渉なるものは殆んどなく，上古より霊験あらたかなる大社として，歴代天皇の厚く御尊崇遊ばされたるところである」[31]ことが記されたのだと考えられる。特に熊野の国立公園選定にあたっては，「我国では歴史上著名なる史蹟を有する土地を公園中に包含せしめて，国民精神涵養の資に供することも必要」であると考える脇水が，海岸美と同時にそこが「神武天皇御東征の際の最後の御上陸地」であることを主張したことが選定につながったとされることから[32]，この国家・天皇との結びつきは非常に重要な点であったといえるであろう。

こうして吉野熊野国立公園の重要な価値としてとらえられたその歴史性は，下記にあるように他の国立公園との差異化や，吉野と熊野の接続という点でも大きな役割を果たすと考えられていたことが確認される。

> この地域が國立公園として選ばれた理由は多々あると存じますが，全國の国立公園と比較して，最も優れた特徴といふのは，わが國の建國以来，幾多の歴史に深い關係を有してゐる事だと思ひます。……攝津の海岸に御上陸になりました神武天皇の御一行が，直接大和にお入りになる事が出来ず，道を轉じ，海路紀州に向はせられ，同地から道臣命を嚮導とされて吉野にお出ましになつた御堂筋といふのが，今日の「熊野」から「十津川」を經て山岳重疊たる吉野群山を經て，幾多困艱難辛苦を嘗めさせられて遂に大和平野に出でさせられたのであります。[33]

そして，このような国家・天皇と結びつく歴史性がとりわけ強調されるようになったのが戦中期であった。例えば，昭和14（1939）年のある国立公園案内では，以下のような指摘がなされている。

> 吉野熊野國立公園を飾る歴史の第一頁は實に我が建國の第一頁である。……吉野熊野の山水が建國以来幾多の貴重なる史實を有し聖蹟，靈場に富み自然を

背景として輝いてゐたことは實に此國立公園の誇りである。
　　聖戦第三年を迎へて心身鍛錬，國民の大和協力等國民精神総動員の叫ばるる今日，吉野熊野國立公園の意義は更に重きを加へるのを感ずる。[34]

　ここに記されているように，吉野熊野の国家・天皇とつながる国家主義的な表象が，戦中期に入って特に強調されるようになっていったことが他のいくつかの文献からも確認される。例えば，同年に発行された岸田日出男編『吉野群山と熊野』の緒言でも，「神武天皇の雄壯なる御大業に御關係あるに初まり，近世に到るまで，歴史の書に缺(か)くる時代はなく，それ等の史蹟は燦然たる靈光を輝かしてよく一世を啓示してをる」ことを論じてから，「誠に吉野熊野の地は普通の國立公園とは大いに其の趣を異にし，寧ろ天然道場とも稱すべきものなりとさへ思考せらるる」と指摘し，「この地を知るも知らぬも，相共にこの意義特に深き年に當つて，速かに入場して更に祖國の偉大性を腦裡(のうり)深く銘記せられんことを望んで止まざる次第である」と結んでいることが認められる。[35]すなわち，戦中期の吉野熊野国立公園は，ナショナリズムを喚起する役割が求められていたのであり，その文脈において価値を有すると考えられていたのである。
　以上のような状況で，先の観光パンフレット「旅は紀州路」で「聖域」と表現されていた高野山が，新たに国立公園の候補地として考えられるようになっていたことが確認される。昭和13（1938）年に厚生省が設立されて，国立公園行政はその体力局施設課の管轄となり，国立公園には国民体力の向上という役割が期待されるようになった。そして昭和16（1941）年に国立公園協会内に設立された国土計画対策委員会は，国土計画と休養地を議題として審議し，時局下交通制限により遠距離旅行が阻止されたときに国民が利用できる休養地を設定するために，人口密集地から容易に利用できる国立公園を選定することを目指した。その際に8～10ヶ所の新規国立公園案と既存4ヶ所の国立公園の拡張案が示され，そこに吉野熊野国立公園の金剛高野方面への拡張案が含まれていたのである。さらに昭和17（1942）年には，体力局に続いて前年から国立公園を所管していた厚生省人口局が，国土計画対策委員会の案をもとに，勤労者や学徒青少年らのための健民修練所の役割を果たす国立公園を，都市人口密集地近郊に新設する計画を創り出した。その候補地とは，秩父，大島天城，琵琶

湖，志摩，金剛高野，耶馬渓英彦山であり，高野山は金剛山とともに候補地に選ばれていた。

この新しい国立公園の選定方針について，当時の厚生大臣は「心身錬成の爲の國民的道場」とするために「天然的の大自然に接せしむると云ふことが第一點，第二には肇國以来輝かしい此の日本の史實，史蹟と云ふものに對して，國民が直面して，之に依つて更に精神の陶冶に當る」ことが重要であると指摘し，金剛高野を国立公園にしたい旨を論じていた。すなわち，吉野熊野と同じく金剛高野でも，自然の風景地であることのほかに，国家・天皇とつながる霊地・史蹟であることを重要な問題としていたのである。こうした点については，以下の高野山の国立公園としての価値を論じた文章に明瞭に描かれている。

　　　海内屈指の霊場として千百年にも餘る長い歴史を持つ高野山は，大忠臣楠公縁の地金剛山と共に，國民錬成を主眼とした新使命を負ふ國立公園として指定を受くる待望の日も早や遠くはないと聞く。……今や高野山が現在及將来に於ける我興隆日本を雙肩に擔つて立つべき皇國民の錬成場として堂々の登場を見んとすることは，此地が我國の古き佛教の霊場たるに加へて更に新しい重大なる使命を附託せられた譯で，霊学の現代的復活乃至は新発足として大に慶すべきことといはなくてはなるまい。殊に我國經濟活動の心臓部たる商工都大阪を距る僅々二時間の乗車行程に過ぎぬ至近の地に，高野山のごとく錬成道場としての諸条件が殆んど申分なく完備した良候補地が見出されたことは，將来活用の方面から見て誠に至幸至便である……。高野山が今回國民錬成を主眼とせる國立公園設立地として銓衡せらるるに當つては，高野山のもつ優れた天然環境も確かに其有力な資格として取り上げられたに相違あるまい。

ここでは，ナショナリズムと親和的な歴史を持つ霊場であり，かつ自然環境が豊かであることが，高野山の国立公園としての資格となっていることが論じられている。また，高野山が都市に近接しているために，熊野よりも便利な位置にある「皇國民」の「錬成道場」と考えられていたことも確認することができる。すなわち，和歌山県内において，熊野に加えて高野山が国立公園候補地として注目されるようになったのは，ナショナリズムの高揚や身体錬成を求める

当時の社会情勢によるものだったのである。

(3) 戦後の和歌山県内における国立公園・国定公園の指定と熊野

　第二次世界大戦後の昭和25（1950）年5月，和歌山市臨海部の加太・友ヶ島と雑賀﨑・新和歌浦の二つの地域が瀬戸内海国立公園に編入され，和歌山県内に新たな国立公園が誕生することになった(第4－7図参照)[39]。新和歌浦とは，第2章で論じたように，名所旧跡が多く古くからの景勝地であった和歌浦の西隣で，明治43（1910）年から近代的な観光開発がなされ，海の風景をみるために多くの旅館が海岸線に沿って建てられていた地域であった。また雑賀崎は，奥和歌浦とも呼ばれる新和歌浦から連続する景勝地で，同じく海の美しさが注目された地域だった。加太と友ヶ島は，陸軍の要塞地帯として戦前は観光地化されていなかったが，昭和23（1948）年から南海電鉄が和歌山市の委託をうけて友ヶ島開発に着手し，新しい観光地として期待が集まった地域であった[40]。このように，観光地としての期待がなされた和歌山市の臨海部が，戦後新たに国立公園に選ばれたのである。

　こうした和歌山市臨海部への注目は，すぐ後の昭和25（1950）年7月に発表された，日本観光地選定会議と毎日新聞社の主催による「日本観光地百選」の選定で強まったと考えられる[41]。これは，連合国軍総司令部関係局・内閣各省・日本国有鉄道が後援して実施されたもので，国際観光事業による外貨獲得を目指し，「今まで埋もれていた観光資源を新たに発掘する一方，国民大衆に観光事業の理解を深めるという直接の効果をねらうもの」として企画されたものであり，選定種目としては，海岸，山岳，湖沼，瀑布，温泉，渓谷，河川，平原，建造物，都邑の10部門が設定されていた[42]。そして，同年10月に発表されたはがきによる一般投票の結果は，「和歌浦友ヶ島」とされたこの地域が140万6208票を獲得して海岸部門1位となり[43]，新聞報道により全国的にその名が宣伝されたのである。

　この「日本観光地百選」では，和歌山県内ではその他にも白浜が温泉部門2位，瀞峡が渓谷部門2位入選を果たしていた[44]。これら入選はすべて，和歌山県や県内市町村が協力して投票に励んだ結果であり，那智の滝は那智町が瀞峡の売り出しに協力したために瀑布部門の17位にとどまっていた[45]。すなわち，こ

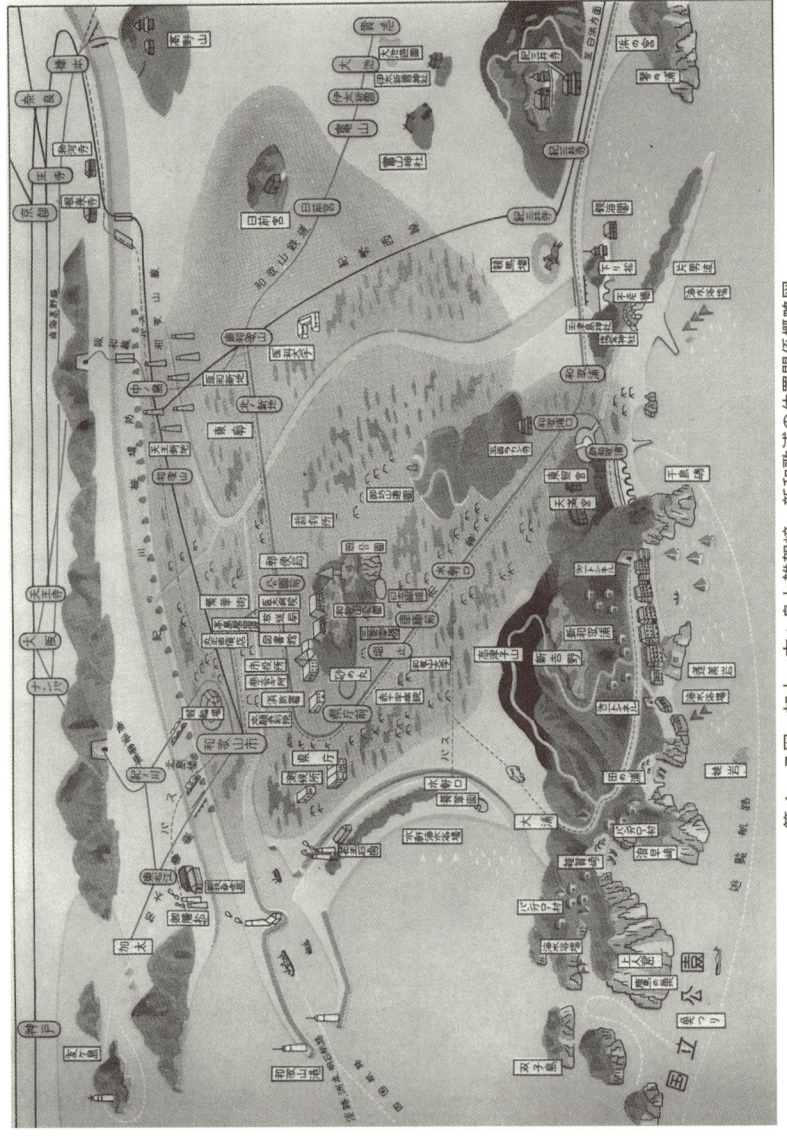

第4-7図 加太・友ヶ島と雑賀崎・新和歌浦の位置関係概略図
出典）和歌山市役所編『和歌山市勢要覧』，和歌山市役所，1953。

れら日本観光地百選の入選は，昭和2（1927）年の新日本八景選定時と同じく，和歌山県内の行政機関による観光振興政策の成果であったのであり，そのなかで熊野の代表として瀞峡が選び出されていたのである。

　日本観光地百選選定時の熊野において，瀞峡に焦点があてられた理由としては主に二つの背景が想定される。一つは，戦後のGHQ支配下において，戦中期のように国家・天皇とつながる霊地・史蹟の強調がなされなくなったということである。もう一つは，和歌浦友ヶ島一帯の海岸風景地が瀬戸内海国立公園に含まれて注目されるなかで，県として複数の部門での入選を目指し，そこと差異化を図る上で熊野においては瀞峡に焦点があてられたということである。ただし，例えば昭和30（1955）年発行の観光案内において「北は日本観光地百選で首位をかく得した和歌浦，加太，友ヶ島から，本州の最南端，潮岬を経て新宮に至る間，屈析，実に290哩（マイル）にもおよぶ海岸線は詩情的な黒潮に洗われています[46]」と記されていたように，その後も熊野の海岸風景への注目がなくなっていたわけではない。実際には，海岸の風景地として台頭した和歌浦友ヶ島と差異化するのか一体化するのかによって，熊野を代表する風景地として瀞峡と熊野海岸のどちらか一方が注目されるようになっていたのだと考えられる。

　また，和歌山県内にはもう1ヶ所，国立公園の候補地として考えられていた地域があった。それは，戦中期に金剛高野国立公園候補地としてとりあげられていた高野山であり，昭和27（1952）年には和歌山県経済部観光課が『国立公園候補地高野龍神の概要』という調査報告書を発行していたことが確認される[47]。結果としてこの地は国立公園ではなく，昭和42（1967）年に高野竜神国定公園に指定されている。その特徴としては，「この地域は，紀州の屋根にあたるところで，古来『木（紀）の国』の名をもたらす，うっそうとした森林によっておおわれている。……この公園の魅力は，何といっても山岳宗教のメッカとして有名な高野山の文化財と，これをとりまく自然がつくりあげた特異な景観をあげなければならない[48]」と記されているように，山岳の自然風景と高野山の文化財が挙げられていた。このように国定公園としての高野山は，山岳という自然の風景地に焦点があてられ，海岸や渓谷に象徴された熊野とは異なる一方で，文化的な史蹟への注目という点では熊野と類似していた。すなわち熊野の表象は，高野竜神国定公園の指定にともない，和歌浦友ヶ島だけでなく高野山との

127

関係性からも論じられうるという状況が生じていたのである。

3 リゾート地から世界遺産への変容と熊野のイメージ

(1) 和歌山県のリゾート開発政策と熊野

　熊野の観光地化およびそのイメージに影響を与えたものとしては，前節で検討したように戦前から戦後期には国立公園指定が顕著であったが，その後は和歌山県における観光政策が重要なものとなっていたことが確認される。この点について，主に和歌山県の長期総合計画における記述とその変遷から検討してみたい。

　戦後の和歌山県の長期総合計画は，昭和39（1964）年に発表されたものが最初である[49]。この計画における観光の現況と概要では，「本県は，海に山に美しい景観に恵まれ，とくに海岸線は500キロ余にわたるリアス式海岸美を誇っている。温泉も豊富であり，また文化財資源も数多く，重要な観光資源となっている[50]」との記述がなされている。特に海岸美については，「北は和歌浦，加太，友ヶ島から，本州最南端の潮の岬を経て新宮に至る間の海岸線は全区域といってもよいほど，公園に指定されている」と，第4-8図を提示して，二つの国立公園と海岸線に位置する複数の県立公園の存在を指摘しながら言及している[51]。また熊野に関係するものとしては，熊野海岸のほかに勝浦などの温泉の存在を指摘しているが，文化財については特に紹介していない。吉野熊野国立公園についての解説部分で，「山岳，峡谷，海岸美を備えた区域であり，史蹟も豊富である[52]」と記載されているが，県全体における特徴づけとの兼ねあいで，この長期総合計画では熊野においても概して海岸美に焦点があてられていたと考えられる。

　また昭和44（1969）年に発表された第2次長期総合計画では，労働時間の短縮にともなう将来の自由時間の増加を予測し，「今後のレクリェーションは，機動性の増大と，大きな空間を必要とする自然観光を主体としたものであり，海洋と山岳，文化と伝統を配した，きわめて大規模な全国民的観光の場を要求している」ことを指摘して，大規模な空間における自然観光の重要性について論じている[53]。そして自然資源については「本県は，海岸，内陸ともにすぐれた

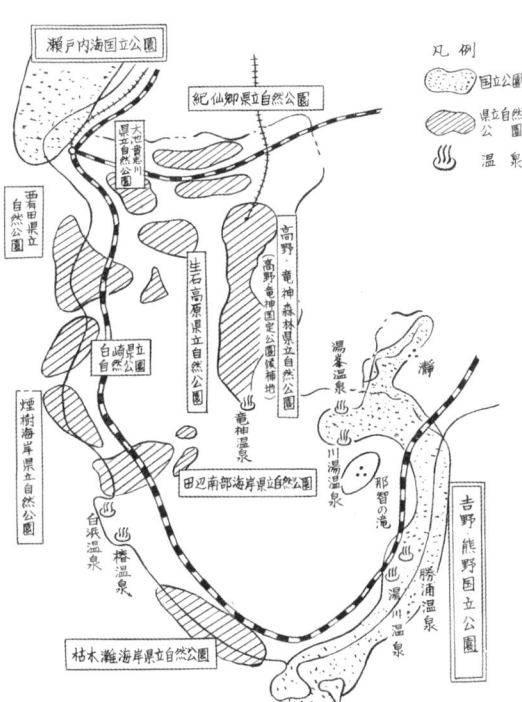

第4章　熊野の観光地化の過程とイメージの変容

第1図　自然資源分布図

第4－8図　『和歌山県長期総合計画』（1964）における「自然資源分布図」
出典）和歌山県編『和歌山県長期総合計画』，和歌山県，1964。

自然資源に恵まれている。延々500kmにおよぶリアス式海岸は黒潮に洗われ，その眺めは全国屈指の景観であり，重畳たる山なみには『木の国』というにふさわしい樹木の繁茂がみられ，これら山々の間に開ける渓谷美も，また格別のものがある。そのうえ，県下いたるところに豊富な温泉の湧出がみられ，観光レクリェーションの大きな魅力となっている[54]」と言及している。この説明は，前節で紹介した昭和42（1967）年指定の高野竜神国定公園の特徴の影響をうけ，海岸だけでなく山岳にも目を向けた内容になっていたことが確認される。また文化資源についても，「美術工芸品は高野山，熊野三山を中心に多く，全体の

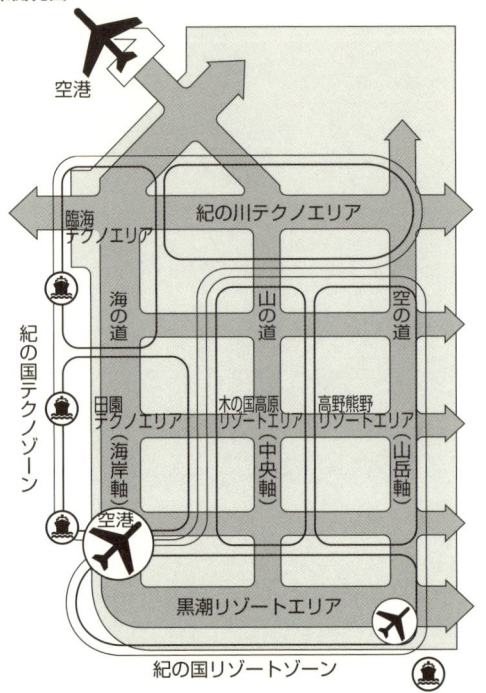

第4-9図 『和歌山県長期総合計画』(1986)における「和歌山県開発図」
出典) 和歌山県編『新世紀の国21　和歌山県長期総合計画』, 和歌山県, 1986。

約70%を占めて[55]」いると指摘しており，国定公園に指定された高野山への注目がうかがわれると同時に，それにともない熊野三山についての言及もなされていることが認められる。これらから，熊野についても，最初の長期総合計画のように海岸に焦点をあてるだけではなく，渓谷や文化資源にも注目するようになっていたことがわかる。

次の長期総合計画は，昭和61（1986）年の「新世紀の国21[56]」である。この計画では，県土開発の基本として「テクノ＆リゾート計画」を推進するとし，紀の川流域および和歌山市から田辺市に至る臨海地域を「紀の国テクノゾーン」，内陸山間地域および県南部地域を「紀の国リゾートゾーン」と位置づけている（第4-9図参照）。そして後者のリゾートゾーンは，さらに，「黒潮」，

「高野熊野」,「木の国高原」の三つのリゾートエリアに区分されていた。黒潮リゾートエリアは白浜町から新宮市に至る臨海地域で「国際的な海洋リゾート基地づくり」を,木の国高原リゾートエリアは内陸山間地域で「都市との活発な交流による新たなふるさとづくり」を目指す地域であるとされていた。そして熊野を名称に掲げた「高野熊野リゾートエリア」は高野山から熊野三山に至る地域で,「高野・熊野文化を背景として森林性レクリエーション施設,温泉保養施設などを整備し,人々の精神と肉体のリフレッシュをめざす」と記されている。すなわちこの長期総合計画によって,それまで熊野と呼ばれていた地域は,海岸部が黒潮リゾートエリアに,熊野三山を中心とする内陸部が高野熊野リゾートエリアへと分断されたのである。そして熊野として表象されたのは,後者のエリアの熊野三山を中心とする地域となり,そこは高野山と結びつけられるなかで「森林性レクリエーション」施設等を有する「人々の精神と肉体のリフレッシュをめざす地域」と位置づけられた[57]。このように,このテクノ&リゾート計画を掲げた長期総合計画によって,熊野の範囲や意味は大きく変化したのである。

　このリゾート計画のうち,まずは「黒潮リゾートエリア」と呼ばれた臨海部に焦点があてられていたことが認められる。平成2 (1990) 年には,「海,山岳,河川,温泉,歴史・文化といった各種のリゾートテーマの中から,和歌山県の特性を発揮しイメージを鮮烈に打ち出せるのは海である」とし,総合保養地域整備法に基づくリゾート開発基本構想として「"燦"黒潮リゾート構想」が発表されている[58]。この対象地域は,和歌山市から新宮市までの海岸線を有する6市15町の区域であり,「北部の瀬戸内海国立公園と南部の吉野熊野国立公園をはじめ,その間に八つの県立公園があり,リゾート地の形成に不可欠な豊かな自然がつらなる地域である」ことが指摘されている[59]。以上のように,かかる計画はそれまで国立公園などの自然公園に選ばれていた臨海部を,黒潮リゾートと位置づけ直して開発する構想であった。そしてこの計画では,白浜温泉を有し交通・宿泊の拠点である田辺・白浜地区を中核地区として,北部地域に「都市型リゾート機能」を,南部地域に「自然型リゾート機能」を配置するという方針が示されることになったのである[60]。

　このうち特に北部の都市型リゾート形成に関わる施策が,平成6 (1994) 年

131

9月に開港した関西国際空港にあわせて,平成6(1994)年7月16日から9月26日まで和歌山マリーナシティを主会場として開催された,世界リゾート博[61](正式名称「JAPAN EXPO ウエルネス WAKAYAMA世界リゾート博」)であった。この博覧会では,リゾート資源としての和歌山県の自然,温泉,歴史・文化を国内外にアピールすると同時に,「ウエルネス」を実現するというリゾートの新しい姿を示すことが理念として掲げられていた[62]。この点では和歌山県全体のリゾート地化を目的としたものであるが,特に主会場のマリーナシティを海洋リゾートの雰囲気を醸し出すリゾートアイランドとし,会場のゾーニングも「アミューズメント」,「マリンリゾート」,「21世紀のリゾート」,「世界のリゾート」,「コミュニケーション」,「アメニティ」という六つのテーマに分類されていたことから[63],山岳や歴史文化よりも海を前面に押し出したリゾートの姿が提示されていたことが確認できる。

一方,「高野熊野リゾートエリア」に含まれた熊野三山を中心とする熊野については,世界リゾート博まではリゾート地化のための施策は特に認められない。ただ,世界リゾート博実施後の平成7(1995)年3月に発表された『和歌山県観光振興計画』[64]をみると,観光振興方策の具体的展開例の項目において,「A. 海洋レジャー基地の整備」,「B. 紀の国歴史文化街道」とともに「C. 高野・熊野の歴史文化資源の積極的な活用」が提起されていたことがわかる[65]。海洋リゾートに続く新たな観光資源として,高野・熊野の歴史文化資源が注目されていたのである。また,ここで新たに「紀の国歴史文化街道」という歴史的な道にも焦点があてられていたことが確認される。観光振興方策に「歴史と文化の積極的活用」の項目が作られ,そこでも高野・熊野と歴史文化街道にふれていることから,これら二つの歴史と文化に関わる資源が観光振興にあたって注目されていたことがわかる。

(2) 熊野古道への注目と熊野のリゾート地化

「紀の国歴史文化街道」として掲げられた和歌山県の歴史的な道への注目は,県が文化庁から国庫補助を受けて昭和53(1978)年度に実施した歴史の道調査事業にはじまる[66]。この事業は文化庁による「歴史の道」調査・整備事業の最初期のものであり,まず対象とされたのは熊野参詣道であった。この調査報告書

の序文では,以下のような記述がなされている。

> 熊野三山(熊野本宮,熊野新宮,熊野那智)への信仰は古く古代より開け,平安時代中頃より本地垂迹(ほんじすいじゃく)により神仏が融合し,またこの背景として深遠な熊野連峰の山々,幽茂した樹林,黒潮おどる温暖かつ荒々しい海岸美と神秘に包まれた宗教のメッカ――心の拠り所として,上皇の御幸をはじめとして,一般庶民にいたるまで日本全国より熊野をめざして行列をなした様は「蟻の熊野詣」とまで言われたほど隆盛をきわめました。
> 　この様な状況に伴ない参詣道及び交通関係施設も整備されてきましたが,近年特に交通手段,交通路の発達によりこれらの古道はほとんど顧みられなくなり,機能,景観が壊され山間部の交通の不便な地域にその面影を残しながら山道として残されている状況にあります。[67]

ここでは,熊野三山を,戦中期のように国家・天皇へとつながるものというよりは,一般庶民も含めて多くの人々が信仰し訪れる場所として記していることが確認される。そして,この熊野三山への信仰と関連した古道が熊野参詣道として注目されて,そこが心の拠り所を求める人々が行列をなした道として描き出されていたのである。

　その後,昭和55(1980)年の高野山参詣道調査[68]をはじめとして,文化庁の歴史の道調査・整備事業の一環として,和歌山県内の歴史的な道の調査は進んでいった。また平成3(1991)年には広域連携により関西の歴史文化資源を活かすことを目指した「歴史街道計画」マスタープランが歴史街道推進協議会によって発表され,参拝のため多くの人々が行き交った熊野三山や真言密教の聖地・高野山を結ぶテーマルートとして,「高野・熊野詣ルート」が設定されている[69]。こうした高野山と熊野への歴史的な道に対する注目は和歌山県内の街道計画でも同じであり,先の平成6(1994)年に発表された「紀の国歴史文化街道調査」における基本計画では,基本テーマルートとして「弘法大師を訪ねて／熊野詣で／紀伊万葉の道」を掲げ,平成8(1996)年には「紀の国歴史街道高野・熊野広域ルートプラン」を策定している[70]。文化庁も,「歴史の道」を広く国民に周知させるため,平成8(1996)年には「歴史の道百選」として78ヶ

所の道を選定したが、そこでも和歌山県にある道としては熊野参詣道と高野山参詣道を挙げていた[71]。また和歌山県教育委員会は、文化庁の補助をうけて「『歴史の道』活用推進総合計画」の策定に取り組み、平成8 (1996) 年度には「熊野参詣道」を、平成9 (1997) 年度には「高野山参詣道」と「葛城修験の道」の活用推進基本計画を策定している[72]。

このように高野山と熊野への歴史的な街道が注目された背景としては、「歴史街道計画」マスタープランが「日本文化の発信基地づくり」、「新しい余暇ゾーンづくり」、「歴史文化を活かした地域づくり」を目指していたこと、「紀の国歴史文化街道」の役割として、「歴史文化をテーマに、21世紀にふさわしい新しい旅（ルーラルツーリズム）」を提供することや「新しい学習体験型の知的余暇ゾーン」の形成が意図されていたことから[73]、歴史文化に注目した地域づくりとしての余暇空間形成を求める社会的状況があったことが認められる。このことは『『歴史の道』活用推進総合計画」でも同様であり、社会動向における歴史の道の位置づけとして、第一に歴史の道の有する「文化性」への希求を挙げ、強度なストレスにさらされる現代社会において、余暇における心の豊かさや深い人間性に基づいた高次の文化への希求が高まっていること、そして国際社会におけるアイデンティティの創出をともなう地域づくりに文化が重要な役割を果たすことについて論じている[74]。またそこでは、第二に「歴史の道」の有する「自然性」、「地域環境の表出」への希求を挙げ、現代社会における自然回帰の傾向と、自然を深く体験する観光レクリエーションとしてエコミュージアムとエコツーリズム、そしてルーラルツーリズムがあることにも言及している[75]。そして、こうした状況において現代に活かすべき「歴史の道」の意味として、「参詣道はそもそも癒しを求めて霊地に参詣した人々によって形成されたもの」であるためその意味をうけ継ぎ現代人にとっての「①癒しの場」とすること、地域の人々にとっての「②アイデンティティ回復の場」にすること、自由・楽しみ・交流の場としての「③旅の原点」と位置づけること、を挙げている[76]。このように、現代社会における文化への注目や余暇活動としての観光の活発化を掲げるなかで、高野山や熊野への歴史的な道の意味も新たに創り出されていったのである。

そしてこの「『歴史の道』活用推進総合計画」で関連計画として挙げられて

いる「JAPAN EXPO　南紀熊野体験博　リゾートピアわかやま '99」[77]が，こうした歴史的な道の現代におけるリゾートとしての意味を生み出しその活用を促進する事業になっていたことが確認できる。南紀熊野体験博は，平成 11（1999）年 4 月から 9 月までの 144 日間，和歌山県の南紀熊野地域（田辺市，新宮市，西牟婁郡，東牟婁郡）を直接対象地域，和歌山県の紀中・紀北地域と奈良県および三重県の関連地域を関連広域地域として開催された[78]。この博覧会については，「『世界リゾート』博の成功を受け継いで，さらにすすんで現実体験としてのリゾートライフを提案し，実証し，実現することを開催の目的とする」[79]と，リゾート博からのリゾート政策としての連続性が語られているが，長期総合計画との関係でいえば，それは海洋リゾートではなく主に「高野熊野リゾートエリア」の文化歴史資源に注目した新しい展開であったといえる。なぜなら，南紀熊野体験博は「南紀熊野地域を，単なる風光明媚な観光地としてだけでなく，深い歴史と豊かな文化に彩られた『こころのリゾート』として位置づけ」たものであり，熊野参詣道を「熊野古道」という名のシンボル空間としてとりあげていたからである。

　この南紀熊野体験博におけるリゾートとは，「山間海浜に遊ぶレジャーをいうのではなく，疲れたこころとからだを癒し，自分を取り戻して，新たな活力を生み出すための環境」であり，そこから「南紀熊野に代表される地域は，中世以来，人々がこころとからだの癒しを求めてきた場所」で，「この地域の自然と歴史は，まさに，私たちの求める 21 世紀のリゾート環境である」[80]とされていた。そしてそのレジャー活動の主体としては，この博覧会の広報宣伝計画で「首都圏や中部圏，関西圏の人々に『わかやまリゾート』の魅力を知ってもらい来訪を促進すること」[81]が第一の目的に掲げられていたことから，日本の大都市居住者が想定されていたことが確認される。こうした日本の大都市居住者のためのこころとからだを癒すリゾート環境としてとりあげられたのが，「熊野古道シンボル空間」だったのであり，それについては以下のような説明がなされていた。

　　古代から中世にかけて，本宮，新宮，那智の熊野三山への信仰が高まり，上皇，女院や庶民にいたるまで多くの人々が熊野に参詣した。いわゆる「蟻の熊野詣

で」で，熊野は黄泉の国，常世（とこよ）の国といわれた。「ジャパンエキスポ南紀熊野体験博　リゾートピアわかやま'99」では，「こころにリゾート実感」というテーマを体現する空間として，この熊野古道を取り上げ，現代に生きる人々の「癒し」の場として象徴的に取り上げる。
……
　この熊野古道を代表する場所として，中辺路（滝尻王子）から熊野本宮大社に向かう道筋をシンボル空間として設定し，景観を整備するとともに，大小のテーマに関わるイベントを実施して，日本中に広く呼びかけて，多くの人の来訪を求める。[82]

先の「歴史の道」活用推進総合計画にあったように，ここでも歴史的な熊野三山への信仰を紐解きながら，熊野古道を「現代に生きる人々の『癒し』の場」の適地と位置づけている。熊野参詣道についてなされていた現代社会における意味の読み替えを，癒しを求めるリゾート認識と重ね合わせることで，熊野古道をリゾート空間としたのである。そして，「熊野古道の整備プロジェクト」と称してかつての「歴史の道」調査・整備事業でなされていた活動の継続を図ると同時に，「10万人の熊野詣」[83]というイベントを通じて，熊野古道を利用した熊野三山をめぐる旅を推奨していった。[84]こうして熊野古道を売り出しそこに多くの人々の来訪を求めるなかで，熊野を表象するものは，主として歴史文化に注目した熊野三山と戦後新しく価値が発見された熊野古道になっていったのである。

(3)　世界遺産「紀伊山地の霊場と参詣道」の指定と熊野の表象

　以上のような南紀熊野体験博における熊野三山と熊野古道への注目を契機として，熊野において世界遺産登録を目指す動きがはじまることとなった。その最初期のものとして注目されるのが，和歌山大学名誉教授の小池洋一が平成9（1997）年7月に発表した「熊野博の成功のために」と題した文章である。

　……熊野体験博の「シンボル空間」としては，「熊野古道」があげられている。テーマイベントである「十万人の熊野詣で」に必須の舞台であるからであろう。

第 4 章　熊野の観光地化の過程とイメージの変容

　ここまで来れば，南紀熊野体験博を成功させるための「画竜点睛（がりょうてんせい）」ともいうべき最後の一点がなんであるかは明らかである。「熊野詣で」の行き先，「熊野古道」の到達点である「熊野三山」を，南紀熊野体験博の最高のシンボルとして掲げることである。具体的には資格十分な「熊野三山」をユネスコの「世界遺産」として登録を果たすということ。それがとくに，南紀熊野体験博が開催される平成十一年四月以前にできれば，熊野体験博の宣伝効果は，国内だけでなく，国際的にも抜群であるからである。登録申請を提出したというだけでも，先例を見れば効果十分である[85]。

ここでは，南紀熊野体験博で熊野古道に注目が集まるなかで，その目的地である熊野三山を世界遺産登録することが提言されている。このように，熊野の世界遺産登録に関する議論は，リゾート地化を目指した南紀熊野体験博の成功という文脈でまずは提起されていたのである。
　こうした小池の提言に触発され，平成 9 (1997) 年 8 月，民間組織の「『熊野古道』を世界遺産に登録するプロジェクト準備会」（以下，通称の「熊古」と略す）が設立されている[86]。この「熊古」が熊野古道へ注目し世界遺産登録を目指す理由については，平成 9 (1997) 年末に和歌山県知事へ送った手紙に以下のように記してある。

　　二十一世紀を迎えようとする我々現代人は，多種多様な情報が絡み合う中でストレスを背負い，物が有り余っているコンクリートジャングルに住んでいるけれども，何か，何処か満たされない等々の「こころの病気」が増え始めて様々な事件や問題を生み出すことにつながって来ていると思われます。
　　今，必要な物は何でしょうか。
　　「熊野古道」は昔より「黄泉返り（蘇り）」の場所として，身分や男女を問わず沢山の人が歩き，自然と向き合って心を癒した場所であります。
　　この「熊野古道一帯」の自然や文化・歴史は，現代人の「心の癒し」となるだけではなく，自然環境保護を理解し，日本人が故郷を大切にし誇りに思う心を育み，またそれを後世に伝えていくために大きな役割を果たすものであります。
　　そして「熊野古道」に和歌山県内外の，また世界の人達が集まるようになれば，

137

都市と農村との地域交流もでき，語り合えば世代間交流にもつながります。和歌山が活気づくきっかけになることでしょう。

　また世界レベルで「熊野古道」を保護するために，そしてこの活動を通じて参加した人達が一体となって継続した意識を持ち，行動ができるように，ユネスコの世界文化遺産に登録することが良いのではないかと考え，この活動を進めることになりました。[87]

　ここに見出すことができる特徴としては，文化・歴史や心の癒しへの注目といった，「歴史の道」調査以降の歴史的な道に対して与えられてきた役割や意味づけの再現である。例えば「『歴史の道』活用推進総合計画」においては，先に紹介したように，現代人にとっての「癒しの場」や，地域づくりのための「アイデンティティ回復の場」，そして自由・楽しみ・交流の場としての「旅の原点」という現代社会における「歴史の道」の意味が提起されており，それと「熊古」の考え方は非常に類似しているのである。さらに，現代社会におけるストレスやそれにともなう「こころの病気」に言及していることは，南紀熊野体験博におけるリゾートの意義とそこでの癒しの場としての熊野古道の意味づけとほぼ同じである。このように，熊野古道の世界遺産登録へ向けた市民運動は，歴史的な街道の現代社会における意味を，リゾートから世界遺産の価値へと変奏させたものだったと考えられる。

　このような意図をもって熊野古道の世界遺産登録を目指した「熊古」をはじめとして，高野山については平成7（1995）年から市民団体の高野山世界遺産登録委員会が，熊野三山については平成11（1999）年から熊野三山協議会が世界遺産登録へ向けた活動を開始している。[88]以上のように，南紀熊野体験博の数年前に高野山で，体験博が近くなってくると熊野で世界遺産登録へ向けた運動が展開されたのであり，こうした動きを背景に，南紀熊野体験博を契機とした世界遺産登録の可能性について，平成11（1999）年9月に和歌山県議会において知事が言及していたことが認められる。[89]続いて，平成12（2000）年4月に和歌山県教育委員会に世界遺産登録推進室がおかれ，同年6月には和歌山県世界遺産登録推進協議会や和歌山県世界遺産登録推進本部が設置されるなど，世界遺産登録へ向けた態勢が整えられていった。その後，文化庁は「高野・熊野」

138

地域に「吉野・大峯」と「伊勢路」を加えて世界遺産登録を目指す方針を示して，平成12（2000）年11月に世界遺産暫定国内リストに「紀伊山地の霊場と参詣道」の記載を決定し，平成16（2004）年7月1日に世界遺産リストへの登録を実現させたのである。なお，この登録に際しては，教育委員会主導で観光行政の関与は認められないが，世界遺産登録後の平成17（2005）年に発行された『和歌山県観光振興指針』[90]をみると，高野・熊野の世界遺産登録が注目されていることが認められる。このように，世界遺産登録によって生じた熊野の魅力が重要な観光資源として，和歌山県の観光政策のなかで位置づけられるようになったのである。

「紀伊山地の霊場と参詣道」の世界遺産指定で注目されるのは，「紀伊山地」という山岳地帯がキーワードになっていることである。こうした影響をうけて，平成14（2002）年に和歌山県世界遺産登録推進協議会が発行した高野・熊野のウォーキングガイドブックにおける熊野古道の紹介文では，「熊野三千六百峰とも呼ばれる紀伊山地の深い山並み。遥か遠い旅路を経て，巡礼者がようやくたどり着いた聖地，熊野。そこには生命力あふれる山があり，川があり，滝がある。人々はこの大自然の中に神仏の姿を見た」[91]と，山岳の聖地として熊野を描き出していたことが確認される。さらに，紀伊山地の霊場と参詣道を世界遺産に登録した意義について記した文章をみると，吉野大峯，高野山，熊野という「3つの霊場とそれらを結ぶ参詣道は深い樹林に覆われた山岳地帯に展開し，那智大滝やゴトビキ岩などの自然物が信仰という精神上の関連性を有する文化的景観であるとの評価」[92]がなされたことが記されている。このように，三つの霊場とそこを結ぶ参詣道という考えにおいてはその舞台が山岳ととらえられるようになったのであり，そのため熊野は海岸ではなく山岳地と表象されるようになったのである。また信仰との関係から，参詣道や熊野三山をとりまく山岳的風景とともに，ここでとりあげられているように那智の滝が熊野の象徴的な風景として注目されるようになっている。信仰の風景として，瀞峡の渓谷美よりも，那智の滝に焦点があてられるようになったのだと考えられる。このように，霊場としての熊野への注目と，参詣道に焦点をあてた他の霊場とのネットワーク化によって，熊野は山岳の信仰の風景とみなされるようになったのである。

もちろん，ここで「紀伊山地」が浮上した前提として指摘した，吉野大峯，高野山，熊野という霊地や参詣道への注目は，国立公園の指定や「歴史の道」調査などの事業においても存在していたものである。ただ，これら既存の事業以上に，こうした地域を紀伊山地というキーワードで一体化して山岳が注目されたのは，世界遺産指定にあたっての意味づけの空間スケールの問題があったと考えられる。平成13（2001）年に日本政府，文化庁，和歌山県，ユネスコ世界遺産センター主催で「アジア太平洋地域における信仰の山の文化的景観に関する専門家会議」が開催されているが，その結論と勧告の文書には，「アジア・太平洋地域が世界で最も山岳の多い地域であるとともに，人口密度が最も高く，信仰の山の数が世界で最も多く，また最も高い山が存在する地域であることを認識しつつ，信仰の山の認定及び保護」を行うことについて議論したことが記されている[93]。すなわち，紀伊山地の霊場と参詣道は，日本という国家のスケールではなく，「アジア・太平洋地域」という空間スケールにおける「信仰の山」という意味が付与されていたのである。また，平成15（2003）年1月末に日本政府から世界遺産センターに「紀伊山地の霊場と参詣道」の推薦書が送られたが，それをうけてイコモス（国際記念物遺跡会議）が，現地調査に基づき平成16（2004）年5月に日本政府に提出した勧告には以下のように記されている。

　　推薦資産の全体は，森林山岳景観により支えられている。推薦書においては，このことが記述または分析されていないばかりか，それらの詳細にわたる保存管理についても記述又は分析がなされていない。森林管理の観点から推薦地域が持続可能な状態にあるという点と，特に参詣道を取り巻く狭隘な回廊状の部分が「遺跡」の自然的側面として精神的・文化的な価値に強力に関連しているという点が重要である[94]。

このように，紀伊山地の森林山岳景観や参詣道を中心とする精神・文化の意義が，アジア・太平洋地域における信仰の山の価値が主張されるなかで，日本政府ではなくイコモスから強く提起されていたのである。すなわち，熊野を山岳的風景の一部に位置づける思想は，世界遺産指定にともなう新しい意味づけによってもたらされたものだったのである。

4 おわりに

　本章では，熊野の観光地化の過程におけるイメージの変化を，関係した諸々の政策や制度に注目して検討することで，その魅力や意味づけの変容について考察した。

　その結果，近代期の熊野は，当初は瀞峡と那智の滝の風景に代表されていたが，昭和 11（1936）年の吉野熊野国立公園の選定過程において熊野海岸と瀞峡の風景へとその焦点が移り，戦中期になると高野山と同様に主に国家・天皇制と関係する霊地・史蹟として表象されるようになっていたことが明らかになった。また戦後期には，昭和 25（1950）年に和歌浦友ヶ島地域が瀬戸内海国立公園に編入されたことや，国立公園候補地であった高野竜神が昭和 42（1967）年に国定公園に指定されたことなどにともない，これらの公園とどのような関係で表象するかによって，海岸や瀞峡といった熊野の象徴と考えられたものの何に焦点をあてるかが変化する，という状況が生み出されていたことが確認された。

　次に，戦後の和歌山県長期総合計画の観光政策における熊野のイメージを検討した。その結果，当初は県の観光資源として海岸のみに焦点があてられていたが，高野山の国定公園指定にともない次第に山岳の観光資源にも注目が払われるようになり，昭和 61（1986）年の長期総合計画では熊野の海岸部が「黒潮リゾートエリア」に含まれ，「高野熊野リゾートエリア」の焦点の一つである熊野三山が熊野を代表するものとされていたことが確認された。さらに，1970 年代後半から「歴史の道」として調査が進められた熊野参詣道が，1990 年代には余暇空間として注目されるようになり，平成 11（1999）年の南紀熊野体験博においては熊野古道がリゾートのシンボル空間に位置づけられたことも認められた。

　そして，こうしたリゾート空間としての熊野古道への注目を契機として熊野の世界遺産登録への動きが生じ，霊場と参詣道というキーワードで吉野・大峯や高野山と結びつけられるなかで，紀伊山地という山岳に焦点があてられるようになったことがわかった。加えて，山岳における霊場として信仰が語られるなかで，那智の滝がクローズアップされるようになったことも判明した。この

ような山岳的な風景への注目は，アジア・太平洋地域における信仰の山という，世界遺産登録におけるこの地の意味づけによって生じていたことも確認された。

【注】

1) 田村剛編『日本の国立公園』，国立公園協会，1951。
2) 総合保養地域整備法（昭和62年6月9日法律第71号）。
3) 例えば平成3（1991）年に世界遺産に指定されたタイのスコータイ歴史公園では，観光振興政策と世界遺産登録が非常に密接に関係していたことが確認されている。橋爪紳也・神田孝治・清水苗穂子「タイにおける文化遺産管理とツーリズム―スコータイ歴史公園を事例として―」（西山徳明編『文化遺産マネジメントとツーリズムの持続的関係構築に関する研究』，国立民族学博物館調査報告61）83-95頁。
4) 島津俊之「明治・大正期における『熊野百景』と風景の生産―新宮・久保写真館の実践―」，人文地理59-1，2007，7-26頁。
5) 久保嘉弘編『熊野百景』，久保昌雄，1923。
6) 前掲4) 13頁参照。
7) 前掲4) 20頁参照。
8) 前掲4) 9頁参照。
9) 前川十寸据編『南紀観光史』，南紀観光史刊行会，1976。
10) 前川眞澄『風景と熊野　附熊野遊覧案内』，前川眞澄，1929。
11) 前掲9) 102-104頁参照。
12) 前掲9) 105-107頁参照。
13) 前掲9) 105-107頁参照。
14) 和歌山県編『國立公園の知識―附 関係法規及例規―』，和歌山県，1936。
15) 前掲9) 202-214頁参照。
16) 村串仁三郎『国立公園成立史の研究―開発と自然保護の確執を中心に―』，法政大学出版局，2005。
17) 前掲9) 202-214頁参照。
18) 前掲16) 367頁参照。
19) 前掲9) 107-109頁および381-382頁参照。
20) 前掲14) 参照。
21) 前掲14) 1-2頁参照。
22) 前川眞澄『国立公園　熊野風景』，前川眞澄，1934。
23) (雑報)「海洋國立公園候補地視察」，国立公園3-9，1931，25頁。
24) 脇水鐵五郎「紀南風景の基をなすもの」，風景4-12，1937，445-449頁。
25) 前掲24) 446-447頁参照。
26) 千家啓麿「熊野の海岸」，国立公園8-8，1936，22-25頁。
27) 大阪鐵道局編『熊野めぐり』，大阪鐵道局，1937。

28) パンフレット「旅は紀州路」，紀元二千六百年祭記念観光事業協賛會，1940（推定）。
29) 前掲 4) 9 頁参照。
30) 前掲 10) 参照。
31) 前掲 14) 4-5 頁参照。
32) 前掲 24) 446 頁参照。
33) 藤木九三「國立公園を語る（二）―吉野群山と熊野―」，国立公園 5-3，1933，13-15 頁。
34) 小坂立夫「吉野熊野山と水」，国立公園 11-4，1939，58-61 頁。
35) 岸田日出男「緒言」（岸田日出男編『吉野群山と熊野』，吉野熊野國立公園協会，1939），1-6 頁。
36) 前掲 1) 49-54 頁参照。
37)「金剛高野國立公園設定に關する厚生大臣の答辯」，國土と健民 15-1，1943，11 頁。
38) 小川由一「高野山と森林」，國土と健民 15-1，1943，20-22 頁。
39) 前掲 1) 参照。
40) 南海電気鉄道株式会社編『南海電気鉄道百年史』，南海電気鉄道株式会社，1985。
41)『毎日新聞』1950 年 7 月 30 日。
42) 前掲 41) 参照。
43)『毎日新聞』1950 年 10 月 11 日。
44) 前掲 43) 参照。
45)『毎日新聞』1950 年 10 月 14 日。
46) 和歌山県経済部観光課・和歌山県観光連盟編『観光の紀州』，和歌山県経済部観光課，1955。
47) 和歌山県経済部観光課編『国立公園候補地高野龍神の概要』，和歌山県経済部観光課，1952。
48) 国立公園協会編『国立・国定公園地図シリーズ 69　高野竜神』，昭文社，1969。
49) 和歌山県編『和歌山県長期総合計画』，和歌山県，1964。
50) 前掲 49) 259 頁参照。
51) 前掲 49) 259 頁参照。
52) 前掲 49) 261 頁参照。
53) 和歌山県編『和歌山県第二次長期総合計画』，和歌山県，1969。
54) 前掲 53) 92 頁参照。
55) 前掲 53) 93 頁参照。
56) 和歌山県編『新世紀の国 21　和歌山県長期総合計画』，和歌山県，1986。
57) 前掲 56) 33-35 頁参照。
58) 和歌山県編『総合保養地域の整備に関する基本構想―"燦"黒潮リゾート構想―』，和歌山県，1990。

59）前掲 58）2 頁参照．
60）前掲 58）3 頁参照．
61）クリエイター編『JAPAN EXPO　ウエルネス WAKAYAMA 世界リゾート博　公式記録』，世界リゾート博協会，1995．
62）前掲 61）223 頁参照．
63）前掲 61）245-247 頁参照．
64）和歌山県商工労働部観光課『和歌山県観光振興計画―休・遊・地（リゾート）和歌山のデザイン―』，和歌山県商工労働部観光課，1995．
65）前掲 64）55 頁参照．
66）和歌山県文化財研究会編「歴史の道調査報告書（Ⅰ）―熊野参詣道とその周辺―：昭和 54 年 3 月 31 日 和歌山県教育委員会発行」（服部英雄・磯村幸男編『歴史の道調査報告書集成 3　近畿地方の歴史の道 3』，海路書院，2005），5-118 頁．
67）前掲 66）9 頁参照．
68）和歌山県文化財研究会編「歴史の道調査報告書（Ⅲ）―高野山参詣道 1―：昭和 55 年 3 月 31 日 和歌山県教育委員会発行」（服部英雄・磯村幸男編『歴史の道調査報告書集成 3　近畿地方の歴史の道 3』，海路書院，2005），243-290 頁．
69）（1）和歌山県教育庁文化財課編『和歌山県「歴史の道」活用推進総合計画策定書』，和歌山県教育委員会，1998．（2）http://www.rekishikaido.gr.jp/［最終閲覧日：2012 年 1 月 8 日］．
70）前掲 69）（1）7 頁参照．
71）磯村幸男「歴史の道の調査と保存」（服部英雄・磯村幸男編『歴史の道調査報告書集成 3　近畿地方の歴史の道 3』，海路書院，2005），618-624 頁．
72）前掲 69）（1）6-7 頁参照．
73）前掲 69）（1）ⅲ頁参照．
74）前掲 69）（1）19 頁参照．
75）前掲 69）（1）19-20 頁参照．
76）前掲 69）（1）8 頁参照．
77）紀伊民報・和歌山リビング新聞社編『JAPAN EXPO　南紀熊野体験博　リゾートピアわかやま '99　公式記録』，南紀熊野体験博実行委員会，2000．
78）前掲 77）9 頁参照．
79）南紀熊野体験博準備委員会『ジャパンエキスポ　南紀熊野体験博　リゾートピアわかやま '99　基本計画書』，南紀熊野体験博準備委員会，1997．
80）前掲 79）3 頁参照．
81）前掲 79）42 頁参照．
82）前掲 79）9 頁参照．
83）前掲 79）41 頁参照．
84）前掲 79）12 頁参照．
85）『ニュース和歌山』1997 年 7 月 5 日．
86）http://www.jtw.zaq.ne.jp/kumako97/newspege3.htm　［最終閲覧日 2012 年 1 月

8日］
87）西口勇『くまの九十九王子をゆく　第一部　紀路編―京都から田辺まで―』，燃焼社，1998。
88）和歌山県教育委員会作成資料「世界遺産登録の取組状況」。
89）前掲88）参照。
90）和歌山県商工労働部観光局観光振興課『和歌山県観光振興指針』，和歌山県商工労働部観光局観光振興課，2005。
91）株式会社和歌山リビング新聞社編『オフィシャルブック　高野・熊野ウォークガイド』，和歌山県世界遺産登録推進協議会，2002。
92）世界遺産登録推進三県協議会編『世界遺産　紀伊山地の霊場と参詣道』，世界遺産登録推進三県協議会，2005。
93）前掲92）139-143頁参照。
94）前掲92）ⅲ-ⅳ頁参照。

第5章
沖縄イメージの変容と観光空間の生産

1 はじめに

「沖縄イメージが人工的・歴史的な産物だとすれば，それは一体どのようなプロセスで形成されたのだろうか」という問いを発する多田治は，昭和50 (1975) 年に開催された沖縄国際海洋博覧会（以下，海洋博と略す）を軸に沖縄イメージの誕生と再生産を検討し，「〈海〉〈亜熱帯〉〈文化〉といった今日の沖縄イメージは，復帰前後の70年代に誕生し，海洋博を通して確立したのである」と結論づけている。[1] しかしながら，昭和14 (1939) 年に大阪商船が発行した観光パンフレット『沖縄へ』では，すでに以下のような記述がなされていることが確認される。

> 南溟（なんかい）の王国として古来数奇な歴史に育まれて来つた沖縄は，今や産業振興計画着々と成り，文化の粉飾を新たにしてわれらの南方関心線上鮮やかに浮び上つてをります。蘇鉄の山，榕樹の巨木，バナナの林，パパイヤ，マングローブ，熱帯果実の色——これを背景として琉球焼を作る男，蛇皮線をひくアンガーたち，昔ながらの質朴敦厚な人情，珍しい方言など，訪れる者をして一種のエキゾチシズムをさへ覚えさせます。
> 沖縄はまさにただ一つ残されたわが国の「観光處女地」であります。[2]

大阪商船は，昭和12 (1937) 年に新造船の波上丸・浮島丸を大阪那覇線に就航させると，「沖縄視察団」と称する団体旅行を企画するなど，沖縄観光キャンペーンに力を注いでいた。そしてここでの記述にあるように，「観光處女地」

と表現するこの沖縄観光黎明期において，南国の植物や文化を紹介してエキゾチックなイメージを喚起することで沖縄への観光客誘致を図っていた。つまり，観光という文脈において，第二次世界大戦以前において少なくとも「亜熱帯」や「文化」の沖縄イメージは喚起されていたのである。そのため，沖縄のイメージの形成過程を検討する際には，なかでも観光に注目する場合には，戦前期まで考察の対象を広げる必要があると考えられる[3]。

　また，多田は近年のカルチュラル・スタディーズにおける議論にしばしば言及し，序章で紹介したサイードのオリエンタリズムや心象地理に関する視座を援用するなかで，海洋博などの喚起する沖縄イメージの政治性について検討している。しかしながら，このような視点をとる場合にはより一層，帝国主義の時代である戦前期における沖縄イメージの問題から考察する必要があるといえる。さらに沖縄は，第二次世界大戦後は米軍統治下におかれ，その後昭和 47（1972）年に本土に復帰するという大きな政治的変動にさらされており，また第二次世界大戦における激戦地であり米軍基地が存在するという，軍事的権力と密接に関係する状況におかれてきた歴史経緯がある。そのため，沖縄イメージのはらむ文化的な政治の問題を検討するためには，このような社会的コンテクストの変化に注目することが求められる。

　さらに，沖縄のイメージとして多田が指摘する「海」，「亜熱帯」，「文化」は，かかる歴史的過程に注目する視点からすると，先の大阪商船の観光パンフレットで「海」に関する言及がないように，同時発生的ではなく，それぞれのイメージが注目を集めた時代や状況が異なると考えられる。「海」のイメージについて多田は，「『青い空，青い海』の沖縄イメージはどこから来たのか。明らかに，昭和 50（1975）年の復帰記念イベント・沖縄海洋博からだ[4]」と明言しているが，本章ではこの点についても戦前期からの沖縄イメージの系譜を確認するなかで検討したい。また，序章で論じたように，同じイメージであっても，ほかのどのイメージと結びつくかによって，それが喚起する場所神話が異なってくる。そこで本章では，それぞれの沖縄のイメージが，いつ頃，どのように生み出され，いかなる関係性を持つなかでどのような場所神話を生み出してきたのか，という点についても考察することにしたい。

　以上の視点から本章では，「海」，「亜熱帯」，「文化」といった沖縄イメージ

第 5 章　沖縄イメージの変容と観光空間の生産

およびそれが喚起する場所神話の生成と変容過程について，特にそれと密接に結びついていた観光空間の生産との関係に焦点をあてて検討する。第 2 節では戦前期における沖縄観光の成立と心象地理との関係性について，第 3 節では米軍統治時代における観光開発構想とそこで提起される沖縄イメージについて考察する。そして最後の第 4 節では，特に海洋博に注目しつつ，本土復帰後の沖縄観光開発の過程と沖縄イメージの問題について検討する。

2　戦前期における沖縄観光の成立と心象地理

(1)　戦前期の沖縄の概況と沖縄観光の発達

　明治 12 (1879) 年に発足した沖縄県は，東を東経 131 度 19 分の北大東島，西を東経 122 度 55 分の与那国島，南は北緯 24 度 2 分の波照間島，北は北緯 27 度 51 分の鳥島までを管区としていた。この地はかつて，1429 年に成立した沖縄本島の首里を首都とする琉球王国によって治められていた。しかしながら，1609 年からは薩摩藩の支配下におかれ，琉球王国は薩摩藩の傀儡政権として存続を許されるようになっていた。そして，明治 12 (1879) 年に「琉球処分」と呼ばれる廃藩置県が断行されて日本の領土に組み込まれ，「特別区政」，「特別町村制」，「特別県政」などの差別的制度が大正 9 (1920) 年から大正 10 (1921) 年に撤廃されてから，法政面上での日本本土との一体化を完了させている。

　ちょうどこの時期の沖縄は，第一次世界大戦期に生じた基幹産業の製糖業による好景気が過ぎ去り，戦後の大不況と政府による継続的な収奪的政策の結果，経済的に大打撃を被り，大正 8 (1919) 年以降ほぼ毎年県外移出入交易の移入超過に陥るようになっていた。その結果生じた慢性的な赤字財政は，沖縄の市民生活を窮乏に追い込み，有毒物質を含む野生の「蘇鉄」に食いすがらなくてはならない「蘇鉄地獄」と呼ばれる状態を生み出していた。その後，疲弊した沖縄経済救済策として「沖縄県振興十五カ年計画案」が昭和 5 (1930) 年に承認され，昭和 8 (1933) 年から実施されたが，振興計画が成果を挙げる前に戦時経済体制に組み込まれていく。[5]

　このような状況下にあった戦前期の沖縄に，観光地化のための条件を整えそ

れを促進したのは,海運業の発達による,本土との時間距離の短縮であった。沖縄の海運交通の近代化は明治7 (1874) 年以降開始され,本土との連絡に多くの海運会社が乱立し,競争と協力の綱引を展開していた。なかでもその中核を担ったのが大阪商船で,明治17 (1884) 年から大阪－那覇間を10日で結ぶ大阪沖縄線として毎月1回500～600トン級の木造船を就航し,その後は便数を毎月4～10航海の間で増減させながら運行して,大正13 (1924) 年に直通航路を開始すると3000～4000トン級の船で月5往復3泊4日での接続を実現している。また大正5 (1916) 年に就航した鹿児島那覇線を昭和7 (1932) 年から9往復にすると,その後同年10月からは沖縄航路を独占し,昭和12 (1937) 年には新造船の波上丸・浮島丸 (4500トン) を就航して神戸－那覇間を2泊3日で連絡するようになっていた。実際に,どの程度の観光客が訪れていたか確認することはできないが,船旅による沖縄観光の案内や紀行文が,この船舶交通の発達にともない漸次増加していることが認められる。

特に昭和12 (1937) 年の2隻の新造船の就航は,それを記念した遊覧団体としての「沖縄視察団」が組織され,昭和15 (1940) 年まで計23回分の募集がなされるなど,沖縄への観光客増加の大きな契機となっていた。この視察団は,神戸－那覇往復計8日間の旅程で,那覇に船舶が3日間碇泊する間に観光するというものであり,「貸切自動車で最も合理的に名勝風色をさぐり,辻での宴会や名物の唐手術,古典劇,闘牛を見学するなど,あらゆる角度から沖縄本島を視察し盡す」とされていた。募集人員は,1等2等合わせて30名 (第16回から第23回は21名) であり,第6回と第7回の募集広告では「申込殺到して毎回満員」であると,それまでの好評ぶりを伝えている。もちろん,団体旅行の人員はさほど多くないが,この旅行に用いられた浮島丸の定員は860名 (1等10名・2等50名・特別3等110名・3等690名) であり,この時期に個人旅行の紀行文の方が多いこと,また沖縄に行くための主たる航路は長期の航海を要しない鹿児島経由であったとの指摘もあることから,観光客はこれよりもかなり多かったと考えられる。昭和11 (1936) 年8月には,この新造船を期待して那覇市長を会長とする沖縄観光協会も設立されており,まさにこの時期に沖縄観光が実質的にスタートしたのだと考えられる。

(2) 沖縄の心象地理のアンビバレンスと観光

　当時の日本本土の人々は，このような戦前期の沖縄に対して，問題含みの低位の他所と，魅力的な他所という，アンビバレントな心象地理を有していたことを確認することができる。前者については，昭和 5 （1930）年に『沖縄土産』[13]という紀行文を著した秋守常太郎のまなざしにはっきりとみてとれる。観光目的でなく，土地国有化に関する調査で沖縄を訪れた彼は，「四方八方私共の眼に映じたものは単に貧乏と殺風景との外殆（ほと）んど何物もなかつたのである。斯くて其程度は，同行せられた某紳士は私共と共に約十日間を同島の観光に費さる予定であつたのに不拘（かかわらず），同島に於ける一切が余りに貧弱であつたのに就き滞在僅かに三日間にして引上られたのに見て，之を知るべきである」と，「蘇鉄地獄」とされた沖縄が，観光に不向きな貧乏で殺風景な土地であると述べている。

　彼はまた以下のように，「沖縄県に於ける生活が極端に行き詰つて居るのに就て」当時の「大阪毎日新聞社其他に於ける所説」をまとめている。

> 甲，同島は其の全長を通じて世界中最も猛烈なる暴風雨に位して居る結果，一度びそれ等の暴風雨に見舞はるる時は，忽（たちま）ちにして物質上多大なる損害を蒙（こうむ）ると同時に，精神上に於ける損害も亦甚大であるから，同島民に於て自暴自棄に陥る事。
>
> 乙，同島が亜熱帯に位し年中を通じて温暖である結果，同島人に於て深く事物を考究する事が出来ぬから，自然に其文化が停滞する事。
>
> 丙，同島民が懶惰（らんだ）にして生産に努力せぬ事。
>
> 丁，同島は，慶長十四年以来維新当時に至る迄二百五十年に亘つて島津侯の治下にあり，甚（はなは）しく搾取せられたから，其創痍が今日に至つて尚癒着せぬ事。
>
> 戊，同島に於ける資金が欠乏して其金利が高率であるから，同島に於ける事業が興起せぬ事。
>
> 己，同島に於ける天恵が乏しく天然の資源が貧弱であるのに不拘，同島を独立した県としたのは同島人に於ける虚栄心の発露にして，其結果は税制関係に於て同島は年々莫大なる資金を国庫に搾取せられつつあるから，同島は当分の内台湾及び朝鮮等に準じた植民地制度に引き直し年々相当の補助金を与ふ

べきである事。[14)]

ここから,沖縄の貧困の原因には,物理的にも精神的にも亜熱帯の悪環境が影響していると,当時の日本本土の人々に考えられていた状況をみてとることができる。これはまさに,第3章で言及した環境決定論的思考に基づくものである。

他方,下村海南は昭和10(1935)年春の旅行を綴った紀行文で,以下のような指摘を行っている。

> 沖縄の近ごろ少しく名の売れて来たのは,いい方の名でなくて悪い方の名である。詳しいことは分からぬながらに,兎に角沖縄は困つて弱つているさうなといふので,蘇鉄地獄として名が売れ出したのである。
> そこへ天水ボーフラだのハブだのいふよろしくない景物がつくのだから,誰も用事を抱へなければ観光見物どころか命がけだといふ。まして時はかかる。船は小さい,海は荒れる。
> 無論沖縄は狭い,小さいから国立公園の候補地もなく,高山もない,温泉もない。しかしそこに琉球固有の風色がある情調がある,その気分を現すため沖の縄よりも龍宮すなはち琉球の名がピンとくる。僕は琉球をして矢張り一の観光地帯として見たい,さうして琉球の多く知らるることが観光する人達の見聞を広くするのみならず,琉球そのものの理解となり同情となり開発となることと思ふ。[15)]

彼は,蘇鉄地獄やハブなどの生息する亜熱帯の悪環境としての沖縄が語られる状況のなかで,「琉球固有の風色がある情調」に注目して「琉球をして矢張り一の観光地帯として見たい」と,正反対の魅力的な心象地理による観光地としての可能性について言及している。そして,昭和12(1937)年の沖縄在住民による論考において「一時本県のことを蘇鉄地獄の琉球といつたが数年を経ずして振興沖縄に変り,更にそれでも飽き足らぬと見へて,今度は観光沖縄に発展してきた。我々は前後両者の間に,果してどれだけの差違があるのか,知るよしもないが,全く,移れば変る世の中ではある」[16)]と指摘されたように,大阪商

船が観光団を組織して沖縄観光を斡旋する頃には、蘇鉄地獄の沖縄から観光沖縄へとその主たるイメージは変化していったのである。また同じ論考において、「ハブとマングースとの喧嘩に目を剥く大坂商人が来たかと思ふと、琉球料理に舌鼓打つ千疋屋主人があり、更に遠路の客としてはベッテルハイムの孫娘が祖父の遺業を探ねてきて物好きにも琉装でカメラに入り、又東京発聲のロケーションではオヤケアカハチを題材として本県に対する一般の好奇心を唆ることによつて営業上の収益をはからうとした。其他最近では非常時景気も添へて郷軍大会が盛大に催され、孤島沖縄はカーキ色で塗り潰された」といった記述がなされていることから、実際に多様な観光客が本土から訪れるようになっていたことがうかがわれる。

このような観光客の抱く沖縄の心象地理は、例えば大正14 (1925) 年発行の『南島情趣』において本山桂川が、「南欧の空を偲ばしむるやうな輝かしい太陽の直射のもとに、溶樹枝茂り、芭蕉葉そよぎ、佛桑花燃ゆるが如く、阿旦木(ママ)の実つぶらなる南の島……美しい伝説の島、歌と蛇皮線と、そして限りなき享楽と愛執の島——それは南国『琉球』である[17]」として描いたような、まさに南国の楽園であった。そして、「沖縄の風物だけは全く独特であり、内地では少しも想像してゐない景観であつた。他所で見られない新鮮味が最も多く感じられた[18]」、もしくは「厚い石垣の塀に続く赤瓦の屋根のゆたかな反り、その向ふを限るなだらかな丘陵の線、緑の熱帯植物の反映——西欧のそれとは異なつた、一つの異国情緒を十分に満足させて呉れるものばかり[19]」などと論じられたように、沖縄は観光客が属する日常世界とは異なるエキゾチックな地として想像されたのであり、アンビバレントな心象地理のうち他所への欲望が投影された一側面が、観光客にとっての魅力になっていたのである。

(3) 亜熱帯の沖縄における女護ヶ島幻想と辻遊廓の観光空間化

昭和5 (1930) 年に「琉球国記」と題した紀行文を著した布田虜花は、神戸港を出港する前夜、以下のように沖縄が「女護が島」だとして友人にからかわれたことを記している。

「いや、君はまだ琉球の草履の話を知らないんだね、さうか、ぢやあ教へて遣ら

153

う。琉球へ行くとね，浜に沢山草履が並べてあるさうだよ，琉球は君も知ってゐる通り，例の石原小石なんだから，船から上がると直き，怎うしてもこの草履を穿かないといふ訳には行かないさうな」
……
「で，船から上がって直き，なんの気もなしにその草履を穿くといふと，いままで霸王樹(さぼてん)の蔭かなんかに，疑つと（ママ）息を殺して身を隠してゐた琉球の女たちが，急に飛び出して来てだ，いきなりその男の顔と，草履とを見較べながら，結局，その中の一人が，まあ良かつた，私の拵へた草履をお穿き下すつたんだわといふ訳で，まごまごしてゐる男を囚へ擁(こしら)して，自分の家にまで拉(と)し去つて行くさうな」
「へー，まるで，話に聞いた女護が島みたいなところだね」
「さうだ，まつたく女護が島みたいなところださうして，もういい加減帰らなきゃならないと気の附(つ)くころには，飛鳥の術に魅せられた黒碁石のやうに，もう怎(ど)うしてするにも怎うするにも，抜差しならぬ破目に陥つてゐるのださうな」
「おい，ほんとうの話か」
「ほんとうの話だ。君も精々小心して行き給へ行つた切りで，薩(さ)つ張り帰つて来ないなどといふことになると事だからね」
「一体，何時ごろの話なんだい」
「そいつがその，鳥渡(ちょっと)ばかし，遠い昔の話らしいんだがね」
「おい，巫山戯(ふざけ)んない」[20)]

そして彼は，この話が「現代に通用する筈はないと，一笑に附して去つてしまつたけれども，それでもその話によつて，まだ見ぬ琉球国といふものに対する僕の旅情が，前にも増して一段と唆られたことだけは，否定することが出来なかつた」のだと述懐している。

　ここで言及された「女護が島」とは，先の本山の以下の記述にあるように，当時，沖縄県の最西端の与那国島のことを指していたようである。

　　与那国島は「女の国」である。昔から南の果てのこの島を「女護ケ島」と名付づけて，見ぬ恋にあこがれさせたのも無理はない。それにしても，「此島の婦人

色白く，且つ懇切多情なり，美人の心中に副ふ者あれば，只一個値三四銭の物を与ふれば，滞在中其人に常待し，酌を取つて終夜歓待す……」と彼の「南島探検」に勿體らしく書き記した弘前の藩士笹森儀助といふ御仁は，さても随分罪ないたづらを後世に遺したものだ。尤も其著者が探検（？）した明治二十六年頃迄は，たしかにさうであつたに違ひない。その昔，此の島に着くと先づ数多い島の女たちが波多浜辺に打集つて銘々の草履を置きならべ，其の草履を履いた人は即ち其の草履の持主の女によつて下にも置かずかしづかれたと，今は話に残るさうした事実は，曾て若かりし其頃の島の女たちには，ほほゑましい追憶の一つとして，密かに記憶の底に秘められて居ることであらう。[21]

このような幻想が喚起された理由としては，本山が指摘するように，明治26（1893）年発行の笹森儀助の著書[22]の影響があったことが推察される。この笹森の紀行文では，本山が引用したような「此島の婦人色白く，且つ懇切多情なり……」という一節を記していたばかりでなく，「他府県人ヲ歓迎スル愛嬌溢ルル如キノ風ハ，甚夕他ノ琉球人ト異ナリ」，もしくは「与那国嶋ノ私生児，最モ多キハ各群嶋ニ冠タリ。其比例，公生児四十二対シテ私生児二十一ニ及フ。……是一般一夫ニシテ二婦人ヲ娶リ，或ハ寄留人妾トナル者数多ナルニ因ルナルヘシ」などと，そこを女性が溢れる男性にとっての天国として描いていたのである。[23]

しかしながら，当時においても女護ヶ島の話は古の伝説として伝えられており，また本山が「女護島と云はるる与那国島や，南の果ての波照間島などへは，船便もとぼしく，観光のつもりではめつたに行けるところでないことを申添へて置く」[24]と記していたように，そこは未発達な交通機関がために観光地にはなりえなかった。そのため多くの男性観光客は，大阪商船の船舶が到着する那覇市において，沖縄女性を見出しそれをまなざしていた。例えば，「夏の沖縄女のあの袖の広い帯も締めない解放的な，而も色彩の単純ないかにも軽々しい芭蕉の蟬の羽の如く，或は蜻蛉の翅の如く見るからに涼しそうな装は内地では先ず絶対に見られないだらう」[25]，もしくは「店の主人は大抵婦人で，豚を売るのも女なら，魚を売るのも女。その女達が高い台の上に一列に居ならび，その前に青い魚，赤い魚，大きい烏賊，何でもかんでも並べ立てて，あぐらをかいて

ゐるのもあり，豚の額や足をぶら下げて山刀然たるもので切売してゐるもあり，グロテスクな一奇観を呈してゐる」[26]といったように，那覇市内のエキゾチックな対象としての沖縄女性が，多くの紀行文に興味深く記述されていたことが確認される。

　そしてなかでも那覇市の辻遊廓が，女護ヶ島としての沖縄の幻想が投影される具体的な場所になっていたことを，いくつかの紀行文に見出すことができる。例えば，昭和9（1934）年に綴られたある紀行文では，「さて，琉球へ来て辻の話をせぬと云ふ事は，奥歯に物のはさまつた様なものであらうと思ふ……辻と申せば，内地で云ふ遊里であらう。大体に於て，貸座敷，待合，料理屋等を，混同したやうなもので，尾類子（じゅりこ）と称する妓達が，約三千人から居ると云ふのを聞いても，この一廓が女護ヶ島であることが分かる」[27]と，辻遊廓が観光客に注目されている状況と，そこが女護ヶ島と位置づけられることを記している。

　この辻遊廓の成立は古く，1672年に琉球王国の摂政であった向象賢（しょうしょうけん）によって設立されたものである。[28]貿易港であった那覇には，中国からやってくる冊封使やその随行者を相手にする遊女屋敷が古くから沢山あったとされ，辻遊廓の発祥も，冊封使一行の宿泊する天使館の近くの龍界寺の住職が大勢の女性を集めて淫売させたことにはじまるといわれている。そして1609年に薩摩藩の支配下におかれてからは，中国との貿易による利益の大半を薩摩に奪われた上に，大陸の戦乱で交易が一時中断するという状況が生じ，「フタカチヤの御代」と呼ばれる社会秩序の混乱と放蕩生活の時代を迎えており，その状況下で活発化した遊女の活動を取り締まるために遊廓が設置されている。この遊廓で遊んでいたのは，那覇や首里の人々とともに，先の冊封史の一行や，薩摩から派遣された在番奉行や役人であった。また遊廓としては，辻の外に渡地（わたんじ）と仲島（なかしま）があったが，明治41（1908）年に辻遊廓に統合されている。

　辻遊廓は，尾類と呼ばれる遊女と，数名から10名程度の彼女らを持つ抱親（あんまー）を中心に構成された，女性統治社会であった。昭和9（1934）年段階の辻遊廓には，176軒の女郎屋，329名の貸座敷業者，457名の娼妓，211名の芸妓，484名の雇女が存在していたとされる。また廃藩置県前の沖縄には，旅館も料理屋もなかったため，辻遊廓がこれを兼業し，沖縄唯一の社交場の役割を果たしていた。その後，漸次旅館や料理屋が増加したが（1937年段階で旅館10軒，

料理屋7軒），辻遊廓の地位はさほど低下しなかったといわれている。

　次に，観光客が辻遊廓をいかに利用していたのかを確認したい。この点について，昭和15（1940）年発行の『辻の女』には，「旅人が旅館に旅装を解くのと同じ気持ちで，"辻"の常連どもは堂々と真昼間から乗りつけてあたりまへのことのやうにすましてゐるし，土地の人々もあつさりこれを是認するところに"辻"の独特の魅力が存在するのである」と，当時の観光客は辻遊廓を頻繁に利用しており，かつそれが是認されていた状況が記されている。この辻の独特な性格は，「辻と称して居る一角がある。花街地だが，一種の宴会場，社交場だ。土地の人は不思議なくだれでもが，教員もお役人もここへ足をふみ入れる」などと多くの紀行文で描かれており，それは辻遊廓の特異性を指摘すると同時に，観光客がそこを利用する言い訳として語られていたことがみてとれる。

　また先の大阪商船の団体旅行でも，第1日目の夜は辻での宴会がコースに含まれていた。第2回沖縄視察団団長も，大阪商船発行の雑誌『海』誌上で，「沖縄を訪れた者なら，恐らく辻町情緒を味はぬ者はあるまい。辻とは……全くの女護ケ島である。……辻の女は体格も立派で，頗るの美人が多い。南国的な燃ゆる様な情熱があり，節操観念も頗る強いものがある。それだからこそ，土地の人にも旅人にも，遊女に対する様な考え方を全然してゐない様である。……女達は席上で蛇皮線を弾き，琴の音も混ぜて，声美しく歌ひ，優雅なる服装をこらして，古典の踊りも見せて呉れるのだ」と，辻遊廓の宣伝を行っている。まさに，中国からの冊封史一行や薩摩藩の奉行・役人に代わり，観光客が外客としての辻の消費者になりはじめていたのである。

　そして特に，昭和12（1937）年に発行された佐藤惣之助が著した紀行文『旅窓読本』には，辻遊廓の観光客の利用状況と同時に，そこへ筆者が投影した心象地理が以下のように詳細に記されている。

> 　上陸すると龍下蘭の青い針の山やら榕樹のふかい木蔭，福木といふ小判形の色よい葉をもつた立木から，真赤な大きい佛桑花，白い茉梨花（ママ），天人花，赤桐といふやうな植物が，ほつかりした空気にもえてゐるやうですし，赤い屋根と阿旦の葉つ葉，珊瑚礁の浦葵（ママ）の扇形の葉，想思樹と栴檀の並木のか

げに石敢當(いしがんどう)がたつてゐて，苦瓜や鱶の胴切(ふか)りや豚の子を笊(ざる)に入れて頭で運ぶ女たちがほとんど半裸形のまま狭い小路をかけ廻つてゐるのが異様に目につきます。
……
市民以外の琉球人は男も女もはだしで色のついた帷子(かたびら)のやうなもの一枚ですから，婦たちの乳房はすいて見え，尾類(遊女)なぞは白い麻の猿又をはいて，髪を四五尺もたらし動物のやうに歩いてゐます。
……
僕なんぞすぐ下痢をし怠けはじめて二十日も何一つする気にはなれませんでした。いろはへんに黄色くなるし力は失はれ，豚を主とする琉球料理と泡盛，果物なぞのおかげで一人前の琉球人になりますし，どこか万葉時代くさい訛だらけの琉球語を尾類たちから教へられて，数もしれないほどある琉歌をうたひはじめ，蛇皮線も舞踊もおもしろくなつて来て，誘はれるままに娼館や尾類の家に逗留するやうになります。茶屋御殿(料亭)の婦たちは漂客を伴つて自家へかへり幾日でも滞在させてくれますし，親兄弟もこの内地人を歓迎して尊い婿のやうに扱つてくれるので，つい旅行者は假(かり)の妻をもち，假に琉球娘の家に入婿したやうな気になるのです。さう月二十円も生活費を出してやれば喰らつて泊つて妻をもつてゐられるのです。悲しい琉球人等は昔からかうして支那と薩摩人のお機嫌をとつてゐた遠風なのでせう。
……

　　闇の夜の間や我身とまいて拝またまこがねさとや月夜にいまうれ
　尾類はさう唄ひます。「たまこがねさと」は愛する男と云ふことです。さうしてこのたまこがねになつたら凡(すべ)ての思想は破滅です。近代的な感情も何もあつたものではありません。[34)]

　佐藤は昭和初期の沖縄旅行に際して，那覇に上陸してまず亜熱帯の風景に注目すると同時に「半裸形」の女性に目を奪われ，その後，尾類を「動物のやうに歩いてゐます」と表現するなど，彼女達を熱帯環境の野卑な住民たる低位の他者としてみていたことが確認される。さらに「いろはへんに黄色くなるし力は失はれ」と記すなど，悪環境としての亜熱帯を意識しつつ，「悲しい琉球人」

の接遇の文化に溺れ，彼女達に愛されたら「凡ての思想は破滅です。近代的な感情も何もあつたものではありません」と述べている。このような南国の沖縄女性のエロティシズムの表象に織り込まれた奇異と侮蔑のまなざしは，彼の以下の記述でより詳細に表現されている。

　いつか民俗学者 C 氏にお逢ひしたら，C 氏は琉球で啖べますねえ――と云はれた。何を？　夫れジパングの島は，黄金で瓦を葺き，人肉を――とマルコ・ポーロ誌すところである。
　確かにわれわれは食人帯にゐるのであるが，琉球では「マジシ」「シロジシ」といふ古語があつて，愛人が死ぬと赤いマジシ，近親はシロジシをやる，といふ説であるが，那覇の辻の尾類（遊女）と遊ぶと，よく（啖べてしまひたい程可愛い）といふ。
……
　僕は山原生れのマカデーと称する馬来系の大女を愛してゐたが，彼女は牛のやうなイビキをかくので，僕は蝋燭でその黒金色の物体を，よく深夜に観察した。そして今は滅びた毛遊びと称する，野外の酒宴によく誘つた。間切りへ行くと，處女が泥の小池に，仔馬と共に水浴し，砂糖小屋の上に白鷺がとんで蘇鉄の花のぶんといふ風景だ。
……
　僕が又，マカデーに，琉球では，啖べるか，啖るかと訊くものだから，マカデーは啖べる――と答へた。然しそれは愛の技巧の意味らしい。幸ひ僕は啖べられるほど可愛がられもせず帰つて来たが，マカデーが紺の上布の琉球服で，青い日傘を回しながら，三重城の埠頭へ見送りに来てくれた時は，ホロリとした。
　――といふと甘つたるい誇張のやうであるが，然し琉球にはそんな一面がある。何しろ珊瑚礁が浮いた縄（沖縄）ほどに見える島だ。その上に旧王国の首里の城廓が，鷺の糞ほどチョッピリ白く見えるところだ。尤も僕のいふ琉球とは，もう十年も前の話だが――あの気温や植物や女は今もなつかしい。蘇鉄地獄の唐芋地帯の，疲れた孤島苦といふ方面は別にして，まだまだどこかエキゾチックなことは確かだ。[35]

彼は沖縄における食人の話を持ち出し，それを自身の愛した「牛のやうなイビキをかく」「馬来系の大女」の尾類の性的な所作と関連づけ，野蛮な原住民の奔放な性に関するイメージを語っている。そして彼は，「気温や植物や女」を懐かしみ，「蘇鉄地獄の唐芋地帯の，疲れた孤島苦といふ方面は別にして」，沖縄が「まだまだどこかエキゾチック」であると語るが，その憧れの「エキゾチック」のなかにも，低位の他所としての亜熱帯の沖縄の心象地理が入り込んでいたのである。このように，男性観光客のエロティシズムの欲望が投影された沖縄の心象地理は，亜熱帯のエキゾチックで楽園的なイメージと，低位の他所の野卑なイメージが混淆することで，より彼らにとって魅力的なものになっていたのだと考えられる。

3　戦中期における文化への注目と観光をめぐる文化政治

(1)　柳宗悦の沖縄民芸への憧れと沖縄団体旅行

　また，当時の観光客の多くは，沖縄の文化や芸術にも強い関心を示していた。例えば，昭和15（1940）年に実施された大阪商船の沖縄視察団に参加した川邊昌之は，「島に船が近づくと点々と丘の上に白く見え」る「有名な墓」，「翠緑滴ると形容したい緑の色，エメラルドの海の色，岸に打ちよせる白い波」，「最も絵画的に美しい効果を挙げてゐる赤い屋根の層々たる連なり」をみて，「夢の島と云ふ印象が旅人の胸に湧く」と，沖縄に到着するとすぐに自然と同時に独特の建築物に目を向け，夢の島であると語っている[36]。そして沖縄の旅程のなかでは特に，懇親会の席でみた琉球舞踊と，壺屋の焼き物に興味を抱いていたことに言及している。この琉球舞踊については，民芸運動を主導した柳宗悦が館長を務める東京の「日本民芸館の沖縄特別展の催し物として夜間その会場で見た琉球舞踊の素晴らしい美しさ」に事前に感動していたことを，壺屋の焼き物については，日本民芸協会の同人である「濱田庄司さんの出来途中の品を見たり記念撮影までして来たのは喜ばしかった」ことを記しており，ここに沖縄観光に対する日本民芸協会の活動の影響を見出すことができる。

　この日本民芸協会の沖縄への関わりは，直接的には昭和13（1938）年末から昭和14（1939）年はじめにかけて，柳が沖縄を訪問したことにはじまる。そこ

で彼は,「私達のやうに伝統的な工芸品を求めて各地を歩いてゐる者には,琉球の存在は誠に奇跡のやうなもの」であり「此の土地程色々な工芸品が純粋な状態でよく保持されてゐる所は他にないことが分かつた」とし,「内地では古い日本が幾多の変化を受けて,旧の状態を失つて了(しま)つた場合が多いが,琉球にはそれがもつと純粋な姿で残されてゐるのである。云はば純日本的なものの量や質が,此の孤島にどこよりも多く保存されてゐる事がわかる」と,沖縄に残された日本的なものへの強い関心を示している。[37] そしてこの関心に基づき,昭和14(1939)年3月末から,柳や濱田庄司を含めた総勢9名の日本民芸協会会員によって,約2ヶ月間の沖縄団体旅行が実施された。

この団体旅行の第一の目的は,工芸の勉強であった。また工芸に加え,その他の琉球の自然,建物,風俗,言語も含めて「吾々は琉球のよさを知りに行きたいのである。すぐれてゐる点を勉強に行きたいのである。感心しに行きたいのである。悦びと感謝の旅がしたいのである」と柳は述べている。そして第二に,「どうして吾々が琉球のものに感心してゐるかを琉球の人達に聞いてもらひたいのである。遠く南端の孤島ではあり,中央と離れてゐるため,とかく島の人々は自身を卑下してかかる。寧ろ一日も早く内地の文化に追ひつきたいと希(ねが)ふ。併(しか)し琉球の存在の為にもつと正しい自覚が必要なのではないか。琉球の独自性に付いてもつと確信を有つていいではないか」と琉球の独自性の再確認を住民に促すことを目的とし,「若(も)し自覚なくして現状のままに放置されるなら,漸次其の独自性を失ふに至るだろう」と考え,「琉球の特色を傷つけずそれを益々発揮さす」ため「内地の要求を知つてゐる私達は,有効な或る助言を与え得るかも知れない」とその活動の方針について言及している。そして,工芸の工人たちの守護のための「生産や販売の正しい組織」の模索,さらには雑誌や展覧会を媒介にした琉球工芸の紹介までもが当初から見据えられていたことが確認される。[38]

ここでの柳の沖縄イメージにはいくつかの特徴がある。この点については,昭和14(1939)年11月に日本民芸協会が発行した『月刊民芸』「琉球特集」号における以下の柳の発言から詳細に確認することができる。

　　私達の感激は旅行者の単なる印象に過ぎぬと思はれるかも知れません。又或

ひとは趣味的に琉球を語るに過ぎないと評するかも知れません。併し私達の旅は遊びではなかったのです。……私達は気まぐれな旅行者ではなく，常に勤勉な探究者なのでありたいと希つてゐる者なのです。
……

今迄琉球に関して繰り返し聞かされたことは，此の島が如何に貧乏な所であるかと云ふことでした。啻(ただ)に地理的に小さく，経済的に貧しいと云ふのみならず，文化も亦乏しく，生活も亦低いものであることを聞かされてゐました。……ですが，文化や暮しの姿をまで貧しいと考へるのは，大きな誤算とより思へないのです。私達は如何に琉球が様々な面に於て富有な琉球であるかを見ないわけに行きませんでした。……私達は何よりも先ず琉球の富に就て正しい認識を有(も)たねばならないのです。之がない限り琉球を富ましめる道は，決して見出されはしないでせう。貧しい琉球をのみ見る限りは，琉球は遂に貧しさから脱れることは出来ないでせう。
……

吾々にとつての驚きは，此の南端の孤島が，最も正しく大和の風を伝承し続けたといふことです。日本のどんな土地に旅するとも，琉球に於る程，固有の日本がよく保存されてゐる土地を見出すことは出来ないのです。
……

近次国民の自覚が甦つて来ました。固有の日本こそは，此の要求に答へる貴い力なのです。此の場合，琉球の存在を重い意味を齎(もたら)して来るのです。琉球はそれが有つ伝統的な特色あるものを，一つでも守護せねばならないのです。それは日本の独自な存在を構成する貴重な単位なのです。
……

今日迄琉球が重要な文化的課題として世論を喚び起こさなかつたのは，一つには琉球の人々自身の不必要な卑下にも因るのです。……特に日本の文化にとつて沖縄が如何に重要な位置に在るかの自覚を有たれんことを希ふものです。
……

外よりは敬念，内よりは自覚，此の二つの力が結ばれる所に，琉球の運命は安泰な基礎を得るでありませう。驚くべき宝庫である此の国を正しく認識し，其の繁栄を畫(かく)することは，凡ての日本人が負ふべき任務なのです。琉球の発展こ

第 5 章　沖縄イメージの変容と観光空間の生産

そは，日本性の発揚そのものに外ならないのです。[39)]

　一つ目は，ここで柳が，「此の島が如何に貧乏な所であるかと云ふこと」を聞かされていたが，「私達は如何に琉球が様々な面に於て富有な琉球であるかを見ないわけに行きませんでした」と述べているように，貧しい低位の地としての沖縄イメージを認識しつつも，そこを素晴らしき文化の地として想像し，後者のイメージに力点をおいていることである。また二つ目には，柳がその素晴らしさのなかに真正な日本を見出していることがある。これは，「最も正しく大和の風を伝承し続けた」「固有の日本」として沖縄を語り，「琉球の発展こそは，日本性の発揚そのものに外ならないのです」と述べている部分から確認される。さらに三つ目として，この沖縄の日本的なものは，あくまで「純日本」であり「近代日本」ではなかったこと，すなわち本土と差異化された沖縄にこそ真に日本的なものは残されており，近代日本に取り込まれる均質化というベクトルの沖縄の日本化は，真正な日本を消滅させるものとみなされていたことがある。この思想が「早く内地の文化に追ひつきたいと希ふ」という沖縄の人々を戒め，沖縄の独自性を保つようにとの発言へとつながっている。

　このような考えを持つ柳は，上記の引用の冒頭にあるように「気まぐれな旅行者」ではなく，「勤勉な探究者」として自身を定義していた。この峻別は，民芸運動指導者としての自身のアイデンティティであると同時に，沖縄の人々に「気まぐれな旅行者」の一員としてみられないための理由づけでもあったと推察されるが，沖縄工芸のすばらしさに注目し，非日常の他所に（日本という）真正性を求め，差異を希求する彼らが，「気まぐれな旅行者」とは異なるある特定の観光客のまなざしを有していたということでもあったと考えられる。民芸協会同人の外村吉之介が「琉球に入る近道は『辻』がいいといふ人が相当多い」が「芝居にくらべたら『辻』のごときは，もうひどい末期的な存在にすぎない」[40)]と述べたように，一般的と想定される「観光客」とは異なるものに，洗練された観光客としての彼らは魅力を感じたのである。そして，壺屋の陶工が「知識階級のものの家族同伴で日曜には壺屋に遊ぶ者が激増した。ために壺屋に小銭のおちることも多くなつた」[41)]と語っているように，『月刊民芸』などの雑誌メディアによる琉球工芸の紹介，昭和 14（1939）年 12 月に開催された東

163

京日本橋の高島屋における琉球新作工芸展覧会，幾度かの日本民芸館における琉球展，といった日本民芸協会の活動の影響によって，先の川邊のように，柳たちの沖縄へのまなざしを学習した人々が，文化や芸術に惹かれ沖縄に訪れる観光客になっていったのである。

(2) 沖縄観光と文化に関する座談会と方言論争

また日本民芸協会は，中央の人々に「沖縄の意義を紹介したい意図[42]」を持って，昭和14（1939）年末から約2週間にわたる，第2回の沖縄団体旅行を主催した。このメンバーは，柳や濱田をはじめとする9名の民芸協会同人，銀座松坂屋仕入れ部などの販売事務関係者2名，グラフィック編集部などの写真家3名，松竹の映画関係者2名，鉄道省国際観光局の水澤澄夫と日本旅行協会の井上昇三という観光事業関係者2名，その他評論家や医師などを含めた計26名によって構成されていた。柳は「出来るだけ文化度の高い観光団」で「絵はがきと図録と案内記と映画」を作ることを目的としてこのメンバーを招集し，また「互いに便宜を得ることにちがひない[43]」という理由で観光事業に携わる人も呼び寄せていたのである。

この沖縄訪問期間中の1月7日，沖縄観光協会と郷土協会の主催で「沖縄観光と文化を語る座談会」が開催されている。そこには柳ら旅行団の主要なメンバーと，沖縄側として県警察部長，琉球新報社長，大阪商船支店長などが参加しており，「観光の立場からもつて積極的の活動をして，この素晴らしい土地を世界的のものとしたい[44]」という柳の発言の後，観光開発の方策について2人の観光の専門家から話がなされている。最初に国際観光局の水澤が，ホテル建設などの観光開発，伝統的な建築や景勝地の保存，景勝地への見苦しい構築物設置の禁止を訴えた。彼は続けて，「標準語奨励のポスターが各所に貼られてゐる。『いつもはきはき標準語』とか，『一家揃つて標準語』とかいふスローガンはわれわれに奇異の感を与えた。標準語の普及運動は結構だが，少しゆきすぎてはゐないか」と述べ，これに対して沖縄県警察部長が「標準語運動は県の大方針として，もつと徹底的にやるつもりである。……観光客が一時的の興味から方言をよろこび，それを保存しろなどと云はれては困る」と反論したことから，柳を含めて議論が紛糾し，この様子を沖縄の主要な3新聞（『琉球新報』・

『沖縄朝日新聞』・『沖縄日報』）が報じたことから各紙上で大論争を巻き起こすことになった。[45]

この件に関して，特に昭和14（1939）年4月から標準語運動を積極的に推進していた沖縄県学務部が敏感に反応し，その社会教育主事は1月10日に「愛玩県」と題する一文を『沖縄朝日新聞』に寄せ「彼等は余りにも県をその好奇心の対象にしてしまつてゐる。……もつとひどいのになると観賞用植物若（もし）くは愛玩用動物位にしか思つてゐないものもある。かかる人々に限つて常に沖縄礼賛を無暗に放送しては"またか"と思はせられるのである」と柳らを非難している。さらに翌日の主要3新聞には沖縄県学務部の名で「敢て県民に訴ふ民芸運動に迷ふな」と題した声明文が掲載され[46]，「皇紀二千六百年の挙県的精神運動として所期の目的の達成に更に拍車をかける」と宣言するに至っている。

これに対して柳は，「国語問題に関し沖縄県学務部に答ふるの書」を1月14日の主要3新聞に掲載し[47]，「標準語も沖縄語も共に日本の国語」として重要であり，「標準語を学ばねばならぬ。之をよく習得することは日本国民としての悦ばしい任務」であるが，「之が地方語への閉却となり，ややもすれば侮蔑となり，抑圧（よくあつ）となるなら大きな誤りである」とし，「標準語を勉強せよ。されど同時に諸氏自身の所有である母語を振興せしめよ。……諸君は日本国民として不必要な遠慮に堕してはならぬ。県人よ，沖縄県民たることを誇りとせられよ」と主張した。この柳の考えは，「固有の日本」を琉球で発見したように，ナショナリズムと対立したものではなく，むしろそれを推進するものであった。しかしながら，前項で検討したように，柳の考えとその主張は，均質化する近代日本よりも，差異化された場所たる沖縄に存在する真正な日本に注目するために，県当局の目指す日本化とは異なるものであった。そして，アイデンティティを郷土の沖縄に求めるべきだとする柳たちは，沖縄を低位の地と考え，近代日本への同化を指向する沖縄県側（および多くの沖縄県住民）と，アイデンティティのあり方をめぐって対立することになったのである[48]。ただし，標準語の重要性もあわせて指摘したように，柳は近代的空間の矛盾というものをよく理解していたと考えられる。そもそも，標準語運動の行きすぎを諌めた国際観光局の水澤も，保存の問題だけでなく，ホテルなどの開発の問題も語っており，彼らは観光地としての沖縄に，この差異化と均質化のせめぎあう矛盾した空間

165

たることを求めていたのである。

　そして，このような政治的な論争に巻き込まれるなかで，「観光客」という存在は，単純に差異化のみを求める傾向に押し込められ，かつ気まぐれに好奇の視線で沖縄をまなざす者と位置づけられたのであり，沖縄県側からばかりでなく，それと差別化しようとする柳たちからも批判の対象にされていったのである。

(3)　沖縄観光とアイデンティティの政治

　このように，沖縄の観光は，さまざまな局面で沖縄人のアイデンティティと関わる政治的な問題に直面していた。例えば，沖縄の呼称についても，「沖縄の印象」と題する紀行文を著した阿部金剛は，「この数葉の短文を物するに當（あた）つてすら，私は，『沖縄』と云ふ文字に當面する毎に『琉球』と書かうとしては，沖縄と書き直す程の心づかひをしなければならない。……私たちは沖縄と云ふよりも，琉球と云ふ字の持つ余韻の中に多分の親愛を感じると思ふのであるが……」[49]と，琉球と書きたくてもそうできない状況を伝えている。この理由については，当時の観光案内に「他所では琉球といつた方が通じが早いけれど当地では沖縄といはねば分からぬ。それは沖縄は和名で古くからの名称であり，琉球は唐名で後についた名前だからであらう。いづれも同じ名ながら言語感情とは妙なもので土地の人は『沖縄』と呼ばれると如何にも親しみ深く感じる」[50]などと説明がなされているが，ここにも先の方言論争と同じように，実際には本土的な日本化を指向する沖縄県人のアイデンティティの問題が大きく影響していたと考えられる。例えば，日本民芸協会の第2回沖縄旅行団に参加していた日本旅行協会の井上は，その成果を雑誌『旅』に発表する際に，「沖縄を琉球と云はぬ様，沖縄県を物珍らしく取扱はぬ様，特異の風俗・言語を他府県と比較したりその差を強調したりしない様等の注意を拂（はら）ふ必要を感じたのである。他府県の者として沖縄を旅しての印象を正直に記したり，まだ沖縄を知らぬ人々に出来るだけ沖縄に興味を抱かせる様に紹介しようとしたら，恐らく其の筆者は沖縄県民の多大の激怒を買ふに至るのであらうといふ不安があつたのである」[51]と記している。柳についても，方言論争以前は，概して「琉球」と記しているが，それ以後は「沖縄」の表記の使用頻度が多くなっていることが確認

される。

　また井上は先の座談会において，観光業関係者として国際観光局の水澤の後に意見を述べており，「日本で最も美しく，古格のある沖縄の方言はむしろ保存に努力すべき」と水澤の意見と同調すると同時に，「墓の美に驚嘆し，それを破壊せんとする意見の多いことに反対し，今後は新設を禁止してもよからうが，在来のものまで取除かせるのは，沖縄人の信仰生活を傷けるものである」[52]と指摘している。この墓の問題も沖縄方言の時と同様に，沖縄県警察部長から「墓の問題にしてもあれに莫大な費用をかける風習を打破しなければならないし，衛生上からも改善の必要がある。それに土地問題その他からみて土地の少ない沖縄にこのやうに乱立する墓を整理しなければならない」と反論されている。

　柳もこの墓の問題に注目しており，警察部長が指摘したような，洗骨の衛生上の問題，沖縄の土地の狭さの問題，建立費用の問題で墓の廃止論が唱えられていることに言及して，「衛生上から云つて，又実際から云つて，洗骨の風習は望ましいものではない」とその意見の一部を受け入れている[53]。しかし，「此のことと今の墓を廃止することとは異なる問題」で火葬した遺骨を納めても差し支えないこと，占有する面積も「沖縄全面積」の「何千分の一にも足りぬ」ので問題でないこと，経費についても「一つの墓を多勢で共有してゐる」ため大きな負担ではないと反論し，「琉球の墓は様式から云つて，世界中最も立派な墳墓である。様々な種類はあるが，その優れたものになれば，芸術的価値が非常に高い」とその保護を訴えている。衛生問題などで同調したがためにさほど大きな論争にはならなかったが，沖縄の墓（亀甲墓）の問題も，外客として差異化された美を重視する柳や観光業者の井上と，均質化された近代的日本空間としての本土化を目指す沖縄県側とが対立する，政治的な争点となっていたのである。

　この亀甲墓は，紀行文における記述も非常に多く，沖縄のなかでも特に観光客の注目を集めていたことが確認される。それら紀行文では，「琉球の墓所のみごとな事は聞いて居たが，そのすばらしさにはまつたく驚嘆した。こんな堂々としたリズムカルなそして造形的な風景が日本にあるとは夢にも思はなかつた。この風景はまつたく西欧的と云つてよいだらう」[54]，もしくは「ローマ古

建築を思はせる実に立派な墳墓が那覇海岸邊のスロープに蝟集してゐる。荘重にして優美，恐らく美的価値から言ふもこれ程立派なものはないだらう」などと，亀甲墓から西洋的な建築をイメージしてそのすばらしさを語ったものを多く確認することができる。さらに墓地ばかりでなく洗骨についても，「内地人にとつてはグロテスクなこの奇習も沖縄人にとつては極めて親愛の情溢ふるる嬉しい佛事だと聞く。私はこの洗骨を見たいと思つて明け方まだ薄暗い頃三四回この墓地をさまよつたが，遂に見られなかつた」などと，低位の野卑なイメージと関係づけられながら時に観光客に関心を持たれるものであった。

　しかしながら，ある沖縄在住の彫刻家は，「那覇市が近代都市の相貌を備へる為には，先づ今の墓地をどうにか整理しなければならないと誰も気が附くに違いない。……殊に観光地としての沖縄或は那覇市を考へる場合，現在至るところで眼につく，あの非芸術的な，そして自然の風致を害する墓地は，どうしてもとりのけて了ひたい」として公営墳墓の構想を立て，観光地化を進めるに際して既存の墓地の破壊が必要だと主張していた。まさに沖縄人にとってのアイデンティティの問題が観光に密接に絡まりあうなかで，観光客とホスト側の沖縄県住民の間では，観光の魅力として考える対象もそのあり方も，すれ違ってしまうという状況が生じていたのである。

4　米軍統治期における観光資源の変容と観光開発構想

(1)　戦跡観光とショッピング観光

　昭和20（1945）年にアメリカ軍に占領された沖縄は軍政下におかれ，昭和26（1951）年のサンフランシスコ平和条約によって，施政権はアメリカにあり，日本は潜在主権を持つにすぎないと定められた。軍政下の沖縄においては，軍政の障害にならない範囲での島民の自治が許され，昭和21（1946）年には沖縄民政府が，昭和27（1952）年には琉球政府が発足している。また，昭和25（1950）年に勃発した朝鮮戦争以後，沖縄では本格的な軍備が進められ，東洋最大の軍事基地となり，沖縄本島中部を中心に陸地総面積の8.78％が軍用地とされた。そして，昭和35（1960）年段階では，沖縄の総所得約1億1570万ドルのうち，軍関係からの収入が58％を占めるまでになっていた。このような

第 5 章　沖縄イメージの変容と観光空間の生産

　米軍統治にともなう大きな社会変動は，沖縄の観光とイメージを大きく変容させていくことになる。

　軍政下初期の沖縄への観光客は，昭和32（1957）年段階で 1 万 5123 人訪れていたことが確認され，そのうち 7 割強が日本人で，2 割弱がアメリカ人であった。また米軍統治下においては，船ばかりでなく空路が漸次整備され，同年の入域外客者数の約44％は飛行機で沖縄を訪れていた。これらの観光客の特徴と，彼／彼女たちを惹きつけていると想定された沖縄のイメージについて，昭和29（1954）年に結成された沖縄観光協会が同年に発行した観光案内の序文で，協会長で那覇市長の当間重剛は以下のように記している。

> 今回の世界戦で日本の前哨地となり，最後の終止符をうつた島だけに，戦災も多かつたが人命も多く失つた思出の島，傷心の島である。こんな小さな島で敵味方二十万の陸海軍が入り乱れて戦斗したかと今更おどろくの外ない。
> 戦前優れた文化を有していた沖縄はどうしたでしょう。
> 戦争であの文化財はどうなつたでしょう。
> 戦争で平和な，うるわしい人情の持主住民はどうなつた事でしょう。
> と誰でも憧れを持ち，一度行つて見たいと願わない者はない。最近日本々土は勿論，遠くハワイ，北米，南米より沖縄を訪づれ，戦跡巡礼者が日を追うて増加しつつある。

ここで言及されている戦跡巡礼者は，主に沖縄戦で死亡した本土出身兵 6 万 5908 人の遺族たちであり，最後の戦場になった本島南部の摩文仁の丘を中心に，沖縄県民の手により建立された納骨堂などを参拝したとされる。そして，昭和21（1946）年に建立されたひめゆりの塔などの沖縄県民戦死者の慰霊塔や，昭和29（1954）年に北海道が建立した北霊碑にはじまる本土の各県単位の慰霊塔が摩文仁の丘一帯に建立されたため，そこは「傷心の島」沖縄の象徴としての戦跡巡礼地となっていった。この戦跡巡礼が初期の沖縄観光の形態であったことは，沖縄観光協会の専務理事の与那国（山城）善三が沖縄遺族連合会の事務局長であったことからもうかがわれ，またそれゆえに戦中期と異なり観光が文化的摩擦をもたらしにくくなっていたと考えられる。さらに，当時の観光客

169

には，沖縄出身のハワイ移民の帰郷者も多かったとされ，「思出の島」などと，沖縄は過去の郷愁の地とも位置づけられていた。加えてこの記述から，戦中期に柳たちによって賞讃された沖縄の文化が，他者化の要素として問題含みなものとなるのではなく，戦争を経ることによって過去のものとして客体化・審美化されて再評価されていたことも確認することができる。

また昭和33（1958）年には占領期の疑似紙幣であるB軍票が廃止されて米国ドルが沖縄で使用されるようになったため，安く外国製品を買い求めるショッピング観光が行われるようなり，それは特に沖縄への観光旅行のドル割り当てが400ドルに増額された昭和35（1960）年から海外旅行が自由化される昭和39（1964）年までさかんとなった。当時の沖縄への旅行には，ドルの割り当てがあることと渡航審議会を経ないで行けること以外に，内閣総理大臣の発行する身分証明書と琉球列島米国民政府の入域許可証といった海外渡航と同一の手続きが必要であった。そのため沖縄は，ドルで買い物ができる最も手軽に海外旅行気分を味わえる場所として考えられていたのである。なかでも昭和31（1956）年に基地の街として誕生したコザ市は，その一帯の軍用地が「整地された芝生の中にモダンな企画住宅が建ち並んで日本とは思えない景観を呈して」おり，市内ではプラザ・ハウスという「アメリカン・スタイルのマーケット」などが外国製品購入の場所として人気を集め，買い物と異国趣味を味わう場所として考えられていた。

以上の戦跡観光とショッピング観光という，戦争とそれにともなう米軍統治がもたらした性質の異なる二つの観光資源を有した沖縄に，昭和35（1960）年1月からは日本交通公社主催の観光団が訪れるようになった。同年11月に1週間の旅程で「南部戦跡を始め，中部の基地の町，北部の沖縄姿等を観光」した大阪梅田観光団の引率者は，「正直のところ，見る所ないだろうという軽い気持ちで来たが，来て見ると見るところが多いのにびっくりした，日本語が話せる沖縄でドルを使用するとは外国に来たような感じがする，それに外国製品が安く買えるし，戦跡地では若い学徒が護国の盾となって戦った麗しい精神には全く，日本国民として一度は花束を献げるべきと思った」と，当時の沖縄の魅力について伝えている。こうして，昭和36（1961）年には2万6935人の観光客が訪れ，観光産業がパイナップル生産業を抜いて，基地関連産業，糖業に

次ぐ第3位の沖縄産業に躍り出ることになった[74]。かかる状況がため、観光は次第に沖縄の財界や政府の注目を集め、沖縄観光協会は昭和31（1956）年に任意団体から社団法人となり、琉球政府内には昭和35（1960）年に工務交通局陸運課に観光係が設置され、また「観光事業の助成に関する立法」（1957年）や「観光ホテル整備法」（1962年）などの法整備も順次なされたのである[75]。

しかしながら、「遺族の巡拝には限度があるので戦跡地だけを売り物にしていたのでは沖縄観光の生命は短かいであろう」[76]などと、観光資源としての南部戦跡の可能性については早い段階から疑問が呈されていた。本土復帰前の観光案内には、「正直いって南部の旅は戦跡ばかりであまり楽しいものではなく、わずかに残る遠い昔の史跡以外は殆んどが今次大戦の傷跡である」[77]と記されている。また昭和34（1959）年の米国商務省の報告書では、沖縄への観光客誘致のためには、「第二次大戦で重要な役割を果たした戦跡や記念碑をもっと活用すること」を那覇市の美化とともに掲げているが[78]、実際には戦争の暗いイメージは外国人に人気がなく[79]、アメリカ人は沖縄を行きたくない場所の一つに挙げていた[80]。またショッピング観光についても、昭和39（1964）年の海外旅行自由化以降は香港にその主たる地位を奪われ[81]、さらに本土復帰が果たされるとその観光資源は失われてしまう可能性があったため、将来的な期待はあまり持てないことがしばしば指摘されていた。

（2）　千家哲麿の沖縄観光の分析と提言

このように既存の観光資源の将来性が疑問視されるなかで、沖縄観光協会は昭和37（1962）年に国立公園協会常務理事の千家哲麿を招聘し、沖縄観光の方向性について助言を仰いでいる。千家はその調査結果を『沖縄観光診断報告書』[82]にまとめ、戦後の政治的状況、観光産業の位置づけ、観光客数や旅行費用などの沖縄観光の現状を分析している。そこで彼は、外貨を得てショッピングを行う魅力があるものの、海外旅行とほぼ同様の手続きが必要なことによる煩雑さや、遠方がために多くの時間と費用を必要とすることがあるため、訪れるに値する魅力があるかどうかが大きな問題になると提起している。そして沖縄観光の魅力として、「1．九州の南に点在する島々で、南国的な風景が美しい。2．亜熱帯ないし熱帯性気象で冬も暖かい。3．亜熱帯ないし熱帯性の植物が茂

171

る緑の島である。4, 独特な文化をもっている。5, 沖縄戦の遺跡がみられる。6, 米軍の戦略的基地である」といった本土の人々が持つ沖縄イメージを挙げ，それらに対しての検討を加えるなかで，沖縄観光についての提言を行っている。

　これらのイメージと観光資源の実情に対する彼の分析をみると，1と2については比較的高い評価が与えられていることが確認される。まず1については，「沖縄本島は，各所にすぐれた自然景観をもっており，島全体としては，サンゴ礁につつまれ，青い水をたたえる南国的な美しい所であるが，特に傑出したものがない。云いかえれば，これだけでも遙々(はるばる)見にゆくだけの価値があるという決め手になる程のものがない」と，批判をしつつ限定的な評価がなされていることが認められる。しかしながら，沖縄の中北部の西海岸については，海岸風景としては，「国立公園には及ばないとしても，国定公園に相応する自然景観をもつものといえる。政府立公園法により指定するに最適の地である」と，比較的高い評価が与えられている。また2については，「気象的に年を通じて暖かく，特に冬が暖かく，本土では全く見られない大きい特徴をもっている。"夏は北海道，冬は沖縄"のキャッチフレーズは統計からみても未だ充分活用されていない」と，冬の避寒地としての価値を強調している。彼の気候についての分析によれば，台風が多く暑い夏よりも，冬にこそ沖縄の観光地としての魅力があることになる。実際，「夏は北海道，冬は沖縄」というキャッチフレーズは，昭和35（1960）年から沖縄に観光団を送り込んだ日本交通公社が使用していたものであったことから，この冬の暖かさが当時の沖縄観光において注目を集めていたことがわかる。[83]

　3と4については，主に戦災などによって，その魅力が失われていることが指摘されている。まず3については，「亜熱帯ないし熱帯性の植物がみられることは沖縄観光の魅力の一つである。しかし乍ら，戦災をうけたり，戦時中，戦後の乱伐により，原始林，自然林は殆んどみられず，緑の島というにはほど遠く，むしろ森林に乏しい所である」とし，特に南部地域の森林は戦災で壊滅的であることを論じている。そのため，「今後の造林，育成により復旧すると共に観光植栽をすることによって南国的気分を引き立てる植物景観を造成することが必要である」と述べている。4については，「観光客が短時日の間に直接受け取る文化は，建造物，風俗，舞踊，料理，特産品等に現われるものであ

第5章　沖縄イメージの変容と観光空間の生産

る。建造物としては遺憾乍ら古来のものは殆ど戦災で失われ，若干のものは復原されてはいても，全体としてはむしろ期待はずれの感がある。風俗は短時日では，容易に受取れるものではないが，写真等でみられる古来の風習も年々変化していて，本土のそれと比べて，特別に興味をひく程でない。祭事，催等は古来の伝承をもっともよく表わすものであるが，なかなかその時期に遭遇することは困難である。沖縄の特長を示す家屋も時代の波とともに移り変わり，墳墓だけが沖縄の特長を示している」と，そのほとんどがかつての魅力を喪失していることを指摘している。特に「沖縄のシンボル」である首里城が戦災で完全に破壊されてしまい，その跡地に「沖縄有数のモダン建築たる琉球大学」が建てられ，「かつての面影」が「全く失われてしまった」ことが強く批判されている。

　5と6は，戦後新たに生じた観光資源であるが，その現状には疑問が呈されている。5については，「沖縄戦の傷跡は殆んど姿を消していて，霊魂碑，記念碑をみるに止り，戦争の模様を伝える記念館もない」し，「霊魂碑等も乱立の傾向にあって，見苦し」く，「世界戦史上最大の地上戦であり，沖縄の人々の尊い血を流した戦争がこれでよいのかと，むしろ腹立たしさを感ずる」と批判している。6については，「端的に云って，沖縄で最も目につき，亦，意外に感ずるのは軍事施設と基地風景」であり，「沖縄観光は，好むと好まざるに拘らず，基地観光でもある。むしろ現在のようにふれずにおくよりは，相互理解を深める意味でも軍施設の視察を観光に採り入れることの方が，沖縄としては，より自然であるように思われる」と指摘している。この基地観光については，他の論者によってもその可能性がしばしば指摘されていたが，沖縄観光協会は観光写真や絵葉書から軍港や軍施設を除く方針を打ち出すなどその観光資源化を忌避しており，またその実施にあたっては基地内の視察の米軍の許可が必要であったことから，容易に実現には至っていなかった。[84][85]

　これら千家が指摘した沖縄のイメージを戦前・戦中期と比べると，1と2については，類似したイメージとして暑い南国のエキゾチックなイメージが以前から語られていたが，それが社会的文脈の変化もあり，避寒地などの他の観光地と類似した位置づけに変化するなかで，ややその魅力が減退していることが確認される。そして，3と4については，戦前・戦中期には存在していた沖縄

173

の魅力が戦災などによって失われており，またそれゆえに以前の南国のエキゾチックなイメージを喚起しにくくなっていたことがうかがわれる。5と6については，戦後新たに生じた魅力ではあるものの，現状や実現可能性に問題を抱えており，またその観光客にとっての魅力についてはしばしば疑問が呈される対象であった。そのため千家は，以上の六つの沖縄の魅力の検討を総合して，「沖縄の観光資源は，必ずしも秀れているとは断言できない。多くの特長はもっているが，傑出したものを以ていないと云う欠点がある。従って，沖縄が現状のままで，今後も観光事業を行うとすれば，発展性は限度があると云わざるをえない」と結論づけている。

これらの分析をふまえて千家は，観光資源の開発のため以下の6点を提言している。

(1) 現在の沖縄本島にのみ局限された観光を全沖縄観光とすること
(2) 現在の観光資源の保護をはかるだけでなく，進んで資源特に，南国的気分を増大させるための熱帯性植物の育成をはかること
(3) 戦跡の保存と戦跡記念館の設置
(4) 沖縄を理解させるための博物館，水族館，植物園等教育的施設の整備
(5) 気象を活用した海水浴場の整備
(6) 海浜新観光地の建設等が必要である

ここにおいて彼は，熱帯性植物の育成によって戦前からの南国的気分を増大し，戦跡記念館の設置で戦後生じた観光資源を活用することを提言するなど，後の観光開発につながる重要な指摘を行っている。特に，既存の沖縄のイメージとしてはとりあげられなかった，(5)の海水浴場の整備と(6)の海浜観光地の建設を指摘していることが注目される。彼は，「沖縄ではハワイの様に一年中とはいかないが4月より11月まで海水浴ができ」，「海浜にはサンゴ礁が発達して，波も静かであり，白砂の砂浜が各所にある」ため，「海水浴適地をえらんで理想的計画のもとに，新たに宿舎，食堂，売店，娯楽施設等の施設を総合的に設置する新海浜観光地の建設を計画してはいかがだろうか」と指摘し，「沖縄を日本のハワイとし，多数の観光客を誘致するには，この程度の大きい

考えがあってもよさそうである」と論じている。沖縄の観光地としての価値を高めるにあたり，千家が最も強調していたのがハワイを引き合いに出して言及されるこの海浜リゾート計画であり，「名護湾，許田 – 万座毛間は，この考えを実現するのには適している」とし，「この考えを実現するのには，政府が大面積の土地を確保して，総合計画を樹立」するのがよいと論じて，「一帯を政府立公園に指定するならば，集団施設地区として整備」する案を提起している。

(3) 沖縄観光と亜熱帯の海浜リゾート創造計画

　千家の指摘にあるような海浜への注目と海水浴場の整備も，戦跡観光やショッピング観光と同じく，米軍統治下という状況が重要な役割を果たしていたことが確認される。米軍は，昭和25（1950）年から5ヶ年計画で膨大な基地建設を開始したが，それにともない海水浴場などの娯楽・保養設備も創設していった[86]。昭和30（1955）年段階で，石川ビーチ，屋嘉ビーチ，奥間ビーチという3ヶ所が米軍専用ビーチとして整備され[87]，なかでも奥間ビーチは宿泊施設や小さなゴルフコースなどを備えた海浜リゾートとなっていたことが認められる[88]（第5 – 1図参照）。これらのビーチは，軍専用で日本人は利用できなかったものの，当時の本土からの観光客向けの観光ルートに組み込まれていたことからみることは可能であったと考えられ，実際，先の千家の提言も米軍のビーチを見学した上でのものであった[89]。また，沖縄在住民の経営するものとしては，昭和32（1957）年に開設されたムーンビーチをはじめとして，インブビーチ，名城ビーチなどが順次整備されており，そこは沖縄在住民も使用していたが，主たる利用者はアメリカ人であったとされる[90]。以上のことから，基地の存在にともなうアメリカ人のレジャー活動が，沖縄における海水浴場や海浜リゾートの萌芽となっていたと考えることができる。

　また昭和34（1959）年頃には，沖縄観光協会も，「沖縄の空の色と海の紺碧を絶賛する」観光客の声を参考に，海を重要な観光資源と位置づけ，海水浴場の整備に乗り出すようになっていた[91]。この背景として，本土の海が工場の廃液のために汚れ，相対的に沖縄の海の美しさが価値を持ったという指摘がなされており[92]，また直接的な言及は確認できないものの，陸上の植物などが戦災で被害をうけたため，沖縄内部でも相対的に海の価値が高まっていたということが

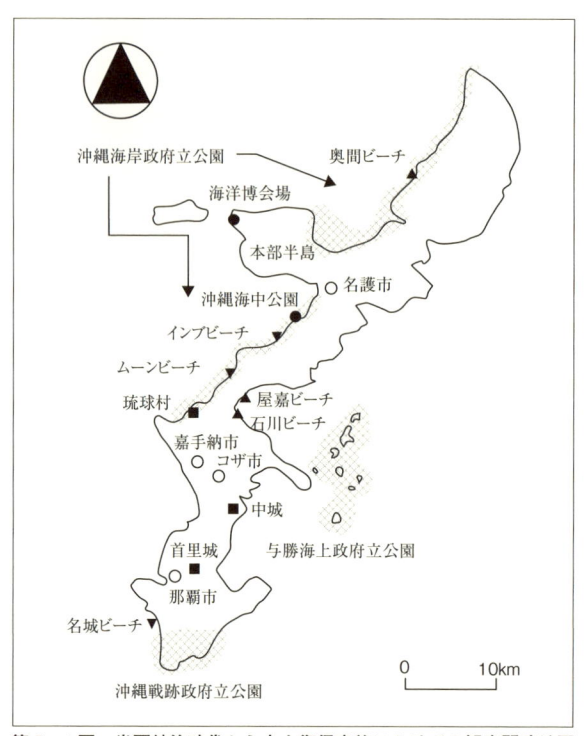

第5-1図　米軍統治時代から本土復帰直後にかけての観光関連地図
注) Ryukyuan Advertising Co., eds., *Okinawa: Spring 1955*, Ryukyuan Advertising Co, 1955 などをもとに筆者作成。

考えられる。そして，さらに重要なことには，千家が海浜観光地計画を語る際に引き合いに出していたハワイと沖縄が密接な関係にあったことがある。その一つは，沖縄はハワイへ多くの移民を送り出しており，帰郷者がハワイを参考に観光地化のためのアドバイスを行っていたことである[93]。またほかにも，沖縄が米軍統治下におかれたため，アメリカ人から，ハワイと比較しながら沖縄の海浜の価値が指摘されるようになったことが挙げられる。特に，昭和27（1952）年にハワイに設立された太平洋観光協会へ，琉球政府が米国指導のもとで昭和40（1965）年に加盟したことが，ハワイとの関係をより密にした。それを記念した第1回沖縄国際観光セミナーにおいては，沖縄の「海岸線や海と空の美しさ」に注目して，「施設の整備，拡充いかんではハワイのようになる」との意

第 5 章　沖縄イメージの変容と観光空間の生産

見がアメリカ人のホテル支配人から述べられている[94]。そして，これらのハワイとの関係性を背景にしながら，沖縄の観光事業関係者などによってハワイを参考にした沖縄観光のあり方が頻繁に語られるようになり，すでに1960年代はじめには「沖縄を第二のハワイ」にしようという意見が述べられていた[95]。

　琉球政府による観光政策については，昭和40（1965）年にスタートしていることが確認される。同年 2 月には琉球政府行政主席の諮問機関として観光開発審議会が設置され，7 月には先に言及したように琉球政府は太平洋観光協会への加盟も果たしていた[96]。そして最も重要な事業としては，昭和32（1957）年に制定された政府立公園法に従い，3 ヶ所の政府立公園が昭和40（1965）年10月に指定されたことがある。具体的には，「日本本土で容易にみることのできない亜熱帯地域の優れた海岸景観及び海の美しさが，パノラマの如く島の北端まで続いている」として沖縄中北部の西海岸が沖縄海岸政府立公園に，「戦争の悲惨さをすべての人々に体得させ平和の尊さを認識させるとともに祖国のために散華した英霊を慰める」として本島南部が沖縄戦跡政府立公園に，「県民のレクリエーションの場として風光明美な与勝半島の海域に点在する島々や奇岩がある」として本島東部の与勝半島沖の離島が与勝海上政府立公園にそれぞれ指定されていた[97]（第 5 − 1 図参照）。このうち，沖縄海岸および沖縄戦跡政府立公園は，千家の観光に関する提言においても言及された地域であったように，観光客のための「観光魅力に富んだ地域を選定」したものであり[98]，特に沖縄海岸政府立公園については，亜熱帯の海岸景観や海の美しさなど，新たに注目されはじめていた沖縄の観光資源が選定されていたことが確認される。

　そして，昭和42（1967）年 4 月には，琉球政府が日本観光協会への加盟を果たすと同時に[99]，観光開発審議会による「観光事業の振興のため採るべき当面の施策について」の答申も発表され，そこでは国際観光を強く意識するなかで「1 外客接遇の改善　2 旅客交通施設の整備及び国際航空路線の開発　3 宿泊施設の整備　4 観光対象の保護及び育成　5 観光事業育成策　6 観光事業団法の早期立法　7 観光推進団体の指導　8 関係行政機関の相互調整」について提言がなされていた[100]。そしてこのうちの 4 においては，「（1）首里司令部壕，海軍の壕，摩文仁の壕を開発する。（2）水族館を建設する。（3）海中公園を設定し水族室・海中展望塔を建設する。（4）琉球近海の熱帯魚及びサンゴ礁景観を保

177

護する。(5) 西表島を政府立公園に指定する」という五つの方針が掲げられ，特に「観光対象のうち政府立公園に就いては国際観光上主要な地域にあるものは重点的にその維持管理に必要な措置及び利用施設の整備を図る」とされていた。このように，政府立公園を中心に特に海に注目した観光開発の方針が掲げられたのである。また，審議会の提言に基づき，昭和42 (1967) 年9月には沖縄観光開発事業団法[101]が制定されて翌年1月に沖縄観光開発事業団の設立がなされ，昭和43 (1968) 年4月には社団法人沖縄観光連盟を，先の沖縄観光協会と，宮古観光協会 (1964年5月設立)，名護町観光協会 (1964年6月設立)，八重山観光協会 (1964年8月設立)，コザ観光協会 (1967年12月設立) の合同で設立するなど，[102]観光開発を推進する団体についても昭和43 (1968) 年には整備されていたことも確認される。

なかでも沖縄観光開発事業団は，当時の沖縄における観光開発において中心的な役割を果たし，昭和45 (1970) 年までに，沖縄海中公園，旧海軍司令部壕，屋我地釣センター，那覇・泊港免税売店，真栄田岬ユースホステルといった観光施設を整備していた。[103]これらのなかでも特に力を入れて創設したのは沖縄海中公園で，それは昭和40 (1965) 年に観光課が設置された琉球政府通商産業局と，沖縄観光開発事業団，そして沖縄観光連盟の三者が合同で昭和43 (1968) 年10月に作成した「沖縄観光開発五ケ年計画」に基づいて進められたものであった。この計画は，「沖縄の島々は世界でもめずらしいほど美しい珊瑚礁に取り巻かれており，清澄な美しい海，多彩な熱帯魚ハワイよりも美しいといわれるビーチなどで極東における世界的海中公園としての無限の可能性を内蔵している」ために推進する「海中公園計画」，「沖縄を極東のハワイにする」ために「亜熱帯風物の中に天恵の地理的条件を利用して沖縄全体を包む」ことを目指す「亜熱帯観光基地計画」，そして本島南部を視野に入れた「平和公園計画」という三つの柱で構成されていた。[104]当時さかんになっていた琉球政府と地元産業界による観光事業推進運動は，「輝く太陽にきらめく白い砂浜，千変万化色を変えるすきとおった海の水，澄みきった青い空，そして沖縄の人たちの暖かな歓待」をイメージして，「琉球を第二のハワイに」というスローガンを掲げていたが，[105]まさに海中公園計画と亜熱帯観光基地計画はこれを実現するものであった。特に海中公園計画は，琉球政府通商産業局が観光課設立当初から

計画し，先の観光開発審議会の提言にも含まれていたもので，沖縄観光開発事業団によって工費200万ドルを投じて行われるとされた，観光開発五ケ年計画において最初に着手された事業であった[106]。その場所は，昭和41（1966）年11月に琉球政府が依託して行われた田村剛らの調査における候補地[107]から選定された沖縄海岸政府立公園内の名護町部瀬名岬一帯であり，海中展望塔を中心に食堂やビーチハウスを備えた海浜リゾートとして昭和45（1970）年に開業し，翌年にはプールやジェットスライダーも設置されていた。

また昭和44（1969）年発表の「新全国総合開発計画」において大規模海洋性レクリエーション基地構想について言及がなされたこともあり，本土復帰直前の琉球政府発行『観光要覧　1971年度版』[108]では，「近年国民による海洋性レクリエーションを目的とした観光旅行がめだちはじめており」，「これまでの基地やショッピング観光から海洋性レクリエーション観光に変りつつある」と，海洋性レクリエーションに注目した観光地としての可能性が言及されるようになっている。そのため，「強烈な陽ざしと醒めるような空の青さ果てしなく広がる紺碧の海原そして大さんご礁は，緑の島々を取り囲み，さんご礁の中を無数の熱帯魚が遊泳している」と，沖縄が亜熱帯の海浜リゾートであることを強調していた。そして，「なかでも沖縄本島の北部西海岸は，沖縄海岸政府立公園（1万9366ヘクタール）に指定されており，海水浴や釣りボート，海中景観の観賞などに利用されている」と，海中公園計画を立てた沖縄海岸政府立公園に特に焦点をあてていたのである。観光客数も，琉球政府が観光事業に積極的に取り組みはじめた昭和40（1965）年段階で年5万5338人であったものが，復帰前の昭和46（1971）年では16万6589人にまで増加していた。また，1960年代中頃から夏期の旅行客の比重が増し，昭和44（1969）年以降は8月が年間で最も多くなっていた[109]。

5　本土復帰以降の沖縄観光と沖縄国際海洋博覧会

(1)　沖縄国際海洋博覧会にともなう観光開発

沖縄県が昭和47（1972）年に日本本土に復帰してからは，昭和50（1975）年開催の海洋博が沖縄の観光開発の焦点となっていた。この博覧会は，昭和44

(1969) 年11月に沖縄の本土復帰が決定したすぐ後の昭和45 (1970) 年1月,沖縄返還記念事業として国際海洋博覧会を開催する意向があることを通産省が発表したことで計画が公となり,同年8月に琉球政府が政府に文書で海洋博誘致を要請し,昭和46 (1971) 年10月の閣議了承を経て開催が決定されたものである。[110] 最も早い段階の計画と考えられる「沖縄国際海洋開発博覧会基本構想(案)[111]」をみると,その意義として,「1 国際的な海洋開発の場として,2 地域開発・産業経済の振興として,3 学術教育文化への効果,4 復帰記念事業として」の四つを掲げ,その2のなかで,「海洋を平面的立体的に利用した観光事業としての海洋レジャーの構想」に言及していることが確認される。さらに,昭和46 (1971) 年10月発表の「沖縄国際海洋博覧会(仮称)に対する基本的考え方[112]」では,その意義の一つに「海洋性レクリエーションの場を創造する」ことが明記されている。日本本土への復帰直前に注目されていた海洋性レクリエーションに焦点をあてた観光開発は,復帰後は海洋博会場を重要な場所と位置づけ展開されることになっていたことが認められる。

　この博覧会場には,琉球政府が昭和46 (1971) 年12月に学識経験者と財界人24人の委員を指名して立ち上げた「会場選定委員会」が,本島北部の本部(もとぶ)半島,中部の読谷村(よみたん),南部の糸満市(いとまん)や慶良間諸島,さらに宮古,八重山群島などの候補地から,4回にわたる委員会を経て本部半島を選定しており,昭和47 (1972) 年2月に日本政府は琉球政府の要請に基づきそこに会場を決定している(第5－1図参照)[113]。ただし,選定委員会の議事録をみると,選定場所やその箇所で第4回の会議に至っても議論がかなり紛糾していたが,非公開の議論で,琉球政府通産局長から昭和45 (1970) 年に発表された「長期経済開発計画」(以下,「長経」と略す)に従い,会場を北部の本部に持って行くことになっているとの話が出て,そのまま本部に決定されていたことが確認される[114]。この「長経」は,10年後に「基地依存経済から自立経済へ移行」することを目標に掲げた琉球政府の総合開発計画であった。そして特に観光については,観光客をそれまでに年間約200万人誘致することを目指して,沖縄海岸政府立公園,沖縄戦跡政府立公園に加え,慶良間列島と久米島,宮古島,西表島,石垣島を観光区域として観光開発を行うこととし,なかでも沖縄海岸政府立公園を中心とする本島北部地域と慶良間地区,西表島・石垣島地区に海洋性レクリ

エーション基地を開発するとしていた。この記述から，本部の選定はたしかに「長計」の方針に沿っていたことが確認される[115]。また，選定委員会において，博覧会場を離島でなくて本島に，とりわけその北部に持ってくることが，道路をはじめとする沖縄のインフラ整備のため重要であるとの指摘がなされていた[116]。海洋性レクリエーション基地予定地のなかでも，本島北部の本部を選定することは，沖縄の開発を考える上で意義があったことがここからうかがわれる。さらに，本部地域は沖縄海岸政府立公園の切れ目に位置しており，「長経」発表時での琉球政府の観光区域には含められていなかったため，国の事業によって新たに観光のための空間が創出されるという利点も有していたと考えられる。

　そして，昭和47（1972）年に発表された沖縄振興開発計画においては，沖縄本島の「北部圏」は「沖縄国際海洋博覧会を機会に本部半島に形成されるリゾート・ゾーンを核とし，余暇開発，農林水産業，自然の保護および海洋開発研究の地域とする」とされ，「沖縄国際海洋博覧会場の跡地利用と関連させて，本部半島周辺に海洋性レクリエーション基地を建設し，国民が余暇を楽しむ大規模保養地を形成する」という計画が示されていた[117]。琉球政府時代の沖縄観光開発事業団を引き継ぎ昭和47（1972）年5月に設立された沖縄観光開発公社も，第1回理事会においてまず海洋博への対応を議論しており[118]，海洋博開催とそれにともなう本部半島一帯の海洋性レクリエーション基地計画は，復帰後の沖縄における観光政策のなかで焦点として位置づけられていたことが確認される。そこで沖縄県は，余暇開発センターに依託して「本部リゾートゾーン構想」を樹立し，その開発は第三セクター方式の本部開発公社によって行われることを昭和48（1973）年2月に方針として決定した[119]。この構想は，「海洋博終了後その跡地を含めた周辺およそ1万ヘクタールの広大な地域を開発整備して，世界でも有数の海洋性リゾートゾーンを建設する計画」で，「大規模マリーナや水上スキー，スキンダイビングなどが楽しめる海を中心としたレジャー基地」，「美しい海やサンゴ礁を目のあたりに楽しめる人工ビーチや海浜公園，遊歩道など，海辺を中心としたレジャー基地」，そして「亜熱帯植物園，観光農園，サイクリングコース，ゴルフ場など陸を中心としたレジャー基地」を創造し，さらに「リゾート型の宿泊施設」や「センスあるショッピングセンターなどをもつ新しい市街地の開発整備」も加えて，「海陸両面にわたる総合レジャー

基地」にするという大規模なものであった[120]。ただし，昭和48（1973）年頃になると，海洋博関連の開発にともなう自然破壊に対する県民の非難の声が大きくなっていたため，本土資本が参加するこれほどの大規模開発は地元に受け入れられない状況であり[121]，結果的には県と地元3市町村が計10億円出資して昭和48（1973）年12月に沖縄県リゾート開発公社を設立し，「振興開発計画に基づいて県の観光および保養の場としてのリゾート開発と関連施設の整備を図り，地場産業を振興」することになった[122]。その事業内容は，「1 海洋博会場周辺地域の環境整備　2 海洋博跡地利用を中心とするリゾート開発　3 県全域のリゾートゾーン開発適地の整備」であったが，規模は大幅に縮小され，主な事業としては海洋博関連の宿泊施設（VIP用のロイヤルビューホテルと青少年用のリゾートステーション）と博覧会場北端の遊園施設（沖縄エキスポランド）の建設・運営しかなされなかった。

しかしながら，昭和47（1972）年段階で，「海洋博会場は，会期中および会期後を通じて，かかる海洋性レクリエーション基地の中核となるよう位置づけ，当初から十分魅力的な内容のものとする」[123]とされていた博覧会場については，国によって順調に整備がなされていたことが確認される。特に博覧会場の4分の1の面積を占めた海浜公園は，「会期後は亜熱帯性植物公園に発展させる事を意図して」，ソテツ，ビロウ，ブーゲンビリア，アフリカホーセンカなどが他県や国外からも収集されて植樹がなされ，「青い海，青い空との美しい調和を見せる本格的な亜熱帯植物公園」に仕立て上げられていた[124]。さらに，国道58号線など博覧会場に続く主要道路には，ソテツ，ヤシ，福木などの亜熱帯性の植物が植えられており[125]，既存の沖縄の自然が博覧会工事で破壊される一方で，博覧会場を中心に沖縄の自然風景は亜熱帯をイメージさせるものへと置き換えられていった。また，「わが国で初めての本格的な人工海浜」として3種類のビーチからなるエキスポビーチが創設されると同時に，海辺のレジャー施設も備えられ，さらに水族館も建設されていた[126]。そしてこの博覧会場跡地は，昭和51（1976）年に「太陽と花と海」をテーマとした「我が国唯一の大規模な熱帯・亜熱帯公園」である国営の海洋博記念公園となり，昭和61（1986）年に「熱帯・亜熱帯の花々が咲き乱れる"夢の殿堂"」と宣伝された熱帯ドリームセンターが創設されるなど，沖縄観光の拠点の一つとして整備されていった[127]。

このように，昭和37（1962）年の千家による熱帯植物の育成や海浜新観光地の提言，そして昭和43（1968）年の琉球政府が中心となって作った「沖縄観光開発五ケ年計画」における「亜熱帯観光基地計画」や「海中公園公園計画」といった，米軍統治時代の沖縄を観光地化するための構想は，国の事業であるこの海洋博によって本部半島にて大規模なかたちで実現したといえる。

(2) 沖縄国際海洋博覧会の喚起する沖縄イメージと文化政治

海洋博とそれにともなう観光開発は，基地経済からの脱却を目指す沖縄において，復帰後の重要産業として当時注目を集めていた。例えば，昭和47（1972）年には「いまのところ，わずかに，沖縄の将来に希望をつないでいるのは，昭和50（1975）年における国際海洋博の開催と，これを契機に観光地，保養地としての爆発的な発展であります」[128]との指摘がなされており，昭和48（1973）年には沖縄経営者協会が「沖縄の産業構造の改善ないし経済開発の方途としては，観光産業中心型を選ぶしかない。……観光産業をこれからの成長産業として抜本的に開発するためには，海洋博のような巨大な総合プロジェクトに頼らざるを得ない所以である」[129]と論じている。しかしながら，沖縄の本土返還に際しては，米軍基地は温存された上に，自衛隊が配備されることになったため，米軍基地への反発から本土復帰を願っていた沖縄県住民にとって，1960年代半ばまでは表面化していなかった日本軍（自衛隊）や天皇制への反発心が，1970年代に入ると戦前の記憶と結びつけられるなかで沸き起こるという問題が顕在化し，必ずしも本土復帰が喜ばれないという事態が生じていた[130]。そのため，「"基地の島"から"観光の島へ"というイメージチェンジが，はたしてだれのためのスローガンなのか，まずは問うまい」[131]などと揶揄されたように，海洋博という観光に注目した国家事業が，基地問題の隠蔽の役割を果たすものと位置づけられていたことが推察される。実際に，昭和46（1971）年10月段階の海洋博のねらいの第一には，「沖縄と本土の一体感の回復」[132]が掲げられており，海洋博は政治的な文化政策という側面が大きかったことが確認される。当時，「戦跡と軍事基地とデモの島——といった従来のイメージを，いち早く"日本人の心のふるさと"として青いサンゴ礁のユートピアへ転換させたい」[133]などといわれたように，観光産業としてばかりでなく，政治的な問題から，海

洋博による沖縄イメージの転換が企図されていたことが推察される。

また海洋に注目した博覧会が沖縄で開催されることについては，当初は「東京，名古屋，阪神，九州その他多くの開催候補地」が挙げられていたことから[134]，海洋というテーマが沖縄と関連づけて着想されたわけではなく，たまたま沖縄の海のイメージと親和的な国家のイベントが沖縄で催されたのだといったんは考えることができる。しかしながら，当初この海洋博は，海洋開発「機器」を展示する海洋開発博覧会として構想されていたのであり，本土復帰を契機に沖縄での開催を考えた通産省が，「沖縄の美しい海」に注目した海洋博覧会に転換させたのだと通産省の役人が語っている[135]。このように沖縄の海のイメージを再生産するなかで提起された海洋博における沖縄イメージとは，昭和47(1972)年4月に決定された海洋博のテーマ「海――その望ましい未来」における基本理念において，「沖縄は，黒潮の流れに浮かび，古代から民族文化交流の中継点としての役割を果たしてきたが，さんさんたる亜熱帯の陽光のもと，いまなお汚れを知らないさんごの海に囲まれている」と記されたように，亜熱帯とサンゴの海のイメージを喚起するものであった[136]。博覧会場の本部周辺の自然環境についても，昭和48(1973)年に発行された博覧会案内に，「南の太陽のもと，海は青く透明にかがやき，沖の波はサンゴ礁に白くたわむれる。海中をのぞめば，色とりどりのサンゴの林をコバルトスズメ，赤緑のチョウチョウ魚などのコーラルフィッシュが回遊している。陸域には，ソテツ，デイゴなどの南国特有の木々が群生している」と描かれており[137]，南の太陽，青い海，サンゴ礁，南国特有の木々，といったイメージを強調していることがわかる。

このような南国的な他性を喚起する沖縄イメージは，アイデンティティと密接に関わる政治的な問題から，戦前・戦中期には沖縄県側の人々から必ずしも快く思われていないものであった。しかしながら，本土復帰時になると，観光や沖縄の南国的なイメージは，アイデンティティの側面からも以下のように好意的にとらえられていたことが確認される。

> 沖縄の観光は，「構造的」に伸びるように出来ているのである。沖縄は日本全体からみると，北海道とともにたった一ヶ所残された「意外性に富んだ非日常的」なところだからである。

184

第一に日本では考えられない暖かさ，海の青さ，空の美しさ。そこに住む人々
　　の暖かい心。異国的な風物。歴史，伝統と文化。これらは，日本全国どこへ行っ
　　てもみられない。極端にいうと日本のなかの異国であるのだ。
　　……
　　私たちは，沖縄的なものをもっともっと伸ばし，これでもかこれでもかと沖縄
　　を前面に押し出すべきではあるまいか。かつては沖縄は本土にたいし劣等感を
　　もっていたが，いまや「沖縄的なこと」は本土にたいする優位性を持つことに
　　なってきたのである[138]。

　このように復帰以降は，日本のなかの「異国である」こと，「沖縄的なこと」
は，「劣等感」でなく，「本土にたいする優位性」と位置づけられるようになっ
ている。この背景としては，「軍国主義教育の下で方言を禁じられ，異風を帯
びた沖縄の歌や踊りが非日本的なものとして蔑視され，迫害された時代は，す
でに爆破され」，「異国の兵士たちにとりかこまれながら，自らの言葉と音楽を
とりもどし，『沖縄』へ回帰しようとしていた[139]」などと，米軍統治時代の影響
が指摘されている。特に，昭和40（1965）年頃までは米民政府が意識的に沖縄
を「日本」から分離し，沖縄人が沖縄人としての独自なアイデンティティを確
立するような政策をとったといわれており[140]，観光や博覧会における差異化さ
れた沖縄のイメージを，復帰後の沖縄県民の多くは客体化するなかで，自らの
地域の特徴，独自のアイデンティティとして受容するようになったのだと考え
られる。
　またここで指摘される沖縄の「歴史，伝統と文化」については，海洋博にお
ける国の出展ではまったく触れられていなかったことが確認される。海洋博が
初期構想においては海洋「機器」の博覧会であったことを背景に，海洋博の理
念においては「海洋の望ましい未来を求めて，環境の保全と改善にふさわしい
開発の方途を見いだすことが必要である[141]」と言及され，実際に国が最も力を
入れ「海洋博覧会のシンボル」としたのが「世界最大級の半潜水浮遊式海洋構
造物であり，未来の海上都市を志向する[142]」アクアポリスであったように，海
洋の開発，なかでも未来のあるべき海洋開発こそが国の意図する海洋博の主た
るテーマであり，イメージであった。しかしながら，「たんに場所をかすだけ

でなく，みずからその存在を主張することによって，海洋博の創造に参加すべきである[143]」とした沖縄県は，沖縄館を出展して沖縄の「歴史，伝統と文化」に関する展示を行っていた。その展示のコンセプトや内容は，総勢120人を超える学者，芸術家などが400回前後の討議を重ねるなかで決めたもので[144]，「沖縄の民族的ロマン」であるメインテーマ「海やかりゆし[145]」を表すその内容として，最も大きな第1室において「四面海に囲まれた島の中で，海を愛し，海を信頼し，海と共に生きてきた沖縄の人々の姿を，沖縄の歴史と文化を素材にして展開する」とし，「ニライ・カナイの空間，原おきなわ，ヒシ，沖合漁撈，追込漁法，つな引き，グシク（城），大交易時代，琉球の文化財[146]」という九つのセクションからなる展示を行っていた。このように，沖縄の「歴史，伝統と文化」は，観光開発を企図した海洋博を契機として，海との関連があるものを中心に再創造されていたのである。

さらに，沖縄館の第2室では，いっさいの凶々しきものに対する抵抗を展示するサブ・テーマ「波の声もとまれ，風の声もとまれ」の内容として，第二次大戦前後の沖縄の状況を素材に展示していたが，そこでは沖縄に存在する現在の米軍基地の問題は捨象されていたことが注目される[147]。先の沖縄の「文化」についても，現在のものには目を向けられず，歴史的な過去，もしくは伝統あるものだけに焦点があてられており，海洋博の沖縄館は過去に目を向けるなかで本土とは異なる沖縄的なものを生産していたことがわかる。このような「現在」を欠いた視点は，沖縄館の展示を含め，海洋博の展示や事業に一貫しており，沖縄に存在する米軍基地の問題はもちろんのこと，かつての与勝海上政府立公園内に建設された石油備蓄基地による海上汚染の問題はとりあげられず[148]，そればかりか亜熱帯的な植物風景地を創造するにもかかわらず既存の沖縄の自然を破壊し[149]，環境の問題をテーマにしているにもかかわらず漁場としての本部半島周辺の海を開発によって破壊してしまっていた[150]。まさに「現在」を忘却した沖縄へのまなざしは非常に政治的なものであり，過去に注目した沖縄「文化」の生産は，ロマンのあるイメージによって観光や沖縄県民のアイデンティティ構築に寄与すると同時に，沖縄の現実から人々の目を逸らさせるものになっていたと考えられる。

（3）　沖縄国際海洋博覧会以降の観光と沖縄イメージ

　昭和 50（1975）年 7 月 20 日から昭和 51（1976）年 1 月 18 日まで開催された海洋博は，当初予想の延人数 500 万人を下回る延 348 万 5750 人の観光客しか集客できなかったものの[151]，昭和 50（1975）年における沖縄県への観光客数を前年の 80 万 5225 人より約 70 万人以上多い 155 万 8059 人にまで引き上げた[152]。観光業としては，海洋博を当て込んだホテルなどの乱立，そして翌年の 83 万 6108 人までの観光客の減少から，海洋博不況と呼ばれるホテルの大量倒産を招いたが[153]，昭和 52（1977）年には観光客が 120 万 1156 人に急増し，昭和 54（1979）年には 180 万 7971 人，その後，昭和 59（1984）年には 205 万 3500 人と 200 万人を突破するなど，沖縄観光は結果的に軌道に乗っていたことが確認される[154]。この背景には，海洋博会場周辺ばかりでなく，「海洋レジャーのメッカ」とすべくムーンビーチに建設されたレジデンシャルホテルムーンビーチのリゾート開発のように[155]，海洋博にあわせて建設された民間資本による海浜リゾート開発により，亜熱帯の海に注目した観光客の受け入れ態勢が整っていたことが考えられる。航空会社も，昭和 53（1978）年には日本航空が「レッツ キス ザ サン 78」キャンペーンを展開して「バケイションランド・沖縄」を訴え，全日空が「トロピカル沖縄」キャンペーンを展開して「燃えてくる・沖縄」を宣伝するなど，水上スキー，ヨット，釣りなど亜熱帯の海を目玉に若者の集客を図っていた[156]。さらに雑誌『an・an』の昭和 48（1973）年 6 月 5 日号の「海の特集号」で「亜熱帯の海」の沖縄が強調されたように[157]，沖縄は海洋博にあわせて，亜熱帯の海の地としてアンノン族の観光の目的地ともされるようになっていたのである。このことは，復帰 10 周年の昭和 57（1982）年に実施された日本本土の 15 才から 69 才までの男女 529 人を対象にした雑誌のアンケートで，沖縄のイメージを「海」と答えた人が 266 人を占め，「南国」のイメージについても「戦争」の 76 人に次ぐ 49 人が挙げていたこと，そして国内での行きたい場所に関する質問で沖縄が北海道に次ぐ 2 位となっていたこと，からもうかがい知ることができる[158]。沖縄県への観光客数も，日本本土に復帰した昭和 47（1972）年と海洋博の閉幕が 1 月にあった昭和 51（1976）年以外は 8 月が最も多くなっており，昭和 50（1975）年以降はほぼ継続して年間観光客数の 20％以上を 7，8 月で集客するようになっている[159]。このような夏期におけ

187

る観光客の増加は、米軍統治時代の1960年代以降実行されはじめ、海洋博で大規模に展開された、海と亜熱帯のイメージの流布と海浜リゾート開発が功を奏したためであると考えられる。そして沖縄県は、海洋博以後の海浜リゾート開発として、米軍統治時代に開発された「海中公園を中心とした地区」を「国際的な海浜リゾート」にする方針を昭和56（1981）年に打ち出し、昭和62（1987）年に公布・施行された総合保養地域整備法に基づいた「沖縄トロピカルリゾート構想」でこの地を重点整備地区とし、第三セクター方式によってブセナリゾートの開発を進めていくことになる。[160]

ただ、昭和51（1976）年3月に沖縄県リゾート開発公社の依頼により電通が発表した『沖縄県観光振興総合計画―誘客プロモーションを中心にして―』[161]では、「大規模な宿泊地、海浜、マリーナなどをつくることは観光促進のために最も効果的である」とする一方で、「現時点でまず開発し、広く売り物と打ち出して最も効果的で、即効的なのは『沖縄の歴史』である」と、沖縄の歴史に注目した観光開発の必要性を強調していた。その理由としては、沖縄観光が「経費の面からよく周辺の外国旅行」と比較されるが、「自然の美しさ、南国のムードは必ずしも沖縄だけのものではない」こと、「沖縄の歴史は豊富」で「現在開発されていない歴史も数多くある」こと、「戦争が余り強調されすぎて『観光客』にとって楽しめる要素が心理的に制限」されているので「戦跡地を歴史の中で客観化してより積極的に意義づけて観光客を引きつけ」たいこと、などを挙げている。つまり、沖縄の歴史的な文化に注目することで、他の競合する南国の観光地と差異化し、かつ戦争も過去の出来事として客体化し現在の楽しみにつなげようと、沖縄館の取り組みを観光に注目した観点からさらに展開することを提起していたのである。そして電通は、沖縄のイメージを「ファンタジア」にまとめ、観光コースとして海洋博公園やモーターボートなど海を中心とする「ファンタジア未来コース」のほかに、中城や琉球舞踊など幻想的な景観、史跡、芸能を組み込んだ「ファンタジア名勝コース」、歴史、伝統、神話を中心に、より知的な要求に応じる「ファンタジア伝統コース」という、二つの「沖縄の歴史」に注目したコースを提案している。これは、20代の若者の「自分がその場の主人公でありたい」という思いをついた、国鉄のディスカバー・ジャパンのキャンペーンを応用したものであり、そのような観光客の

第5章　沖縄イメージの変容と観光空間の生産

「自我の満足」,「ロマンへの希求」,「美意識へのあこがれ」を満足させるべく,歴史に注目することで沖縄との「かかわり具合」を密にさせ,「旅の主役である自分を,よりロマンチックに仕立て上げられる」ようにすることを狙ったものであった。

　かかる沖縄の歴史的な文化に注目した観光開発構想としては,昭和43(1968)年に沖縄観光開発事業団が発表した「沖縄文化村」建設を最初期のものとして挙げることができる。この構想は,日本本土の明治村やハワイのポリネシアン・カルチュラル・センターを参考に,那覇近郊を建設予定地として,「民芸漆器,紅型,陶器,織物の各館を設置して伝統的な工芸品を紹介するほか古典音楽,古典舞踊,組踊,古武術など地方に伝わっている民俗芸能を上演する劇場,沖縄の伝統的な建物である高倉,今日では全く姿を消した山原船,典型的な沖縄の旧家,琉球料理館,茶室,池と中庭を結ぶ石橋,沖縄特有の亀甲墓などを敷地内に設けて一見して沖縄の文化を理解できる施設」を創設するものであった。昭和45(1970)年発表の「長経」でも,観光開発として海浜リゾートなどの「自然資源の開発」とともに「民俗文化史跡等の文化資源の開発」を掲げ,本島中南部地区の観光開発施策のなかで中城公園一帯を総合的な文化センターにし,そこに沖縄文化村を創設するとしていた。[162] 結果的には,沖縄海中公園創設に予算がとられて沖縄文化村創設は遅れ,復帰後の資金確保が不透明なことから通商産業局長から昭和46(1971)年に建設保留の指示が出され,その後この計画は潰えている。[163] しかしながら,沖縄海洋博覧会記念公園内に,昭和55(1980)年に明治22(1889)年頃の沖縄における村を再現した「おきなわ郷土村」が創設され,[164] 加えて海洋博開催頃に土産販売業に携わっていた上地長栄が,「歴史観光」分野の不足に気がつき「独特の文化を産み出した琉球王朝文化にテーマ」をあわせた「琉球村建設構想」を建て,昭和56(1981)年に恩納村に琉球村を作ったように,[165] 海洋博以後に沖縄の歴史的な文化に注目した観光施設の創設がなされるようになる。

　また,琉球政府が発表した先の「長計」では,文化資源の開発として「特に,首里城および,その一帯の文化財は本県観光資源の主要な一翼をになうものであるので,その復元を積極的に推進する」とし,観光資源として首里城に注目していた。[166] この首里城については,昭和45(1970)年2月に琉球政府文化財

保護委員会が首里城跡戦災文化財の復元計画を策定し，日本政府に首里城復元に際しての国庫補助を仰いで翌年度から調査・復元作業を開始していた[167]。昭和 61（1986）年度からは，復帰記念事業の一環として沖縄海洋博覧会記念公園とともに首里城跡地が国営公園となり，正殿などが復元されて平成 4（1992）年に開園し，平成 5（1993）年には年間 200 万人を超える入場者を集めている[168]。このように，沖縄独自の文化を県が否定していた戦前・戦中期と異なり，米軍統治時代後期に計画された沖縄の歴史や文化に注目した観光施設が，本土復帰を記念した海洋博が終わった後，観光地としてさらなる発展が目指されるなかで，漸次具体化され観光客を集める重要な観光資源となったのである。

6 おわりに

　沖縄のイメージと観光空間の生産過程との関係性を，社会的コンテクストの変化に注目して要約すると以下のようになる。

　①戦前期の沖縄へは，大阪商船をはじめとする海運交通の発達にともない次第に観光客が訪れるようになり，昭和 12（1937）年に大阪商船が船舶を大型化・高速化させて沖縄視察団を企画した頃から沖縄観光が活発になった。当時の沖縄には「蘇鉄地獄」に代表される不況や亜熱帯の悪環境のイメージと，亜熱帯の南国的で魅惑的でエキゾチックなイメージというアンビバレントな心象地理が併存していたが，観光地として注目を集めるに従い後者のイメージが前景化する傾向があったことが確認された。また当時の沖縄には女性的なエロティシズムの心象地理があり，そのイメージは男性観光客が訪れ利用することが可能な那覇市の辻遊廓に投影され，そこが観光空間化していたことが認められた。また観光客は，このエロティックな楽園としての沖縄の心象地理に，亜熱帯の野卑で奔放な女性のいる低位の悪環境という心象地理を織り込む傾向があったことが判明した。

　②戦中期においては，昭和 14（1939）年 3 月から柳宗悦を中心とした日本民芸協会同人が沖縄の工芸に憧れて沖縄団体旅行を行い，その後，沖縄工芸の宣伝を雑誌上や展覧会などで実施したことが，当時の沖縄観光の促進に影響を与えていたことが認められた。加えて 1939 年末から，沖縄の観光振興も企図し

た第2回沖縄旅行団が，柳たち民芸協会会員に写真家・映画関係者・観光事業関係者などを加えた総勢26名にて実施されたこと，そしてその際に彼らが参加した昭和15（1940）年1月に那覇市で開催された「沖縄観光と文化に関する座談会」で，標準語と方言に関する問題で県の役人と激しい意見対立をみせていたことを確認した。沖縄に近代日本としての均質性よりも真正な日本としての差異を求めて観光地化を考えていた柳たちは，この言語の問題に加え，墓地，そして沖縄の呼称問題について，本土的な近代日本化を志向する沖縄県の役人や住民とは対立する意見を持っていた。そしてそれらに関して展開された議論から，戦前の沖縄観光には，均質化と差異化の近代の矛盾や，沖縄人にとってのアイデンティティの問題が非常に大きな影響を及ぼしていたことが判明した。

③米軍統治期においては，最初期においては戦跡観光が，昭和35（1960）年頃からはショッピング観光がさかんになったが，その将来展望については次第に疑問の声が挙がっていたことが確認された。そして昭和37（1962）年の千家哲麿による沖縄観光の分析から，戦災などの影響で沖縄の自然や文化財が破壊されて戦前期の観光資源が失われていたが，その一方で亜熱帯植物を再生すると同時に海浜リゾートを創造するという沖縄の観光資源のあり方が示されていたことが判明した。特にこの海浜リゾートについては，本土からの観光客が海の美しさを賞賛していたばかりでなく，参考にすべきハワイの存在や，米軍による先駆的な海浜リゾート開発の影響があったことが認められた。そして，昭和40（1965）年に設定された政府立公園のうちの沖縄海岸政府立公園，昭和43（1968）年発表の「沖縄観光開発五ケ年計画」における海中公園計画や亜熱帯観光基地計画，昭和45（1970）年の沖縄海中公園の開設と，亜熱帯植物に加えて特に海に注目した観光開発の方針が示され，具体的な観光施設創設がなされていたことが確認された。また同時に，沖縄文化村の建設や首里城の復元など，沖縄の歴史や文化に注目した観光開発の計画が発表されていたことも判明した。

④本土復帰後においては，昭和50（1975）年に開催された海洋博が，産業として期待されていた観光開発のための焦点とされていたこと，そして沖縄観光に重要な海と亜熱帯を中心としたイメージを広く流布する装置となっていたことが確認された。また，米軍統治時代を経るなかで，本土と差異化された沖縄

191

的なものは，忌避されるものではなく，沖縄県住民のアイデンティティとしてとらえられ，かつ観光も基地との対比もあり歓迎されるようにもなっており，その状況において，海洋博における沖縄県出展の沖縄館などによって沖縄文化が過去のロマンティックなものとして再創造されたことが判明した。そして博覧会後，航空会社などの宣伝もあり，亜熱帯の海のある海浜リゾートとして沖縄観光は発達し，また差異をもたらす沖縄独自のものとして注目された沖縄の歴史や文化に関する観光施設も創設されたことが認められた。

次に，沖縄のイメージの変遷を観光との関係性に注目して通時的にまとめると以下のようになる。

①「海」，「亜熱帯」，「文化」といった沖縄のイメージは，多田治の指摘するような，本土復帰後に誕生し，海洋博を通して確立したものではなかったことが判明した。亜熱帯のイメージは，戦前から本土復帰時まで継続して存在しており，すでに戦前期において確立されたイメージであった。また，文化に関するイメージも戦前期から存在しており，戦中期にはほぼ確立されていたと考えられる。海のイメージについては，戦前期にはほとんど語られていなかったが，米軍統治期の1960年代には注目を集め，すぐに沖縄のイメージとして確立されていったことが確認された。実際には，海洋博，そしてその後の観光開発は，観光との関係性から注目を集めていたこれら既存の沖縄イメージを，より強化・流布する役割を果たしたのだと考えられる。

②沖縄の中心的な場所イメージとしては，戦前期から米軍統治期中期までは亜熱帯イメージ，その後は主に海のイメージになっていたと考えられた。文化については，戦中期と海洋博終了以降に特に注目を集めていたことが確認された。また海のイメージも文化のイメージも，亜熱帯のイメージと結びつくことで，特にエキゾチックな他性のイメージを喚起する傾向がうかがわれた。

③これら三つの沖縄のイメージは，文化・社会的状況の変化に応じて，イメージの結びつきを変化させ，その意味や場所神話を変化させていたことが確認された。亜熱帯のイメージは，戦前期においては主に悪環境を意味し，観光の発達にともない南国の楽園としてのイメージになっており，米軍統治期の初期においては冬の暖かい避寒地，その後は夏の太陽輝く南国のイメージと変化していた。また亜熱帯のイメージは，戦前においては，低位の悪環境としての

亜熱帯のイメージも背景に，エロティックな女性のイメージと密接に結びついていたが，本土復帰以降にアンノン族に注目されてからは，海のイメージとも結びつきながら，健康的な若い女性のイメージと結びついていたことが確認された。沖縄文化のイメージは，戦前にはエキゾチックであると同時に日本的なものとして観光客にとらえられ，また沖縄県住民には低位のものとして忌避される傾向にあったが，本土復帰前後には，沖縄県住民のアイデンティティを構成するものとして，さらには観光地としての重要な差異化をもたらすものとして考えられるようにもなっていたことが認められた。海のイメージについても，当初はその美しさが注目されていたが，本土復帰後は，海洋博によって未来の開発イメージと結びついたり，海浜レジャーや浜辺の若い女性のイメージと結びつき楽園的な南国リゾート神話を創り出していたりしたことが判明した。

【注】

1) 多田治『沖縄イメージの誕生―青い海のカルチュラル・スタディーズ―』，東洋経済新報社，2004。
2) 大阪商船編『沖縄へ』，大阪商船，1939。
3) この点について筆者は，神田孝治「戦前期における沖縄観光と心象地理」，都市文化研究4，2004，11-27頁，で検討したが，多田はこの論文を参考にしつつ，多田治『沖縄イメージを旅する―柳田國男から移住ブームまで―』，中央新書ラクレ，2010，において，戦前期までその考察の対象を広げている。しかしながら，同書においても，後述する米軍統治時代の沖縄イメージに関する検討がほとんどなされていない。
4) 前掲1) 58頁参照。
5) こうした当時の沖縄の状況については，以下の書物を参考に論じた。(1) 島袋源一郎『新版 沖縄案内』[改訂5版]，日本出版，1942。(2) 新里金福・大城立裕（琉球新報社編）『沖縄の百年 第三巻―歴史編 近代沖縄の歩み（下）―』，太田出版社，1969。(3) 那覇市役所企画部市史編産室編『那覇市史 通史篇第三巻 近代史』，那覇市役所，1974。
6) これら戦前期の沖縄の海運交通の状況については，以下を参考に論じた。(1) 前掲5) (1)。(2) 前掲5) (3)。(3) 神田外茂夫編『大阪商船株式会社五十年史』，大阪商船株式会社，1934。(4) 岡田俊雄編『大阪商船株式会社八十年史』，大阪商船三井船舶株式会社，1966。(5) 「沖縄航路・波上丸就航」，海 63, 1936, 6-7頁。
7) 「沖縄視察団員募集」，海 101, 1940, 35頁。

8) 「沖縄視察団員募集」，海78, 1938, 32頁。
9) 昭和12 (1937) 年発行の「暑中休暇利用　沖縄の観光　第五回団員募集」のパンフレットには，以下のような詳細な行程が記されている。7月25日午前10時に神戸兵庫突堤を出航し，7月27日午後2時に那覇入港，自動車で波上宮を参拝してから護国寺・県庁内の工業指導所・識名園を訪問，午後6時に那覇市の旅館（蓬莱館）に帰着して夜は「辻」で宴会，7月28日は午前8時に旅館を出発し自動車で糸満町・首里城・郷土博物館・沖縄神社をめぐり，午後は円覚寺・泡盛醸造場・熱帯樹の桃原農園を見学して午後4時旅館に帰着し空手術見学，夕食後は沖縄古典劇見物，7月29日は午前8時に旅館を出発し，普天間宮・泊港・万座毛をめぐり，玉城村で闘牛見物して午後は自由行動，7月30日の午前10時に那覇港を出航し，8月1日の正午に神戸兵庫突堤帰着。
10) 前掲8) 参照。
11) 米倉二郎「沖縄の旅」，海61, 1936, 9-11頁。
12) 宮里一夫「沖縄観光史を見直す―戦前の沖縄観光について―」，観光とけいざい640, 2003, 4頁。
13) 秋守常太郎『旅行叢書第四　沖縄土産』，秋守常太郎，1930。
14) 前掲13) 20-21頁参照。
15) 下村海南・飯島曼史『南遊記』，朝日新聞社，1935。
16) 屋部憲「観光沖縄の街頭より」，月刊琉球1-6, 1937, 9-10頁。
17) 本山桂川『南島情趣』，聚英閣，1925。
18) 辻井浩太郎「沖縄観光の思ひ出」，海80, 1938, 28-30頁。
19) 大野夢風「琉球遊記」，海39, 1934, 33-36頁。
20) 布田虞花「琉球国記」，海21, 1930, 22-30頁。
21) 前掲17) 160-166頁参照。
22) 笹森儀助（東喜望校注）『南嶋探検1　琉球漫遊記』，平凡社，1982。
23) 前花哲雄は，人口の少なかった与那国島ではもともと多産を推奨していたが，1対6位の割合で女児が産まれたため女性が増え，女護ケ島と呼ばれていたことを伝えている。また，少ない男性をめぐって女性間の競争が生じたため，身なりが綺麗になったことや，結婚離婚という観念が希薄になり私生児が増えていたことを指摘している（前花哲雄『女護ケ島―苛酷な人頭税物語―』，琉球文教図書，1971）。
24) 前掲17) 191頁参照。
25) 前掲18) 参照。
26) 前掲19) 参照。
27) 前掲19) 参照。
28) 以下の辻遊廓に関する論述は，管見の限り最も詳細に状況が描かれていた，来和雀『沖縄の歓楽郷―辻の今昔―』，久志助善，1934を参考にした。
29) 仲吉朝陸『観光沖縄案内』，向春商会印刷部，1937。
30) 田中正男『辻の女』，田中正男，1940。
31) 鳥海青兒「沖縄行」，海99, 1939, 14-17頁。

32) 安藤奇峰「沖縄ばなし」,海 68, 1937, 26 頁。
33) 佐藤惣之助『旅窓読本』,学芸社,1937。
34) 前掲 33) 196-204 頁参照。
35) 前掲 33) 179-183 頁参照。
36) 川邊昌之「沖縄の印象」,海 103, 1940, 30-31 頁。
37) 柳宗悦「なぜ沖縄に同人一同で出かけるか」,月刊民芸 1-1, 1939, 2-5 頁。
38) 前掲 37) 参照。
39) 柳宗悦「沖縄での仕事」,月刊民芸 1-8, 1939, 8-12 頁。
40) 外村吉之介「琉球の近道」,月刊民芸 1-8, 1939, 17-18 頁。
41) 田中俊雄「民芸協会の琉球行はどんな影響をのこしたか」,月刊民芸 1-8, 1939, 56-60 頁。
42) 田中俊雄「問題の推移」,月刊民芸 2-3, 1940, 4-19 頁。
43) 水澤澄夫「沖縄の風物と観光」,月刊民芸 2-3, 1940, 54-61 頁。
44) 以下,座談会の状況とその後の展開については前掲 42) の記述による。
45) この論争については,太田好信や小熊英二,竹中均などによって,柳の沖縄認識と日本人としての沖縄人のアイデンティティの問題に注目した検討がなされている。筆者は基本的に彼らと同じ論点に注目し,多くはその認識も同じくする。しかしながら,この論争の端緒に沖縄観光に対する注目が深く関係していたことに焦点をあて,それゆえにこの論争にて近代空間の矛盾した性質が顕在化したという点を強調する視点が,彼らと異なっている。(1) 太田好信『トランスポジションの思想─文化人類学の再想像─』,世界思想社,1998。(2) 小熊英二『〈日本人〉の境界─沖縄・アイヌ・台湾・朝鮮 植民地支配から復帰運動まで─』,新曜社,1998。(3) 竹中均『柳宗悦・民芸・社会理論─カルチュラル・スタディーズの試み─』,明石書店,1999。
46) 沖縄県学務部「敢て県民に訴ふ民芸運動に迷ふな」,月刊民芸 2-3, 1940, 20-21 頁。
47) 柳宗悦「国語問題に関し沖縄県学務部に答ふるの書」,月刊民芸 2-3, 1940, 22-27 頁。
48) 方言論争における柳宗悦の言動については,「軍国主義による国家統制への批判であり反抗」として評価する立場(水尾比呂志『評伝 柳宗悦』,筑摩書房,1992)と,太田(前掲 45)(1))や小熊(前掲 45)(2))のように彼の認識をオリエンタリストのものとし,そのイデオロギー性に注目して批判的に言及する立場との間で対立がみられる。しかしながら,本章で近代空間の矛盾を指摘して論じたように,柳の言動はそのどちらの性質もあわせ持っていたと考えるのが妥当であると思われる。
49) 阿部金剛「沖縄の印象」,海 76, 1938, 39-41 頁。
50) 前掲 5) (1) 12 頁参照。
51) 井上昇三「観光地としての沖縄」,月刊民芸 2-3, 1940, 46-48 頁。
52) 前掲 42) 5-6 頁参照。
53) 柳宗悦「琉球の墓」,月刊民芸 2-3, 1940, 35-36 頁。

195

54) 前掲31) 参照。
55) 伊東清永「沖縄紀行」、海 84, 1938, 34-46 頁。
56) 前掲 18) 参照。
57) 山田眞山「観光沖縄の公営墳墓」、月刊琉球 2-4, 1938, 16-18 頁。
58) (1) 石川政秀『沖縄の観光問題』、沖縄文教出版社, 1975。(2) 千家哲磨『沖縄観光診断書』、沖縄観光協会, 1962。
59) 琉球政府通商産業局編『観光統計要覧—1967 年版—』、琉球政府商工部観光課, 1968。旅客機に関しては、昭和 11（1936）年に福岡−那覇間と那覇−福岡間が接続されたのが最初であるが、実際には郵便の運搬が主たる役割で、昭和 13（1938）年段階で 1 日平均 2 人強の乗降客しかいなかった（山城善三・佐久田繁編『沖縄事始め・世相史事典』、月刊沖縄社, 1983）。第二次大戦後は、昭和 22（1947）年 9 月にパン・アメリカン航空会社が、東京−那覇−東南アジア間に定期便を運行させたのが最初である（那覇空港ターミナル株式会社社史編集委員会編『那覇空港ターミナル 25 年の歩み』、那覇空港ターミナル株式会社, 1980）。
60) 与那国善三編『新沖縄案内』、沖縄観光協会, 1954。
61) 人文社観光と旅編集部編『県別シリーズ 47 郷土資料事典—沖縄県・観光と旅—』、人文社, 1973。
62) 石川政秀『沖縄の観光産業』、沖縄観光速報社, 1984。
63) 琉球政府通商産業局編『観光要覧 1971 年度版』、琉球政府商工部観光課, 1972。
64) 与那国善三編『新沖縄案内』、沖縄観光協会, 1955。
65) 石川政秀『沖縄の観光経済』、沖縄県観光連盟, 1979。
66) 儀間光裕「観光沖縄—海の美しさを生かせ—」、今日の琉球 11-3, 1967, 10-11 頁。
67) 前掲 58)（2）参照。
68) 那覇観光みやげ品店組合編『復帰を迎えた沖縄への旅 昭和 47 年度版』、那覇観光みやげ品店組合, 1972。
69) 前掲 68) 参照。
70) ブルーガイド編集部編『沖縄』、実業之日本社, 1974。
71) 山城善三『沖縄観光協会史』、沖縄観光協会, 1964。
72) 「観光団のみた沖縄」、観光沖縄 40, 1960, 5-6 頁。
73) 前掲 59) 参照。
74) (1) 平田俊雄「沖縄の主要産業"観光"」、守礼の光 121, 1969, 6-9 頁。(2) 前掲 58)（2）参照。
75) 琉球政府通商産業局編『観光統計要覧 1969 年版』、琉球政府商工部観光課, 1970。
76) 内畑弘「沖縄に思う—基地もまた観光資源である—」、今日の琉球 6-5, 1962, 8-9 頁。
77) 前掲 68) 参照。
78) 「琉球の観光事業の将来（中）—米国商務省の報告から—」、今日の琉球 6-6,

1962, 23-25 頁。
79)「これからの沖縄の観光―沖縄日誠総業　斉藤暢宏氏に聞く―」、沖縄春秋 4, 1972, 64-74 頁。
80)「琉球の観光事業の将来（下）―米国商務省の報告から―」、今日の琉球 6-7, 1962, 25-27 頁。
81) 前掲 66) 参照。
82) 前掲 58) (2) 参照。以下の千家の言及は、すべて同書からの引用である。
83) 池宮城秀意『沖縄事情―観光旅行案内―』、琉球新報社福岡支局, 1961。
84) 前掲 76) 参照。
85) 前掲 71) 参照。
86) 岩波書店編集部編『沖縄―新風土記―』、岩波書店, 1958。
87) Ryukyuan Advertising Co., eds., *Okinawa: Spring 1955*, Ryukyuan Advertising Co., 1955.
88) McCune, S., *The Ryukyu Islands*, Stackpole Books, 1975.
89) 前掲 64) 参照。
90) Higa, G., Fuchacu, I. and Toyama, Z., eds., *Tours of Okinawa; A Souvenir Guide to Places of Interest*, The U.S. Army Services Clubs, 1959.
91) 前掲 71) 参照。
92) 前掲 66) 参照。
93) 前掲 71) 参照。
94) 小波津達雄「国際観光地として脚光を浴びる琉球―第一回沖縄観光セミナーをかえりみて―」、今日の琉球 9-7, 1965, 3-6 頁。
95) 前掲 83) 参照。
96) 琉球政府通商産業局商工部観光課編『観光開発審議会関係』、琉球政府通商産業局商工部観光課, 1972。
97) 前掲 63) 参照。
98) 前掲 63) 参照。
99) 前掲 75) 参照。
100) 前掲 96) 参照。
101) 前掲 75) 参照。
102) 前掲 59) 参照。
103) 渡名喜守定「有望な沖縄の観光開発―世界で二番目の海中展望塔―」、今日の琉球 13-8, 1969, 3-5 頁。その他、実現しなかった計画としては、国際級ホテルの建設、カジノやドッグレースといった娯楽機関の設置、首里指令部壕の整備や工芸家の村、国民休暇村、沖縄文化村の設立があった。カジノやドッグレースについては、賭博行為にあたることから、法制化が必要とされたが、実現に至らなかった。その他のものについては、資金の問題から、本土復帰までに実現することができなかった（(1) 琉球政府通商産業局商工部観光課編『沖縄観光開発事業団、予算、事業計画、ならびに資金計画及び決算書に関する書類　1969 年度　No.1』、琉球政府通商産業局商工部観光課, 1970。(2) 琉球政

府通商産業局商工部観光課編『沖縄観光開発事業団に関する書類 1971 年』，琉球政府通商産業局商工部観光課，1972)。沖縄文化村の問題については，後の 5 節 3 項で詳述する。
104) 前掲 63) 参照。
105) 前掲 74) (1) 参照。
106) 前掲 74) (1) 参照。
107) (1) 小波津達雄「観光沖縄—海中公園と観光—」，今日の琉球 11-5, 1967, 6-7 頁。(2)「沖縄海中公園調査報告—世界的な沖縄の海中景観—」，琉球のあゆみ 10-8, 1967, 19-23 頁。その他に，石垣島と西表島一帯のサンゴ礁地域が挙げられており，田村たちはこちらを最も優れた海中公園ができる地域としていた。しかしながら，観光開発との兼ねあいから，第 2 番目の候補として掲げられた沖縄本島の恩納海岸（部瀬名岬から残波岬まで）の範囲内に海中公園が建設されたのだと考えられる。
108) 前掲 63) 参照。
109) 前掲 63) 参照。
110) 沖縄県沖縄国際海洋博覧会協力局編『沖縄国際海洋博覧会の推進経過—会場誘致から開催決定まで—』，沖縄県沖縄国際海洋博覧会協力局，1972。
111) 沖縄県沖縄国際海洋博覧会協力局総務課編『沖縄国際海洋博覧会基本構想関係　昭和 46 年度』，沖縄県沖縄国際海洋博覧会協力局総務課，1971。
112) 前掲 110) 参照。
113) 通商産業省産業政策局『沖縄国際海洋博覧会の記録』，通商産業省，1976。
114) 沖縄県沖縄国際海洋博覧会協力局総務課編『海洋博会場用地選定委員会　議事録　第 1 回〜第 4 回』，沖縄県沖縄国際海洋博覧会協力局総務課，1972。
115) (1) 琉球政府企画局企画部編『長期経済開発計画』，琉球政府企画局企画部，1970。(2) 前掲 111) 参照。
116) 前掲 114) 参照。
117) 沖縄県企画開発部企画調整室編『沖縄振興開発計画』，沖縄開発庁，1972。
118) 前掲 96) 参照。
119) (1) 沖縄国際海洋博覧会協会編『海洋博—沖縄国際海洋博覧会の概要—』，沖縄国際海洋博覧会協会，1973。(2) 金城慎徳ほか編『(財) 沖縄県リゾート開発公社のあゆみ』，沖縄県リゾート開発公社，1980。
120) 前掲 119) (1) 参照。
121) 前掲 1) 参照。
122) 沖縄県沖縄国際海洋博覧会協力局編『海洋博の動き　第 9 号』，沖縄県沖縄国際海洋博覧会協力局，1974。
123) 前掲 96) 参照。
124) 電通編『沖縄国際海洋博覧会公式記録—総合編—』，沖縄国際海洋博覧会協会，1976。
125) 喜友名朝夫「ルポ・海洋博前夜—その狂騒曲—」，青い海 44, 1975, 82-90 頁。
126) 前掲 124) 参照。

127) 海洋博覧会記念公園管理財団編『海洋博覧会記念公園管理財団20年史』，海洋博覧会記念公園管理財団，1997。
128) 下地寛信「やぶにらみ沖縄経済論」，青い海12，1972，47-51頁。
129) 沖縄経営者協会編『沖縄国際海洋博をめぐる諸問題について―見解と提言―』，沖縄経営者協会，1973。
130) 新崎盛輝『沖縄・世替わりの渦の中で』，毎日新聞社，1978。
131) 西井一夫・大須賀興屹「観光と基地の谷間の中で…」，毎日グラフ1174，1972，3-10頁。
132) 前掲110）参照。
133) 古田昭作「海洋博は海を拓く」，青い海12，1972，18-22頁。
134) 前掲124）参照。
135) 沖縄経済振興懇談会編『第5回 沖縄経済振興懇談会議事録』，沖縄経済振興懇談会，1970。
136) 前掲124）参照。
137) 沖縄県沖縄国際海洋博覧会協力局編『沖縄国際海洋博覧会の概要』，沖縄県沖縄国際海洋博覧会協力局，1973。
138) 渡久地政夫「バカンス時代の到来」，青い海84，1979，133-137頁。
139) 沖縄県観光開発公社編『海やかりゆし―沖縄館ガイドブック―』，沖縄県観光開発公社，1975。
140) 宮城悦二郎「アメリカ人の見た沖縄人―グックから"変な日本人"へ―」，青い海49，1976，98-107頁。
141) 前掲124）参照。
142) 沖縄国際海洋博覧会協会アクアポリス事業本部編『沖縄国際海洋博覧会政府出展・海上施設 アクアポリス運営報告書』，沖縄国際海洋博覧会協会アクアポリス事業本部，1976。
143) 沖縄県沖縄国際海洋博覧会協力局編『沖縄国際海洋博覧会県出展計画概要（第一次案）』，沖縄県沖縄国際海洋博覧会協力局計画調整室，1973。
144) 前掲139）参照。
145) 沖縄県沖縄国際海洋博覧会協力局計画調整室編『沖縄県国際海洋博覧会参加 沖縄県出展館―沖縄県出展委員会設立について―』，沖縄県沖縄国際海洋博覧会協力局計画調整室，1974。
146) 前掲139）参照。
147) 前掲139）参照。
148) 前掲130）参照。
149) 前掲125）参照。
150) 国吉真永「ルポルタージュ 宴のあと―むらの生活と心を変えた海洋博―」，新沖縄文学32，1976，69-81頁。
151) 前掲124）参照。
152) 商工労働部観光文化局観光開発課編『観光要覧 昭和61年度版』，沖縄県，1987。

153) 渡久地政夫『どうする沖縄観光』, 沖縄観光特信社, 1976。
154) 前掲 152) 参照。
155)「変身するムーンビーチ―沖縄観光のパイオニア的存在―」, オキナワグラフ 186, 1975, 78-79 頁。
156) 鳥取部邦夫「定着した沖縄観光」, 琉球新報にみる情報と資料 26, 1978, 38-53 頁。
157) この点については前掲 1) で詳述されている。
158) 五井野孝編『沖縄・離島情報《別冊》 沖縄復帰十周年後の課題』, 創栄出版, 1982。
159) 商工労働部観光リゾート局観光企画課編『観光要覧 平成 14 年版』, 沖縄県, 2003。
160) 沖縄県労働商工部観光振興局編『沖縄県観光開発基本計画』, 沖縄県, 1976。
161) 前掲 153) 参照。
162) 前掲 115) (1) 参照。
163) 前掲 103) (2) 参照。
164) 前掲 127) 参照。
165) 亀島靖・沖縄県観光事業協同組合『琉球むらものがたり』, 多幸山株式会社琉球村, 2002。
166) 前掲 115) (1) 参照。
167) 屋良朝苗『首里城跡戦災文化財復元に関する要請書』, 首里城跡戦災文化財復元期成会, 1973。
168) 前掲 127) 参照。

第6章
与論島観光における
イメージの変容と現地の反応

1　はじめに

　観光空間では，しばしばさまざまなコンフリクトが生じている。その理由としては，序章で論じたように，そこが矛盾した空間であることがある。そのため，例えばマス・ツーリズム批判においてしばしばやり玉に挙げられる自然破壊のような，空間の均質化をもたらす観光開発と差異化を維持するための自然保護の間でのコンフリクトが発生するのである。またもう一つの理由として，観光が日常生活世界から他所への移動をともなう実践であることから，観光客（ゲスト）と観光地に住まう住民（ホスト）との間でコンフリクトが生じやすいことがある。この点については，二項対立的に生み出される他所の心象地理について論じたサイードの議論からもわかるように，往々にして観光客と現地住民の間の権力関係が密接に関わるものである。

　ただし，こうした観光に関するコンフリクトが表面化し社会的に問題となったのは，マス・ツーリズムが隆盛をみた1970年代であり，オルタナティヴ・ツーリズムなどが叫ばれる近年では，観光をめぐるさまざまなコンフリクトを顕在化させないよう，その融和が図られている場合が多い。そこで本章では，マス・ツーリズムの時代のコンフリクトの諸相を確認すると同時に，それが現代の観光においていかに融和されているのかを，観光空間のイメージに注目するなかで検討することにしたい。なぜイメージに焦点をあてるかといえば，これまでの章で検討したように，それが観光客にとっての空間の魅力や，ホストとゲストの間でしばしばみられるアイデンティティの問題などをめぐる文化的な政治対立を理解するのに極めて有効だからである。特に本章では，観光空間

のイメージおよびそれが生み出す場所神話の変容と，それに対して現地の地域社会がいかに反応したのかについて考察を行うことにする。

　事例としてとりあげるのは，1970年代に観光ブームを迎え，外部から付与されたイメージとそこから生じた観光客の諸実践を中心に，観光客と現地住民の間でのさまざまなコンフリクトが表面化した，鹿児島県の南端に位置する与論島である。この与論島は，平成19（2007）年に公開された映画『めがね』のロケ地として近年新しいタイプの観光客を集めており，そのイメージも観光のあり方も1970年代のそれとは大きく異なるものになり，現地の地域社会に受け入れられている状態にある。そこで本章では，第2節において与論島観光の系譜を確認した後で，第3節で観光ブーム期の与論島のイメージとそこで生じたコンフリクトについて検討し，第4節において映画『めがね』による与論島のイメージやそれが生み出す観光への現地の対応を明らかにするなかで観光ブーム期との違いについて考察することにしたい[1]。

2　与論島の観光地としての系譜

　与論島は，奄美群島の南端，沖縄本島の北方約23kmの距離にある，周囲約21.9kmの島である。この地を含む北緯30度以南の南西諸島は，日本の敗戦により昭和21（1946）年3月13日から米国海軍軍政府の統治下におかれたが，昭和28（1953）年12月25日に与論島以北の奄美群島は日本に復帰した。そのため，昭和47（1972）年に沖縄が日本に復帰するまで，与論島は南西諸島における日本最南端の島となっていた[2]。

　日本復帰後の奄美群島においては，昭和35（1960）年頃には観光が注目を集めるようになっていたことが認められる。この年に鹿児島県は奄美群島の姿を広く全国に紹介するため映画『奄美』の製作を開始しており[3]，また民間企業も奄美大島において亜熱帯植物の植樹による南国情緒創造へ向けた運動などの観光振興へ向けた動きをはじめていた[4]。昭和36（1961）年の夏には，「純然たる観光旅行はごくわずかでほとんどが調査研究の目的」である学生が奄美大島の名瀬市を多数訪れたことが報じられ，これら学生の宣伝によって，翌年から多くの観光客が来訪することが期待されている[5]。奄美群島のなかでも観光振

興において先行したのは徳之島で，昭和37（1962）年4月に東亜航空が航空機を就航すると，同年10月には観光協会が設立されて観光地づくりが積極的に進められるようになり，翌年にはヘルスセンターやホテルが相次いで建設された[6]。同島は，「東洋のスモールハワイ」としてマスコミに宣伝された結果，昭和38（1963）年春には観光ブームを迎えたことが報じられている[7]。こうした状況下で，同年7月および8月の2ヶ月間で，「南国ムードをたのしみながら研究をしようという一石二鳥組」の「観光学生」を中心に，奄美大島に前年のほぼ2倍の推定4600人の観光客が訪れ，マスメディアの影響で「奄美ブーム」が生じたことが指摘されるようになっている[8]。たしかに，同年7月に発行された雑誌『旅』では，「魅力の島めぐり」を特集し，「今年は島ブームだといわれる」として「今年は島へあこがれる旅行者が激増していること」や「今年の夏には各大学の学生が島へ行く」状況を報じ[9]，「魅力の島ベスト10・最新ガイド」という記事では奄美群島をその一つとして紹介している。これらから，奄美群島への観光は昭和38（1963）年には実質的にはじまったと考えることができる。

　しかしながら，奄美群島のなかでも与論島については，観光への注目が遅かったことが確認される。例えば，『与論新報』や『南海日日新聞』といった，与論島ないしは奄美群島に関する記事を掲載する地元の新聞では，当地における観光振興に関する言及は，管見の限り昭和39（1964）年1月1日の与論町長による「常夏の楽園の島」とすべく施策している旨の発言まで認めることができない[10]。また，実質的な観光振興への取り組みとしては，観光資源として鍾乳洞が発見されたことを契機に昭和40（1965）年4月に観光協会が役場主導で設立されたことが最初であり[11]，『町勢要覧』でも昭和43（1968）年2月発行の昭和43年版においてようやく観光についての解説がなされている。このように，行政をはじめとする地元における観光振興への期待は，他の奄美群島よりも大きく遅れていたのである。メディアによる紹介としても，例えば，先の昭和38（1963）年7月発行の雑誌『旅』の奄美群島紹介において与論島はとりあげられておらず，同誌においては昭和43（1968）年6月発行の「船旅と離島の旅情」の特集号でようやく言及される状態であった。観光客についても，昭和40（1965）年8月には他島と同様に学生調査旅行団が与論島を訪れていたが[12]，

茶花港への年次別降船客数が昭和33（1958）年から昭和42（1967）年の10年間は平均5678人で大きな増減をみせていないことから，この間の観光客数は少なかったと考えられる。こうした背景には，昭和43（1968）年までは鹿児島から与論島まで最優秀船で23時間，その他の船で32時間を要するという交通環境の問題があったことが指摘されている。昭和37（1962）年の紀行文において，与論島から鹿児島まで船で4日を有したこと，さらにそのうちにしばしば来ない定期船を待つための2日間があったことが同島の問題点として挙げられていたように，昭和38（1963）年頃にはじまる奄美ブーム時にはその交通環境がために観光振興が容易ではなかったのである。

このように観光地としては当初注目されていなかった与論島であったが，昭和42（1967）年段階に7993人であった観光入込客数が，昭和43（1968）年には9070人に，その後，昭和44（1969）年1万4535人，昭和45（1970）年2万1480人，昭和46（1971）年3万7258人，昭和47（1972）年4万5539人，昭和48（1973）年6万9986人と大幅な増加をみせていった。宿泊施設についても，昭和42（1967）年以前は5軒で収容人数約100人であったものが，昭和44（1969）年に7軒，昭和45（1970）年には6軒，そして昭和46（1971）年には25軒が新設され，昭和48（1973）年の段階で宿泊施設数62軒，一般客収容人数も1800人を上回る状態になっていた。こうした増加の背景として，一つには1960年代中頃から，自然回帰を唱えるヒッピーを中心とする若い旅行者が，自然が美しいことや住民が旅行者に優しいことなどから，与論島という「日本最南端の島に楽園」を見出し，それを口コミで広げたことが挙げられている。さらにより影響が大きかったものとして，日本海中公園センターの理事となっていた田村剛が，昭和42（1967）年7月29日に海中公園候補地調査のために与論島を訪れ，「与論島は東洋の海に輝く一個の真珠である」とそのサンゴ礁の美しさを絶賛したことが指摘されている。加えて同年8月28日から9月2日まで与論町からの観光団440名が東京を訪れたことが，海中公園候補としての与論島の美しさとあわせてテレビ・新聞・雑誌などのメディアで報道され，かつ翌年2月26日にはNHKの『新日本紀行』で与論島が紹介されている。こうした与論島への注目を受けて，近畿日本ツーリストが昭和43（1968）年夏にキャンピングツアーを企画して，翌年には本格的に与論島を含む奄美観

光の売り出しを計画するようになったのであり、同社を含めてこの頃から「日本のハワイ、グアム」と旅行業者が同島を宣伝し、そこに多くの観光客を送り込むようになったのである。1960年代中頃までは奄美群島における観光地としては出遅れていた与論島であったが、こうした動きの結果、昭和45（1970）年には離島ブームの奄美群島においても特に「与論島に人気が集まり空前のにぎわい」であることが報じられ、昭和46（1971）年2月発行の雑誌『旅』では奄美群島のなかでも与論島におけるサンゴ礁の海中景観や砂浜をグラビア写真で強調するようになっていた。観光客の増加率も、昭和47（1972）年から昭和48（1973）年にかけて、奄美群島全体が123.4％に対して与論島は164.6％で奄美5島中1位となっており、観光客が増加する奄美群島のなかでも特に与論島がその中心的な位置を占めるようになっていたのである。また昭和47（1972）年の雑誌記事では、「人の集まるところには群れたがるのが日本人の特性。昨年の国内観光地の目玉商品は、北の知床と南の与論島だったようである」と記しており、当時の与論島はまさに日本を代表する観光地に位置づけられるようにもなっていたことが認められる。

　こうした与論島の状況について、昭和46（1971）年8月に発行された雑誌『毎日グラフ』で以下のように描き出している。

> 　島民の数、七千二百人、昨年のピーク、七月の下旬から八月にかけて、島内に約三千人の観光客が居すわり、二十軒の旅館と民宿は六畳間に七〜八人もつめこんでもらったという。そのブームが、今年は三倍増。町の予想では、ピーク時で九千人、島の人口を上まわる。……鹿児島からの便も、照国郵便が、二千トンの「ハイビスカス」を建造し、一日一便から二便が着くようになった。……なにしろ、日本中から、どういうわけか「ヨロン、ヨロン」と、学生や、OLたちが南下するようになったのである。
> 　……
> 　茶花という何もなかったところに現在、パチンコ屋二軒、バー、スナック、喫茶店が八軒、みやげもの屋が、軒並みせましと、パイプウニの首飾りや、サンゴ、貝を売り、民宿の前で、ホットパンツの若いOLがトンボメガネをかけて歩くさまは、もう立派（？）な、夏の行楽地である。

……与論島には何かがあるという。女性も半分"冒険の島"などと，マスコミで宣伝されるため，半分おそるおそる，しかし大部分は興味にかられ，雄大な自然と，何かを求めて南下する。[28]

ここに記されているように，増大する観光客の多くが夏期に当地を訪れており，昭和46（1971）年では，7～8月の2ヶ月間における入込観光客数は年間の約半数にあたる42.4％であった[29]。また，ここでは「学生」や一般職の女性会社員・事務員である「OL」が観光客の例として挙げられているが，少なくとも昭和46（1971）年8月の与論町役場による調べによれば，観光客の職業別内訳は学生48.6％，会社員39.3％，公務員3.0％，その他が9.1％であり，学生が約半数を占めていたことが認められる[30]。OLの比率については確認できるデータは管見の限り存在せず，また男女比率に関する調査もみあたらない。しかしながら，「やはり二十歳前後の若者が圧倒的。職業別だと学生，OLの順だが女性が多いという。女性のユメをくすぐる島ということになるらしい」[31]，「東京，大阪の旅行業者が与論観光団を募集すると，一日で満員になるが，その九割がオフィスガール」[32]，「観光客の八割は若い女」[33]などと，昭和46（1971）年に発行された新聞・雑誌記事ではOLをはじめとする若い女性の多さが言及されていることが確認でき，与論町役場における聞き取りでもかつてのこうした傾向が指摘されている[34]。もちろん，このような言説には根拠となる情報がなく，また次節で述べるようにかかるイメージづくりと観光地化が密接に結びついていたことから信憑性に疑問があるが，証言の多さから若い女性の比率は比較的多かったのではないかと推察される。さらにこうした観光客の特徴としては東京からの来島者が多く，昭和46（1971）年8月の段階で観光客の55％を占めており，またこうしたなかで「パチンコ屋」や「バー，スナック，喫茶店」などを備えた都市的な空間もできあがっていき，昭和45（1970）年には「東京都与論島」などといった表現もなされるようになっていた[35]。

以上のように若者にとっての「夏の行楽地」となった与論島であったが，昭和45（1970）年頃には，「人は絶えず国境線にあこがれ，南にあこがれ」を持つため，昭和47（1972）年に沖縄が本度復帰を果たすと与論ブームは終焉を迎えるのではないかとの指摘もなされるようになっていた[36]。結果としては，沖縄

経由の観光客の増加や昭和51（1976）年の与論空港開港といった交通環境の改善などを背景にその後も観光客数は増加し，昭和54（1979）年には15万387人の入込客数を記録する。ただし，石垣島に航空機が就航すると「南の最果て性」が石垣島を中心とした地域に移動すると同時に，沖縄の観光開発の本格化，海外旅行ブームといった状況の変化のなかで，昭和55（1980）年以降は観光客が漸減していく。平成21（2009）年には5万8048人となり，最盛期の3分の1近くになっている[37]。

　こうした状況に対応し，与論島においては官民一体となってさまざまな観光振興への取り組みがなされていく。昭和58（1983）年にはパロディのミニ独立国「ヨロンパナウル王国」を建国し，翌年にはギリシャのエーゲ海に浮かぶミコノス島と姉妹盟約を締結して，その後にミコノス島をテーマにしたまちづくりを展開するなど，新しい観光資源の創出を図っていった。また，ヨロンパナウル健康ウォーク（1990年），ヨロンマラソン（1992年），パナウル王国杯争奪グランドゴルフ大会（1999年），ギリシャ・フェスティバル（1997年）などといったさまざまなイベントで，夏期以外の多様な観光客の集客にも努めていった[38]。しかしながら，こうした取り組みにもかかわらず，夏期の観光客の落ち込みが大きく，最盛期のほぼ5分の1の水準であるため，全体としては大幅に観光客を減らしている状態にある。

3　観光ブーム期の与論島イメージとコンフリクト

(1)　与論島のイメージとその諸相
a　サンゴ礁の青い海のイメージ形成

　与論島は，1970年代に人気の観光地となるにあたって，そのイメージに大きな変容があったことが認められる。例えば昭和32（1957）年11月に発行された雑誌『中央公論』に，「南の涯ての人々―国境の島・輿論島へ行く―」という記事が掲載されているが，そこでは「米などろくに食べられ」ずに「主食はさつま芋であること」や渇水の問題などを挙げて，与論島が困窮しており「その生活も原始的なもの」であることが記されている。また，「鹿児島から約三十六時間，月四回ほど定期船の名のつく便が通っているが」欠航が多く「冬

の間など二十日間も本土との交通が途絶」してしまう島で，日本に復帰した昭和28（1953）年頃は本土の人々に関心を持たれていたが「今ではまったく『忘れられた島』になってしまった」ことも伝えている。当時の与論島とは，貧しく，かつ忘れ去れてしまったかのように，人々の意識にはのぼらない観光とは無縁な島だったのである。

奄美群島において観光が注目されはじめた昭和35（1960）年の与論島への紀行文でも，住民の生活の厳しさ，交通環境の問題，そして忘れられた島であることが記されており，こうした状況に大きな変化はない。ただ同時に，「島それ自身がサンゴ石灰岩からなる与論島の海は特に見事である……私はこんな美しい海の色を想像してもいなかつた」と，海の美しさについての言及もなされるようになっている。その後の昭和37（1962）年の小田実が著した与論島への紀行文でも，以下のように記されている。

　　　わたしはといえば，出かけるまえ，わたしの心はなんの映像も，その島について，結ばなかった。それが離島であるということのほかには，見当がつかなかったのだ。
　　　……
　　　きれいな，夢みたいな島──これが与論島のもつ第一の顔であろう……この世ならぬ，すくなくとも日本ならぬ風景が展開する。ことに海岸。アダンの大きな実が密生するなか，白い砂浜がのび，サンゴ礁の内海の水はあくまで透明，底にはサンゴの群生がのぞく。
　　　……
　　　船が行かない。来ない。そこから貧困が発し，島民の意識のおくれが発し，とどのつまり，「いやな与論」という第二の与論島の顔に，第三の顔，わたしと友人の会話に典型的に見られる「忘れられた島」の顔がオーバーラップして現れるのだ。「ふうん，それ日本かいな」人々は，そうしたことばを，その顔に投げつける。

小田は，「きれいな，夢みたいな島」，貧困や島民の意識の遅れといった「いやな与論」，そして「忘れられた島」という与論島の三つの顔を指摘し，先述の

ような当時の認識を簡潔にまとめている。ただしここでは「きれいな，夢みたいな島」が第一に掲げられており，強調されるイメージが若干変化していることが認められる。昭和36（1961）年発行の『何でも見てやろう』（河出書房新社）でベストセラー作家となった彼のこうした紀行文によって，かかる与論のイメージも流布するようになったと推察され，実際，その影響をうけたと思われる紀行文も確認することができる。[42] とはいえ，出かける前に与論島について何のイメージもわかなかったと小田が述べているように，当時はまだ社会的に注目されない小さな離島にすぎなかったと考えられる。

　しかしながら，昭和38（1963）年以降，与論島は世間の耳目を集める島となる。同年から昭和43（1968）年までの毎年4月28日に，沖縄返還運動の海上大会が与論島沖の北緯27度線上で開かれ，与論島は日本側の拠点となったからである。[43] 昭和43（1968）年6月発行の雑誌『旅』における与論島の紹介文でも「毎年四月下旬には，この島の名が全国の新聞，テレビ，ラジオなどに登場する。沖縄返還海上大会の拠点となるためだ」とその冒頭に記し，「沖縄返還海上大会の前夜祭の会場となる琴平神社」についても紹介していることから，[44] この沖縄返還運動にともなう海上大会が与論島のイメージとなり，またそれが同島の観光地化にも関係していたことがわかる。実際，前年の新聞では，「この夏は本土からたくさんの学生がやってきた。島の中央，琴平神社に建てた日本復帰記念碑には観光客が毎日のように訪れる。ここからは沖縄が呼べば答えるように近くに見え，観光名所になっている」[45] といった状況を記している。さらに昭和44（1969）年には，60年安保時の全学連委員長であった唐牛健太郎が与論島を訪れてそこで暮らしはじめたというニュースが伝わり，同島への興味がかきたてられたことも指摘されている。[46] 与論島はこのような政治的な問題と関係するなかで注目され，観光客が集まりはじめていたのである。

　こうした「海上集会の島」としての与論島は，その後「観光の島」へと転換する。[47] この契機となったのが，前節で紹介した昭和42（1967）年7月の田村剛による海中公園調査である。この時に田村が「与論島は沖縄を含めて考えても出色の島で観光の面から見ればハワイに匹敵する。景観の質ではワイキキの浜のような素質を持っている」[48] と述べたことなどが新聞紙上を賑わし，彼がいったとされる「与論島は東洋の海に輝く一個の真珠である」が与論島のキャッチ

フレーズになっていった。また翌年2月にはNHKの『新日本紀行』において「水中撮影によるサンゴ礁の景観，バナナ，パパイア，ブーゲンビリア，ハイビスカスなどの熱帯植物が茂る特異な景観」が放映されたことをはじめとして，3月発行の女性雑誌『若い女性』では「いちばんきれいな海で泳いでみたくてたずねた与論島」と題した記事で，「濃緑色のサンゴの群落の間にナンヨウハギやチョウチョウウオが群遊している」様子などを描きながら，「まるで竜宮城をまのあたりにみせられたような感じ」であると与論島の海中景観を表現し，6月発行の雑誌『旅』でも「海底のサンゴがうき上がるほどすみきった海中に，ムラサキ，アカ，黄色とさまざまに輝く熱帯魚が遊泳している」などとその海の美しさが描き出されていた。このように，田村による海中公園候補地調査およびそれに関する彼の発言をきっかけに，翌年の昭和43（1968）年には多くのメディアが与論島の海中景観を賞賛しはじめたのであり，与論町役場が発行する『町勢要覧』も同年に観光に関する項目を新設し，「サンゴショウを敷きつめた海岸線にかこまれ，エメラルド色に輝く海に浮く生きた島です」などと紹介するようになった。また当時の新聞記事では「彼らのだれにきいても『海がすばらしい』という」などと，観光客にとっての与論島の主たる魅力として海があることを指摘し，「あの青い青い，文字ではあらわせない海の色，あの青さが私の欲求のすべてを満たしてくれました。与論の海に比較するともう他のどんな美しいものも受け入れることはできません」と記した若い女性の宿への礼状も紹介している。与論島はまさにサンゴ礁の青い海のイメージによって観光客を惹きつけるようになっていったのである。

b　自由および恋愛のイメージと場所神話

　与論島の観光客にとっての魅力については，「空気はいいし，わずらわしい人間関係に，しばられることもない。必要な時だけ土方でもして金を得ればいいわけだから，"脱都会派"にとっては天国なのだ」などと，都市との対比から理解したものも当時の雑誌・新聞記事に多い。なかでもそうした際に観光客が抱く与論島のイメージないしはそこでの場所神話について，当時の新聞記事は以下のように伝えている。

「解放されたんだ。自由なんだな。まったく楽しくなるよ」

「からだを縛っている糸が，みんな切れちまったような……」

「この気持ち，来てみなくちゃわからないサ」

——若者たちの強調するのは自由。与論で初めて味わったと言う。だれもが，ここでは束縛をきらう。名前を知られることさえも。

……

若者たちは，本土に仕事や勉強を置いて来た。満員電車も書類箱も卒業論文も与論では遠い悪夢。人間の巨大な組織社会の中に組み込まれ，満たされぬ思いだった若者たちが，ここでは伸び伸びと自然にとけ込む。「都会のことなど知るものか」——こういう声を方々で聞かされた。[55]

この記事では，若者たちが，都会を逃れて与論に「自由」を求めていることに言及している。こうした声は，与論からの帰りの船において，「束縛が一切ない本当の自由。どうやらボクは，あの島でシアワセって奴を見つけたと思うよ」と述べた若者の発言を掲載した他の雑誌記事にも見出すことができ，[56]与論島へやってくる観光客にとっての大きな魅力であったと考えることができる。

さらにより頻繁に語られる与論島の魅力としては，恋愛に関するものがあった。例えば，すでに昭和35（1960）年の紀行文で，「夜遊（ヤユウ）と呼ばれる昔ながらの恋愛形式」が同島にあること，その内容とは「この島の若者達は昼間の仕事が終ると，焼酎を下げながら若者らしい話題に花が咲いたのち，その中の一人が娘とうまくぬけ出して浜辺で蛇皮線を引きながら，哀調のこもった沖縄民謡に似た歌をうたう。……夜の浜辺のデイトは都会の恋人達と違って大らかなランデブーであった」ことを記している。[57]これについては，先の小田実の紀行文でも以下のようにその魅力を描き出している。

「夜遊（やゆう）」ということばがあつた。いとも典雅なことばであり，そのことばにふさわしい典雅な風習を意味していた。むかしは浜辺で，したそうだが，年ごろの未婚の女の子のところに，独身男が数人集り，むかしは蛇皮線を男がひいて女がおどり，今はギターで同じように踊ったり歌ったりする。与論島の家は奄美一帯がそうだが，母屋と食事をするところは別棟になっているし，それに物置

などもべつのところにあるから，この行事に，親が顔を出すというようなブザマなことはしない。
　それどころか，娘のところに，青年が来てもらわないと困るのだ。ここから恋が芽生え，結婚が生れるのだから。来る男の数は多ければ多いほどいいわけだ。「フランスのサロンを思わせるな」「とにかく，いいことばだよ，『夜遊』というのは――ちょっと，『夜遊』に言ってきます。いいね」東京へ帰ったら，はやらせようということになった。[58]

　この与論島における夜遊は，昭和43（1968）年の雑誌『旅』における与論島案内では，「これから夏場にかけて，島の若者たちは夕食をすますと，蛇皮線を持ち寄り，海岸で"夜夜（ゆるゆる）ぬ遊（あす）び"に興ずる。夕なぎの砂浜で繰り広げられる若い男女の楽しいつどいで"旅行者の飛び入り"も大歓迎」[59]などと，観光客も参加できるものとして紹介されている。こうした与論島における若い男女の恋愛は，男性からの視点ばかりでなく，同年に発行された女性雑誌『若い女性』の記事でも，海岸において出会ったばかりの若い男女がバイクに乗って次々と消えていく情景を描き出しており，男女ともに注目する与論の風習として紹介されていたのである。[60]

　こうした夜遊という与論の風習を紹介しながら，与論島に過剰ともいえる恋愛のイメージないし場所神話を生み出したのが，昭和46（1971）年に発行された週刊誌『週刊現代』の記事であった。「ブームの与論島の聞きしにまさる性解放」と題された当該記事では，「島の娘をモノにするのは簡単や」といった声をとりあげるなかで，都会からやってくる青年が夜遊を乱しはじめていることを伝え，さらには「もっと簡単なのは，島の娘より観光客の若い女性」と記し，「観光客の八割は若い女で，しかもみんな遠い"異国"に来た開放感か，セックスしとうてムズムズしてる感じ」などといった声を紹介し，「かくてこの島の浜辺では，いたるところで性の狂宴がくりひろげられ」ているとしている。そのほかにも，「"即席夫婦""即席恋愛"が大はやりで警官もお手あげの日本最南端の島の珍騒動」，「夜ばいの習慣も残る与論島だが，"南海の別天地"の魅力が喧伝されて続々やってきた，本土の男女のなみはずれた無軌道ぶり……都会のプレイガールを狙う近くの島の男たちも多数上陸して，今や乱れぶ

りも最高潮」,「島の娘は美人ぞろい」,「さながらヌーディスト島」などといった見出しのもとで,与論島における若い男女の恋愛を,とりわけ性的な側面を赤裸々に描き出している[61]。こうした記事はその後に発行された大衆誌でも続き,「サンゴ礁,青い海,孤島のロマン——いろいろあるが,この夏のシーズン,混んだ時にわざわざ出かけるのはガールハントがメイン。男1人に女10人の率といっていいほど,女の子が殺到している与論島[62]」,「そのほとんどが二十歳前後。『やっぱりある程度の期待はするわ』と女のコ。『そりゃあそうさ』と男のコ。こうしてインスタントカップルの出来上がり[63]」などと,そこを若い男女の恋愛の聖地として描き出していったのであり,またそれがために若い観光客が多数与論島を訪れるようになったのだと考えられる。

(2) 観光客と現地住民の間でのコンフリクト

　以上のように外部からさまざまなイメージが投影され,次第に観光客が訪れるようになった与論島であったが,それに対する現地住民の反応は当初良好であった。田村剛が海中公園候補地の調査に訪れその海の美しさを賞賛すると,住民は「"島おこし"の意気にもえている[64]」状態となり,また若者が多数訪れるようになると,「海が日本一きれいだし,最南端の島だから」,「都会生活は大変だ。心の洗たくには与論が一番だもの」というように与論の魅力を理解して観光客を暖かく迎えた[65]。昭和44（1969）年のある高校生の文章でも,「与論は,世界のどこにも見つけがたい心の聖地である」という観光客の言葉をうけ,「与論に生まれ育った私達にとっては,何にもまさって一番うれしいことである。たとえそれが,おせじであったとしても……」と述べている[66]。サンゴ礁の海の南島や自由の島というイメージで観光客にとって魅力があることは,自らの生きる地域が認められたということで,住民にとっても前向きに理解される傾向があったのである。

　しかしながら,特に恋愛や性に関係する同島のイメージや観光客の実践によって,現地住民の反応は大きく変容していくことになる。住民による観光客に対する批判の声は,「女子大生？が,ときたま水着とパンツだけで,太股（もも）をむきだしに街の中を歩いている。まるでアヒルの横ばい——文化人として失格であると,街の人達はまゆをひそめている[67]」などと,観光客が増え

はじめた昭和44（1969）年頃から新聞記事でとりあげられるようになる。こうした状況および地元住民の感情について当時の新聞では，「若者たちの満足度が高まるのとは反対に，住民達は顔をしかめるようになった。彼等の傍若無人のふるまいが反感をかうのである。若い女性たちは，近くの海で泳いだままのビキニ姿で街を練り歩く。バスにも乗り込んでくる。最初からアベックでくるのもいるし，島で一緒になる"与論妻"もいる。男女関係には非常にうるさい島の人たちにとって，他人事でも我慢できないのだ」と説明されている。「今度来る時は一人できて，思い切りハレンチにやるわ。都会じゃあできないものね」という女性観光客の声にあるように，恋愛に自由のイメージや場所神話が結びついた「傍若無人のふるまい」が，特に地元住民の反感を買ったのである。こうしたことから昭和45（1970）年8月には地元の青年6人が「島を出て行け」と罵りながらキャンプ中の観光客を襲撃する事件が起き，それに対して加害者の方に同情の声が上がるという状況が生じたり，海岸には「観光客へのお願い」と題して「公衆の目に触れる場所で，人にけん悪の情を催させるような仕方でし，ももなどをみだりに露出しますと，軽犯罪法に違反しますので，このような行為はつつしんで下さい」という看板が掲げられたりするようになったのである。

　こうした観光客に対する地元住民の反発の声が最も大きくなったのが，先の『週刊現代』の記事であり，「島内の世論はにわかに煮えたぎった。かねては人のいい，忍耐強い与論町民が激怒」したとされる。「夜ばいだの，フリーセックスだの，週刊誌の記事はまるで"南洋の土人"扱いではないか。未開の土地を探険する文明人の発想ではないか」と本土側からのまなざしが批判の対象となり，「日本中から注目され，誇りがましく思っていた。その誇りを傷つけられありもしない恥部をさらけ出された。そんな感じですね」と，週刊誌が描き出す与論島は地元の人のアイデンティティと対立するイメージとなっていたのである。特にこうした性的なイメージに対する与論島民の反発は根強く，例えばすでに昭和39（1964）年には「セックスがかなり正面に押し出され」た「近親相姦の問題を取り上げる」映画『パラジ』のロケ地になるという話があったが，与論町議会はこの映画の製作反対を議決している。奔放な恋愛や性に関わるイメージは，与論島では大きな反発を招く対象だったのである。

またそのほかにも，観光客の増加にともなうさまざまな弊害が地元住民からの批判の対象になっていた。観光客の増加は，与論島にそれまでほとんどなかった盗難事件を発生させ，特に昭和46（1971）年5月に発生した遺骨盗難事件は地元住民の怒りを買うことになった。サンゴも盗難の対象となり，観光客が帰った後は「まるでイナゴの大群が通り過ぎたようだ」といわれる状態になった。観光客が与論島で行う「自由」なふるまいが，地元住民の批判の対象となっていったのである。観光客の増加はそのほかにも，物価の高騰，水不足，ゴミ公害，島民の心の退廃などのいくつもの悪影響を地元にもたらし，その結果，先の週刊誌発売後間もなく実施された与論高校新聞部のアンケートでは，同校生300人中156人，町民96人中80人が観光ブームに反対するという状況が生じていた。

　このような対立から，「はじめヒッピーが，そして若者たちがあこがれた与論の純朴な人情は，ささくれ立ち，不信と敵意，さげすみと無関心が島民のこころに根ざしてしまったかに見える」と指摘されるようになった。しかしながら，観光地化に反対する現地住民も，「頭からぜんぶ反対というわけではありませんよ。モテすぎて当惑すると言いますか，島が荒らされないような静かなブームなら，みんな大歓迎でしょう。」と，観光地化を忌避しながらも，観光による地域振興を一方では期待し，適切なバランスがとられることを求めていたのである。結果として，与論島ブームがすぎ去るなかで，観光地化による観光客と現地住民の対立は顕在化しなくなっていった。そして，与論ブーム時の与論町長は「受入れ体制がととのわないのに，旅行業者がどんどん団体を送り込んで……困惑している現状です」と述べていたが，今度は逆に与論島側が観光客を誘致する必要が生じ，第2節で述べたように，昭和58（1983）年に「花」と「サンゴ」を意味するパロディ国家「ヨロンパナウル王国」を建国して既存イメージの延長線上で南の島であることを強調したり，通年的な集客を図るためにさまざまなイベントが実施されたりすることになった。しかしながら観光客の減少は食い止めることはできず，たしかに観光客をめぐるコンフリクトはみられなくなったが，観光振興の面で課題を抱えるようになったのである。

215

4　映画『めがね』による与論島観光に対する現地の反応

(1)　映画『めがね』の喚起する与論島のイメージ

　観光ブーム期以降，外部からのイメージ創造による観光客の集客が停滞していた与論島であったが，平成19（2007）年9月に公開された映画『めがね』によってまた新しいイメージが創り出され，観光客を集めるようになっている。「何が自由か，知っている」をキャッチコピーとするこの映画の概要は以下のように説明されている。

　　「外さないように，失わないように」してきた人生を，
　　ふっと一回休んで，ここに来た。

　　しかしなんだろう，ここで出会った人たち。
　　ひとりで風に吹かれて，微笑んで暮らしている。
　　疑わない，比べない，求めない。
　　それは逞しさであり，勇気であり。大きな何か。

　　ひねもす春の海。
　　あれほどあこがれていた「自由」に，
　　ふと手が届きそうな気がする。
　　……

　　　登場人物は，3人の女と2人の男。ひとりの女性が，とまどいつつも心の赴くままに訪れた南の海辺で，物語の幕が開きます。たどり着いた小さな宿で出会う人々，彼らとの繊細かつ不思議な心のふれあいが，美しい風景をバックに繰り広げられます。
　　……

　　　どこへ行くでもなく，何をするでもなく，ただ「たそがれる」。リラックスした登場人物たちの姿からは，人が本来魂に宿している，原始の豊かさが漂います。日常の鎖から解き放たれて取り戻す，自由というもの。
　　……

南国ならではの透明感あふれる日差しのもと繰り広げられる，生命力を呼び覚ますおいしい食事。心地よい暮らしの風景。スクリーンから五感のすみずみに届く，ひろびろと手足を伸ばして生きる歓びを，ただ素直に受け止めればいい。……
　行く先が見えなくなったら，なんとなく世界とピントが合わなくなったと感じたら，それがあなたのたそがれとき。まっすぐに歩いていけば，いつか必ずたどり着く。あなたもきっと経験する旅，その理想形が，『めがね』を通して見えてくるかもしれません。[83]

　この映画では，都会から南の島にやって来た女性と「小さな宿で出会う人々」との「心のふれあい」が展開され，そこでは「どこへ行くでもなく，何をするでもなく，ただ『たそがれる』」ことを通じて，「日常の鎖から解き放たれ」て「自由」を取り戻す様子が描かれている。ここに表現されているように，与論島に自由を求めるのは，1970年代の観光客とまったく同じである。しかしながらそこでの活動は，既存の与論観光では提起されなかった「たそがれる」というものになっている。この「たそがれる」という活動と観光の関係は，映画のなかで以下のように表現されている。

　　　　　シーズンオフで人気のない殺風景な空港前。
　　　　　地図を見ながら歩くタエコ。
　　　　　ファックスされた手書きの地図は，空港から宿までの徒歩での行き方が描いてあるが，雑で分かりづらい。
　　　　　……
　　　　　入口の脇に，手書きで小さく「ハマダ」とある慎ましい表札に気付くタエコ。
　　　　　ユージがタエコの目線に気付き，
　　ユージ「大きな看板を出すと，お客さんいっぱいきちゃうでしょ。このくらいがちょうどいいんです」
　　タエコ「……」
　　　　　……

ユージ「私の描く地図は分かりづらいみたいで，ほとんどの人が迷うんです。ひどい人だと 2 時間以上この辺りでうろうろして」

タエコ「2 時間……」

ユージ「分かりやすく描いているつもりなんだけどなぁ……。ま，お客さん増えたら困るから，ちょうどいいんですけどね。……そういえば，迷わずに来たお客さんも，3 年ぶりです」

タエコ「……」

ユージ「才能ありますよ」

タエコ「？」

ユージ「ここにいる才能」

　　　……

タエコ「今日は，観光しようと思うんですけど，どこかいいところはありますか？」

　　　ユージ，妙な顔をして，

ユージ「カンコウ……」

タエコ「ええ」

ユージ「この辺を？」

タエコ「はい」

　　　サクラの顔を見るユージ。
　　　二人，顔を見合わせて困った顔をしている。

タエコ「？」

ユージ「観光するところなんて，ありませんよ」

タエコ「え？……じゃあ，ここへ遊びに来た人は，一体何をするんですか」

　　　ユージ，少し考え，

ユージ「たそがれる……？」

タエコ「たそがれ？」

ユージ「うんうん……」[84]

ここにあるように，「たそがれる」という活動は，「観光」と対比されるものとして表現されている。また宿の経営方針も，観光客の増加を忌避しており，全

体として1970年代の与論島であったようないわゆるマス・ツーリズムを否定
しているといえる。この映画では，南の島の美しい海は表現されるが，浜辺に
座り海を眺めながら「たそがれる」だけで，水着を着て海で泳いだり，海中の
景観をみたりという活発な実践は行わない。さらに，「たそがれる」ことを主
題とする映画のなかでは，男女の恋愛は発生しない。「自由」を求めることは
1970年代の与論島ブーム時と同じであるが，観光や恋愛と切り離され，「たそ
がれる」ことが求められるなかで，与論島のイメージや場所神話は大きく変容
しているのである。

(2) 映画『めがね』をみて与論島を訪れる観光客と現地の対応

こうした映画の舞台となった与論島に憧れて，都市部から主に一人旅の若い
女性が訪れるようになっている。観光協会への聞き取りによれば，ほぼ9：1
の割合で女性が多く，20代後半から30代のOLが中心であるとのことで
あった[85]。また，そうした女性は一人旅が多く，映画『めがね』をみて来る人は
映画内の宿「ハマダ」のロケ地となった宿泊施設の与論島ビレッジに泊まる人
が多いとのことである[86]。与論島ビレッジにおける聞き取りでは，女性の一人旅
でカメラを持った人が多く[87]，リピーター比率も高くて平成23（2011）年になっ
てもその数は減少していないとのことであった[88]。また，なかには主人公になり
きろうとして空港の周りを一人歩きし，宿がみつからなくて道に迷う人もいた
とのことで[89]，映画の内容に強く影響されて来る観光客が存在することが認め
られる。そしてこの映画をみた観光客が与論島に何を求めてやって来るのかは，
以下の紀行文からその一端をうかがい知ることができる。与論島旅行の心情を
綴った文章と現地の写真で構成されたこの書籍は，冒頭に以下の文が記されて
いる。

　　仕事の帰りに寄った映画館
　　上映していた映画の台詞

　　『いくらマジメにやってても，休憩は必要です……そうでしょう？』

8年勤めた仕事を辞めたとき
　　　私はあの映画の島へ行きたくなりました

　　　必死でしがみついていたものから
　　　手を放したとき……

　　　私は海がみたくなりました

　　　映画の舞台「与論島」へ

　　　ちょっとだけ
　　　ほんのちょっとだけ

　　　人生を休憩しに行ってきました[90)]

　「たそがれ」や「自由」がキーワードとなっている映画をみた筆者は，「人生を休憩しに」与論島を訪れている。その後の文章では，「働く都市から休憩する島へ」移動し，「島には交通渋滞なんてない　急ぐ必要もない」とゆっくりと時が流れる現地の状況を発見したり，「泊まったホテル　ここは映画の世界そのもの」などと与論島ビレッジに映画の世界を確認したりする様子が描き出されている。またそこに掲載される写真にはほとんど人物は登場せず，たまに現地の住民が姿を現すのみである。すなわち，与論島は，都市での疲れを癒す南の島として位置づけられているのであり，他者と活発に交流するのではなく，自己と向き合いながらゆっくりと休憩することがそこに期待されているのである。ここから，与論島に観光客が求めるものやそこでなされる実践は，与論ブーム時のそれとは大きく異なっていることが認められる。
　こうした映画『めがね』の提起する与論島のイメージや，それに憧れてやって来る観光客に対して，現地における聞き取り調査では住民の反発の声を聞くことはなかった。しかしながら，与論島観光協会の聞き取りでは，映画の舞台であることを積極的に宣伝することは行っていないということであった。その

理由としては，映画『めがね』ではその舞台をどこでもない南の島とだけ設定しているため，製作会社から積極的に宣伝しないようにといわれているためだとのことであり，また観光協会としても宣伝することは映画のコンセプトと合わないと考え手控えているとのことである。映画『めがね』をみて与論島にやって来る観光客は自分で情報収集して来島するため，積極的な宣伝は逆効果であろうというのである。またこうした意見の背景には，かつてのように大人数の観光客が訪れるのではなく，一定数の観光客がゆっくりと長期間来てくれることが望ましいという同観光協会の考え方も影響している。こうした考えは，与論島ビレッジや与論民俗村といった観光関連施設でも提起されており，映画『めがね』を通じた観光ブームを作ることに否定的な意見が多いことが認められる。

　しかしながら，観光協会側は映画『めがね』をまったく観光振興に利用しようとしていないわけではない。例えば，映画をみた観光客の質問が多かったということで，製作会社の許可をとり平成20（2008）年4月には観光案内地図にロケ地のマークを記載している。また，映画で出てきた自転車を公共の観光施設であるサザンクロスセンターに平成21（2009）年5月から展示している（第6-1図）。そのほか，公的に紹介することははばかられるが，インターネットなどで観光客によって積極的に紹介してほしいとも話しており，実質的には映画『めがね』による観光振興への期待は高いものがある。与論島ビレッジでも，製作会社の許可を得て，一度壊した映画のセットをすぐに再建し，観光資源として利用している（第6-2図）。観光振興への積極的な活用を否定しつつも，ある一定程度内での活用を図るという対応をとっているのである。

5　おわりに

　本章で検討したように，与論島イメージは，1970年代の観光ブーム時と，近年の映画『めがね』が提起するものでは，「自由」という面では同じくするものの，その内容やそれが生み出す実践の点で大きく異なっている。特に映画『めがね』が「観光」を否定するなかで「たそがれる」ことを打ち出したことは，1970年代のそれとの相違として特筆されるところである。

221

第6−1図　サザンクロスセンターにおける映画『めがね』の自転車展示
注）2010年9月21日筆者撮影。

第6−2図　与論島ビレッジの復元された映画『めがね』の舞台セット
注）2010年9月26日筆者撮影。

　もちろん，この「たそがれる」という活動も，実質的にはそこまで来るという移動の実践があること，非日常の「自由」を求めていること，主人公が海を眺めるシーンが多いようにみることも重視されていることから，観光の一つの形態といえる。さらにいえば，空港や宿泊施設の存在など，現実的には観光を支える施設や経済活動に依存して「たそがれる」ことは実現している。しかしながら映画では，こうした現実を前景化させないことで，「たそがれる」とい

う活動を「観光」と異なるものとして提起し，現代において「自由」を求めるための重要な実践としてそれを位置づける。そもそも，「たそがれる」という行為は，多くの観光客が訪れる観光地では実現が困難である。そのため，実践の内容もそれが依存するシステムも観光と同じであるにもかかわらず，またそれなしには成立が困難であるにもかかわらず，「たそがれる」ことは「観光」と対立しているのである。

　そしてこのような「観光」を否定して「たそがれる」ことを推奨する映画は，1970年代の与論島で問題となったような観光や恋愛に関連する実践をひき起こさない。与論島ブーム時のような観光地化に対する反発が今でも根強い与論島においては，まさしくうけ入れられやすい映画でありまたその影響をうけた観光形態といえるだろう。しかしながら映画『めがね』の性格もあり，同映画を用いた積極的な観光振興は困難になっており，実際，全体としては観光客の減少を食い止めるほどの効果は有していない。「たそがれる」ことがそうであるように，映画『めがね』は観光という活動やそれによる地域振興との関係では矛盾を抱えた状態にあるのである。たしかに映画『めがね』が生み出す与論観光は，観光ブーム期とは異なり，矛盾をはらむ現象である観光がコンフリクトを表面化させないためのある一定のバランスを提供することに貢献している。しかしながらまた同時に，「たそがれる」ことを主題とする映画『めがね』のような観光は，そうした微妙なバランスの上でしか成立しないものとなっている。社会的なコンテクストの変容にともない，近年ではマス・ツーリズムから新しい観光への転換が図られているが，観光の空間がはらむコンフリクトは消滅するのではなく，潜在化したり，新しい形態が生み出されたりしているのである。

【注】

1）与論島の観光に関する研究としては，管見の限り以下のものが存在する。なお，これらの研究は与論島における観光の実態を報告するものがほとんどで，本章のようにイメージに注目して検討したものは存在しない。(1) 鈴木公「観光面から見た与論島」，南日本文化 7，1974，15-26 頁。(2) 堂前亮平「与論島における村落の観光地化」，地域研究シリーズ 1（与論・国頭調査報告書），

1980, 109-117 頁。(3) 中山満「与論島におけるリゾート型観光地の形成について」, 沖縄地理 1, 1986, 39-52 頁。(4) 田島康弘「与論島における来訪者とまちづくり―とくにギリシャ村を中心に―」, 南太平洋海域調査研究報告 42, 2005, 78-89 頁。(5) 桑原季雄「与論島における観光化と地域振興」, 南太平洋海域調査研究報告 42, 2005, 90-96 頁。
2) 与論町史編集委員会編『与論町史』, 与論町教育委員会, 1988。なお, 南西諸島とは, 九州の南方から台湾の東方にかけて連なる, 大隅諸島, トカラ列島, 奄美群島, 沖縄諸島, 宮古列島, 八重山列島, 尖閣諸島, 大東諸島といった, 鹿児島県と沖縄県にまたがる諸島の総称である。また奄美群島は, 13 の島からなり, そのうち有人島は北から, 奄美大島, 喜界島, 加計呂麻島, 与路島, 請島, 徳之島, 沖永良部島, 与論島となっている。
3) 『南海日日新聞』1960 年 3 月 3 日。
4) (1)『南海日日新聞』1960 年 3 月 28 日。(2)『南海日日新聞』1960 年 4 月 2 日。
5) 『南海日日新聞』1961 年 8 月 13 日。
6) 『南海日日新聞』1963 年 1 月 17 日。
7) 『南海日日新聞』1963 年 2 月 28 日。
8) 『南海日日新聞』1963 年 9 月 7 日。
9) 宮本常一・中村由信・中川善之助・織畑基一「日本の島の共通性と特殊性はなにか？」, 旅 37-7, 1963, 51-56 頁。
10) 『南海日日新聞』1964 年 1 月 1 日。
11) 『与論新報』1965 年 5 月 1 日。
12) 『与論新報』1965 年 8 月 15 日。
13) 前掲 1) (1) 15 頁参照。
14) 前掲 1) (1) 16 頁参照。
15) 小田実「与論島―ある小さな『日本』―」, 朝日ジャーナル (6.10), 1962, 87-92 頁。
16) ヨロン島観光協会提供資料による。
17) 前掲 1) (1) 18-19 頁参照。
18) (1)『南海日日新聞』1971 年 7 月 3 日。(2)「与論島紀行」, 毎日グラフ 24-34, 1971, 3-20 頁。
19) (1)『与論新報』1967 年 8 月 1 日。(2)「ルポ・崩壊〈5〉"観光の波"に難破した"誠" 与論島 (鹿児島県)」, 朝日ジャーナル (9.17), 1971, 42-46。(3) 前掲 18) (1) 参照。
20) (1)『与論新報』1967 年 9 月 1 日。(2)『南海日日新聞』1967 年 9 月 3 日。(3)『与論新報』1968 年 1 月 1 日。
21) 『南海日日新聞』1968 年 2 月 23 日。
22) 『与論新報』1968 年 6 月 1 日。
23) 『南海日日新聞』1969 年 6 月 11 日。
24) (1)『与論新報』1971 年 5 月 20 日。(2) 地域経済研究会編『与論町中期構想研究報告』, 地域経済研究会, 1979。

25)『南海日日新聞』1970 年 8 月 13 日。
26) 前掲 1）（1）15 頁参照。
27) 新納重博「与論島狂騒曲」，青い海 2-4，1972，35-39 頁。
28) 前掲 18）（2）18 頁参照。
29) 前掲 1）（1）18 頁参照。
30) 前掲 1）（1）19 頁参照。
31)『南海日日新聞』1971 年 10 月 9 日。
32)『南海日日新聞』1971 年 7 月 9 日。
33)「ブームの与論島の聞きしにまさる性解放」，週刊現代（6.10），1971，116-120 頁。
34) 2011 年 9 月 6 日の聞き取りによる。
35) 前掲 1）（1）16-19 頁参照。
36)『与論新報』1970 年 12 月 6 日。
37)（1）前掲 2）699 頁参照。（2）前掲 16）参照。
38)（1）前掲 2）700-701 頁参照。（2）前掲 1）（5）93-96 頁参照。
39) 渡部雄吉「南の涯ての人々―国境の島・輿論島へ行く―」，中央公論 72-11，1957，1-19 頁。
40) 稲見輝男「神秘なコバルト色の島・与論島」，旅 34-4，1960，74-75 頁。
41) 前掲 15）87-88 頁参照。
42)（1）『与論新報』1962 年 11 月 1 日。(2)『与論新報』1963 年 8 月 1 日。
43) 沖縄県祖国復帰闘争史編纂委員会編『沖縄県祖国復帰闘争史　資料編』，沖縄時事出版，1982。
44)「与論島」，旅 42-6，1968，95 頁。
45)『南海日日新聞』1967 年 9 月 29 日。
46)（1）川井龍介『「十九の春」を探して』，講談社，2007。（2）前掲 27）36 頁。（3）西部邁『六〇年安保―センチメンタル・ジャーニー―』，洋泉社，2007。
47) 藤原南風『新奄美史　下巻』，奄美春秋社，1980。
48)『南海日日新聞』1967 年 8 月 10 日。
49)『南海日日新聞』1971 年 7 月 3 日。
50)『南海日日新聞』1968 年 2 月 23 日。
51) 真奈古富士子「いちばんきれいな海で泳いでみたくてたずねた与論島」，若い女性 14-3，1968，127-128 頁。
52) 前掲 44）参照。
53)『南海日日新聞』1971 年 3 月 27 日。
54) 前掲 27）37 頁参照。
55)『南海日日新聞』1971 年 7 月 7 日。
56)「〈現地ルポ〉〈与論〉は若いさすらい人の島だ!!」，プレイボーイ（6.29），1971，24-31 頁。
57) 前掲 40）参照。
58) 前掲 15）89 頁参照。

59）前掲 44）参照。
60）前掲 51）128 頁参照。
61）前掲 33）参照。
62）「なんでも情報　味のある旅（1）夏の与論島・ガールハントに絶好の島旅」，プレイボーイ（8.24），1976，164 頁。
63）「グラビア　現代の顔"ヤングパニック"与論島」，週刊新潮（8.25），1977，i-vii頁。
64）『南海日日新聞』1967 年 9 月 29 日。
65）『南海日日新聞』1971 年 7 月 2 日。
66）鬼塚こず得「郷土と私」，与論 1，1969，101-102 頁。
67）『与論新報』1969 年 6 月 10 日。
68）前掲 27）37 頁参照。
69）前掲 33）120 頁参照。
70）(1)『南海日日新聞』1970 年 8 月 20 日。(2) 前掲 27）37-38 頁参照。
71）『南海日日新聞』1971 年 3 月 29 日。
72）『南海日日新聞』1971 年 7 月 2 日。
73）『南海日日新聞』1971 年 7 月 2 日。
74）『南海日日新聞』1964 年 6 月 1 日。
75）『南海日日新聞』1964 年 6 月 17 日。
76）(1) 前掲 27）38 頁参照。(2)『南海日日新聞』1971 年 7 月 6 日。
77）(1) 前掲 27）38 頁参照。(2)『南海日日新聞』1971 年 7 月 10 日。
78）前掲 1）(1) 23 頁参照。
79）(1)『南海日日新聞』1971 年 7 月 10 日。(2) 前掲 19）(2) 45 頁参照。
80）前掲 19）(2) 46 頁参照。
81）『南海日日新聞』1971 年 7 月 9 日。
82）前掲 19）(2) 45 頁参照。
83）めがね商会編『めがね』，めがね商会，2007。
84）『めがね　最終稿』[台本]
85）2009 年 9 月 15 日の聞き取りによる。
86）2010 年 9 月 24 日の聞き取りによる。
87）2009 年 9 月 15 日の聞き取りによる。
88）2011 年 9 月 6 日の聞き取りによる。
89）2009 年 9 月 15 日の聞き取りによる。
90）Miho Kikuchi『あの海がみたくて　Yoron Island Shutter Release』，Photo back bunko，2008。
91）2009 年 9 月 15 日および 2011 年 9 月 6 日の聞き取りによる。
92）2011 年 9 月 6 日の聞き取りによる。
93）2009 年 9 月 15 日および 2011 年 9 月 6 日の聞き取りによる。
94）2009 年 9 月 15 日の聞き取りによる。
95）2009 年 9 月 15 日および 2010 年 9 月 24 日の聞き取りによる。
96）2011 年 9 月 6 日の聞き取りによる。

あとがき

　「点と点を繋ぐこと connecting the dots」。本書の執筆途中の 2011 年 10 月 5 日，米アップルの創業者であり長く最高経営責任者（CEO）を務めた同社会長のスティーブ・ジョブズが死去した。特に彼の信奉者というわけではなかったが，学部学生時代から同社の製品を愛用していた私にとっては一つの大きな出来事であった。インターネットを眺めるなかで，2005 年のスタンフォード大学の卒業式で行った同氏のスピーチが紹介されているのに気がついた。その動画をみて感銘をうけたのが，冒頭の「点と点を繋ぐこと」に関するジョブズの演説である。人生における出来事の繋がりはその時には予測できず，後で振り返ってそれに気がつくものである，今やっていることがどこかに繋がっていると信じることが重要で，それが自信を，そして人生に違いを生み出す，というのである。

　本書についても，思い起こせば当時はまさか関係するとは予想しえなかった出来事の繋がりによって生み出されていたといえる。記憶を辿ると，本書に関連する学問や対象に関心を抱くことになったきっかけの多くは，私が学部時代を過ごした三重大学人文学部における目崎茂和先生との出会いによって生み出されたのだと思われる。私は同学部の講義のなかで，沖縄のサンゴ礁や祭りについて講じる自然地理学を専門とする目崎先生の授業に関心を持っていた。そして 2 回生の時にうけた同氏の講義のなかで，「台湾へサンゴ礁の調査に行くので，現地集合現地解散で来たい人は連絡を」，と彼が学生に声をかけてくれたので，私はそれについて行ったのである。約 2 週間のはじめての海外旅行において深く印象に残ったのは，各所に貼られた酒井法子のポスター，日本文化に関心を持つ若者たち，日本語で話しかけ優しく接してくれる高齢者，といった台湾における日本的なものであった。なかでも衝撃的であったのは，日月潭近くの九族文化村を訪れた時，そこにいた少数民族の高齢の女性がとても綺麗な日本語で親しげに話しかけてきて，日本統治時代の思い出を懐かしげに語っ

てくれたことであった。台湾が日本の植民地であったことはもちろん知識としては知っていたが，それが旅行という実践のなかで，はじめて現実的なものとして感じられることになった。こうして，本書の第3章でとりあげた台湾への興味，特に日本統治時代へのそれへの関心が生み出され，また旅行という実践が私の身近なものになっていったのである。その後，3回生に上がって目崎先生を指導教員とした私は，夏に同氏の留学先を訪れるという理由で約1ヶ月半オーストラリアを旅行するなど，観光旅行にはまっていった。また卒業論文も，石垣島におけるサンゴ礁保全問題を，観光客，地元住民，そして研究者との関係から考察するなど，彼の影響をうけるなかで執筆することになったのであり，それは本書における第5章の沖縄や第6章の与論島への関心に結びついている。

　また，私が学問に，なかでも文化地理学に興味を抱き，研究者を目指すきっかけとなったのは，同学部に私が3回生の時に着任された中川正先生のご指導によるものである。中川先生は文化地理学を専門とし，英語圏の理論的な議論にも明るく，また学生への教育に非常に熱心な方であった。そして，私が地理学や文化人類学などに興味があるのを知ると，授業時間外に時間をとってくれ，R. J. Johnston が執筆した著書 *Geography and Geographyers* の内容をレジュメを作って丁寧に教えてくれたのである。戦後における英語圏の人文地理学の学史を論じた同書は，『現代地理学の潮流』（立岡裕士訳，地人書房）として1997年に翻訳されているが，当時はそれが存在せず，中川先生の指導がなければ一介の学部学生がその内容を知るのは困難であった。それによって，学術的な視点による研究というものに関心を抱くようになったのであり，また同先生の指導で，文化地理学への興味が湧いてきたのである。

　その後，中川先生のアドバイスで，大阪市立大学大学院文学研究科の地理学専攻へと進学することになった。そこで，同大学院で指導教官となる水内俊雄先生に出会い，大学院1回生の時に，本書の序章で論じたジョン・アーリの『観光のまなざし』（加太宏邦訳，法政大学出版局，1995）を紹介され，観光研究へと導かれることになった。また同先生指導による合同調査で和歌山市を訪れ，そこで本書の第1章でとりあげた白浜温泉や第2章で論じた新和歌浦などの観光地に興味を抱き，それらをテーマに修士論文を執筆することになった。さらに，当時の大阪市立大学大学院の地理学教室には優秀な先輩方が多数在籍され

あとがき

ており，なかでも現在は立命館大学で教鞭をとられている加藤政洋先生は，英語圏の文化社会地理学の動向を押さえつつ理論的研究をされており，彼の背中をみたおかげでいわゆる研究者がどのような活動をすべきかが理解できるようになっていった。また，現在は阪南大学で教鞭をとられている観光地理学を専門とする松村嘉久先生も同じく地理学教室の先輩として在籍されており，さらに大学院入学の2年後には観光研究で有名な橋爪紳也先生が文学研究科に着任されたのであり，観光について研究するにあたっては非常に恵まれた環境におかれていたといえる。加えて，同地理学教室の卒業生には，島津俊之先生（和歌山大学），大城直樹先生（神戸大学），吉田容子先生（奈良女子大学）といった学識ある先生方がおられ，その影響下で地理学における研究を進めていくことができたのは幸運であった。そればかりでなく，福田珠己先生（大阪府立大学）や荒山正彦先生（関西学院大学）をはじめとする文化や観光をテーマに研究されている多数の地理学関係の先生方との繋がりのなかで研究を進めることができた上に，空間論研究会という場において，吉原直樹先生（東北大学：現・大妻女子大学）や吉見俊哉先生（東京大学）といった観光に注目しながら空間論を論じる社会学の先生方と知り合い研究上の刺戟をうけたことは，本書の内容にも深く影響している。こうして2005年3月に大阪市立大学へ博士論文『近代日本における観光空間の生産をめぐる文化地理学的研究』を提出することができ，4章と6章を除く本書のベースはこの段階で完成したのである。

その後，大学教員としての就職状況が厳しくなるなかで，観光をテーマにしていた私は比較的早く職に就くことができ，2005年4月に鈴鹿国際大学の専任講師となった。大学院生時代は教員になっても研究中心の生活を送りたいと考えていたが，実際に経験してみると学生の成長する姿をみるのは楽しいものであり，むしろ学生教育に関心を持つようになっていった。なかでも，同大学に赴任してまた中川先生ともお会いする機会に恵まれるようになったことがきっかけとなり，同先生を筆頭に三重大学の森正人先生と私の3名で『文化地理学ガイダンス』という教科書を2006年にナカニシヤ出版で出版することになったことが，本書のきっかけの一つとなっている。この時にお世話になったのが本書の編集に携わってくれたナカニシヤ出版の吉田千恵氏であり，この経験が教科書をはじめとする書籍発行に対する興味へと繋がったのである。その

後，和歌山大学経済学部に観光学科が新設されるにともない，2年という短い在職期間で鈴鹿国際大学を後にした。そして，和歌山大学における新規担当科目で使用する教科書とするために，主に地理学や社会学を専門とする観光研究者の助力を得て，『観光の空間』と『レジャーの空間』という2冊の本を，吉田氏を担当編集者として編集し，2009年に発行することができた。私の最初の単独著書となる本書を，ナカニシヤ出版から発行したいと考えたのも，かかる経緯からである。

　このように学生教育に関心を抱き，教科書の発行などに力を入れていたが，大学に職を得てからはその研究活動はやや停滞していたといえる。鈴鹿国際大学に着任後は，地理学者は赴任先に関する研究をすべきであるということを地理関係の先生方にいわれたことを思い出し，すぐに第5章で論じた世界遺産に登録された熊野に関する研究を進めてはいた。しかしながら，2005年に提出した博士論文をベースにしているにもかかわらず，そこから本書の発行まで7年もかかってしまったことはやはり怠慢といわざるをえないであろう。こうした原因としては，もちろん大学教員としての職務の多忙さもあったが，やはり研究の視点や方法が固まってくるなかで，研究の楽しさが薄れていったことがある。これは私の不勉強もあったが，ちょうど私の研究領域における議論が世界的に成熟していくなかで新しい展開に乏しくなり，またさらに新展開といわれる方向性も当時の私は関心を抱かなかったことがある。こうしたなかで，今後の自身の方向性を見定めることができず，研究が足踏みしていたのである。

　しかしながら，三重大学の森先生による英語圏の文化地理学における新しい研究動向の紹介などに刺戟をうけるなかで，また研究に対する知的好奇心が徐々に蘇っていった。さらに，和歌山大学観光学部長であった1932年生まれの大橋昭一先生が，2010年に『観光の思想と理論』（文眞堂）を発表するなど精力的に執筆活動を行っているのを目の当たりにしたことも大きな刺戟となり，改めて研究を仕切り直すためのエネルギーとなった。また現在の観光学部長の山田良治先生に，書籍の発行を強く勧められたことも，怠惰な私が本書を執筆することができた大きな要因である。加えて，観光学部のゼミ生の勉強意欲も，私の研究の助けとなった。第6章の与論島に関する研究は，一期卒業生の池田桃子さんと二期卒業生の大前友紀さんの助力を得ながら進められたものである。

あとがき

　こうしてようやく本書は日の目をみることができたのであるが，第4章と第6章を除く本書のベースは，先にも言及したように2005年に大阪市立大学に提出した博士論文である。また本書の内容の大部分はすでに公表済みの論文をもとにしている。もとになった原稿は以下の通りである。

　　序　章　「観光，空間，文化―観光研究の空間／文化的転回へ向けて―」（橋爪紳也・田中貴子編『ツーリズムの文化研究』，京都精華大学創造研究所ライブラリー，2001）27-70頁。
　　第1章　「南紀白浜温泉の形成過程と他所イメージの関係性―近代期における観光空間の生産についての省察―」，人文地理53-5，2001，24-45頁。
　　　　　　「境の空間を創造すること―戦前期における南紀・白浜温泉の形成過程を事例として―」（『第6回「観光に関する学術研究論文」入選論文集』，財団法人アジア太平洋観光交流センター，2000）37-52頁。
　　第2章　「近代期における和歌山市の観光都市化の過程とその背景」（『第9回「観光に関する学術研究論文」入選論文集』，財団法人アジア太平洋観光交流センター，2003）1-14頁。
　　　　　　「昭和初期の和歌山市における郷土芸術運動の変容と郷土概念の変奏」，人文地理56-1，2004，59-76頁。
　　第3章　「日本統治期台湾における国立公園の風景地選定と心象地理」，歴史地理学53-3，2011，137-161頁。
　　第4章　「熊野の観光地化の過程とその表象」，国立歴史民俗博物館研究報告156，2010，137-161頁。
　　　　　　「吉野熊野国立公園の指定と熊野風景の変容」，（『和歌山大学観光学部設置記念論集』，2009），99-113頁。
　　第5章　「戦前期における沖縄観光と心象地理」，都市文化研究4，2004，11-27頁。
　　　　　　「沖縄イメージの変容と観光の関係性―米軍統治時代から本土復帰直後を中心として―」，観光学4，2010，23-36頁。

231

第 6 章　「与論島観光におけるイメージの変容と現地の反応」，観光学 6, 2011, 21-31 頁。

　本書の理論的関心は 1990 年代から 2000 年代の議論に基づいているが，博士論文およびもとの原稿の発表年次からわかるように，なかでも 2000 年代前半までのものが中心となっている。そのため，理論的な議論の内容としてはやや旧聞に属するものが主となっており，最近の文化地理学における議論をうけた研究の展開としては検討の余地を残しているといえるだろう。そのため，本書の発行を区切りとして新しい研究の展開を目指したいと考えているが，タイミングよくきっかけはほかにも存在している。
　それは新しい観光関連学会の発足である。日本における既存の観光関連学会は，実学的傾向が強いこともあり，理論的にも研究の内容の厚さとしても，既存のディシプリンと比肩できる水準の論文が発表される学術誌が存在していなかった。このことが，日本における観光学の水準を低いものにすると同時に，若手の研究者が育たない大きな原因になっていると思われた。こうした点について，先の大橋昭一先生をはじめ，観光人類学の第一人者である橋本和也先生（京都文教大学）や，観光社会学の研究を精力的に進めている遠藤英樹先生（奈良県立大学）と相談したところ，理論的な学術研究を志向する新しい観光学術関連学会を新設しようということになり，2011 年 8 月に 4 名で準備会を発足させることになった。その後，多くの研究者の賛同を得るなかで，2012 年 2 月 26 日に観光学術学会が発足したのであり，2013 年 3 月を目処に機関誌『観光学評論』の第 1 号が発行されることになっている。この学会の活動を進め，他の研究者との交流を図るなかで，新しい研究を進めていきたいと考える。
　このように，私個人としても，日本における観光学としても，ちょうど新しい一歩を踏み出すための時期に差し掛かっている。これは，ここまで論じてきたように，これまでのさまざまな出来事の偶有的な繋がりによって生み出されたものであるといえるであろう。そして，今やっていることがまた想像以上の新しい創造に繋がると信じて，研究活動を進めていきたい。
　最後に，私の研究に対してご指導およびご助言等をくださった諸先生方およびご協力いただいた方々，本書の出版のために尽力いただいたナカニシヤ出版

の吉田千恵氏と酒井敏行氏，そして遠藤詩織氏に，改めて心からの感謝の意を表し，稿を閉じることとしたい。

　　2012 年 7 月

神 田　孝 治

〔追記〕

　本書の出版から 5 年が過ぎ，日本における観光研究をとりまく状況も大きく変化している。特にアーリ（Urry, J.）の研究を中心に「移動論的転回」にかかる議論が受容されていくなかで，移動に注目した観光研究が盛んになりつつある。筆者も観光学術学会の機関誌『観光学評論』において，こうした動向を展望する論考（「文化／空間論的転回と観光学」観光学評論 1-2, 145-157 頁 , 2013）や，移動のなかでどのように観光地が形成され，また観光地自体がいかに移動しているのかについての論考（「沖縄本島における墓地を対象とした観光の生産とその変容―移動に注目したダークツーリズムの考察―」観光学評論 5-1, 93-110 頁 , 2017）を発表している。本書の内容をふまえつつ，特に 2000 年代に入って注目された新しい動向をふまえた研究として，あわせてこれらの論文も参照されたい。

　また，2017 年 3 月に和歌山大学観光学部は設立後 10 年を経過し，観光学研究科の後期博士課程も完成年度を終了した。こうした区切りのタイミングで，筆者は 2017 年 4 月に立命館大学文学部に移動し，地域研究学域地域観光学専攻に所属することになった。かかる新しい環境のもとで，改めて新鮮な気持ちで観光研究を行っていきたいと考えている。

　最後に，本書の 2 刷発行にあたってご尽力いただいたナカニシヤ出版の酒井敏行氏に御礼申し上げたい。

　　2017 年 3 月

神 田　孝 治

人名索引

あ行
アーリ（J. Urry）　2-3, 8
青木繁　77, 99
秋守常太郎　151
荒山正彦　73-74
猪場毅　64
小川琢治　36
小田実　208-209

か行
金平亮三　82, 97
北尾鐐之助　32-33, 36
喜多村進　51-53, 60, 62-69
久保昌雄　113, 121
クラウチ（D. Crouch）　2
栗本勇之助　38
グレゴリー（D. Gregory）　2, 4
小池洋一　136
ゴス（J. Goss）　4
後藤新平　77, 113
小濱淨鑛　83-85
コルバン（A. Corbin）　11

さ行
サイード（E. Said）　2, 4-6, 201
笹森儀助　155
佐藤惣之助　157-158
シールズ（R. Shields）　2, 7-8
幣原坦　83, 86
小竹岩楠　23, 38
下村南海　152
ストリブラス（P. Stallybrass）　6
千家哲（晳）磨　120, 171
ソジャ（E. Soja）　2

た行
ターナー（V. Turner）　8
武田五一　35-36
多田治　147-148
田村剛　75, 78-79, 83-84, 86, 89-95, 101, 103, 116, 118, 204, 209-210
ダンカン（J. Duncan）　2, 4

な行
鍋井克之　31, 33, 35

は行
ハーヴェイ（D. Harvey）　2, 6
バーバ（H. K. Bhabha）　6
バトラー（R. W. Butler）　19-20
早坂一郎　83-84, 86-90, 93
バルト（R. Barthes）　7
ハンチントン（E. Huntington）　95
日比野信一　83-84, 86
ブーアスティン（D. J. Boorstin）　8
フェザーストン（M. Featherstone）　8
ブリトン（S. Britton）　2
ヘネップ（A. Gennep）　8
ベルツ（E. O. E. Baelz）　22
ホブズボウム（E. Hobsbawm）　2, 5
ホワイト（A. White）　6
本多静六　24, 27-28, 44, 78, 97, 103

ま行
牧逸馬　31
マッカネル（D. MacCannell）　2, 4-5, 8
本山桂川　153
森田庄兵衛　57-58

や行
柳宗悦　160-167

235

ら行
ルフェーブル（H. Lefebvre）　　9–11, 20
レヴィ=ストロース（C. Lévi-Strauss）
　　7
ロジェク（C. Rojek）　　2, 8
ロラン（R. Rolland）　　65

わ行
脇水鐵五郎　　116–119

事項索引

あ行

アイデンティティ　1-2, 5, 11, 52-53, 67, 73-74, 86, 102-103, 134, 138, 163, 165-166, 184-185, 201
悪環境　94, 100, 103, 152, 158
新しい観光地理学　→観光地理学
新しい文化地理学　→文化地理学
亜熱帯　147-148, 160, 202
奄美ブーム　203
阿里山　77, 96, 98
アンビバレント　151, 153
生きられた経験　10
生きられる空間　→空間
異種混淆，異種混淆性　6-7, 92, 102-103
移動　1, 4-5, 201
イメージ　4-7, 9, 11, 32, 42, 73, 147-148, 163, 169, 172, 201-202, 210
癒し　134-138
海　147-148, 187
エキゾチック　148, 153, 156, 160
エロティシズム　159-160
沖縄館　185
沖縄観光開発公社　181
沖縄観光開発事業団　178, 189
沖縄国際海洋博覧会（海洋博）　147, 179-180, 187
沖縄視察団　150, 160
沖縄文化村　189
沖縄返還海上大会　209
鬼ヶ城　118
オリエンタリズム　4, 6
オルタナティヴ・ツーリズム　201
温泉地　27

か行

海岸風景　118
海水浴場　27, 174-175
海中公園　178, 204, 209
海浜リゾート　→リゾート
海洋性レクリエーション　179-182
鷲鑾鼻　82-83, 86, 92, 94
環境決定論　95, 152
観光　2, 6
　——開発審議会　177
　——空間　4-7, 9-10, 201
　——研究　1-3
　——資源　73, 75
　——の時間　11
　持続可能な——　13
　大衆——　11
観光客，ゲスト　3-8, 12, 163, 166, 169, 201-202
　——のまなざし　3, 5
観光地　3-5, 74, 79, 92, 103, 201
　——化　1, 13
観光地理学　2-3
　新しい——　2-3
観光都市　51, 55, 64, 67
　——化　53-54, 61
感情　10-11, 73
歓楽　39
紀伊山地　139
　——の霊場と参詣道　139
記号　7, 9
紀州文化研究所　67
亀甲墓　167
客体化　5, 170
境界，境界域，境界性　8
郷愁　36
郷土　64-65

237

──愛　67
──概念　52-53
──教育　67
均質化　1-2, 9-10, 12, 20, 73, 167, 201
近代リゾート　→リゾート
空間　2-4, 6, 9
　──スケール　67, 89, 95, 102-103, 140
　──性　2-3
　──的実践　9-11
　──の表象　9-11
　生きられる──　9
　差異の──　9, 28
　時間・──の圧縮　6
　思考される──　9
　社会──, 社会──化　4, 9-10
　知覚される──　9
　表象の──　9-11
　矛盾した──, 矛盾の──　5, 8-10, 20, 73-74, 165, 201
　余暇の──　9-10
空間論的転回　2-3
熊野海岸　116, 119
熊野古道　135, 137
熊野三山　136-137
グローバル, グローバリゼーション　1-2, 7, 9
景観　60, 63-64
芸術　64
権力　1-2, 4-5, 10-11, 73-74, 201
工業都市　→都市
高野山　123
高野竜神国定公園　127, 129
国立公園　73, 75, 88, 93, 111
コンフリクト　201-202

さ行

差異　12, 73, 92, 163
　──化　1-2, 7, 9, 20, 37, 73, 166-167, 201

──の空間　→空間
境の場所神話　7, 29, 41
桜　98
山岳的風景, 山岳的風景地　→風景, 風景地
産業革命　11
サンゴ礁　204-205, 210
時間・空間の圧縮　→空間
思考される空間　→空間
史蹟名勝天然記念物　87-88, 93-94
自然保護　86, 88
持続可能な観光　→観光
資本主義　1-3, 6, 9, 11-12
社会空間, 社会空間化　→空間
自由　211, 215-217, 220
住民, ホスト　4-5, 201-202, 213-215
首里城　189
ショッピング観光　170, 175
白浜温泉　23
白良浜　24, 27
新婚旅行地　34, 42
心象地理　2, 4, 74, 151, 153, 160
真正性　5, 8, 73, 103, 163
人文主義地理学　2
神話　7
新和歌浦　57, 125
ステレオタイプ化　6
スペシャル・インタレスト・ツーリズム　13
性　160, 212-214
政府立公園　177
世界遺産　138
世界の文化遺産及び自然遺産の保護に関する条約（世界遺産条約）　112
世界リゾート博　132
瀬戸内海国立公園　125
戦跡観光, 戦跡巡礼　169-170, 175
総合保養地域整備法（リゾート法）　112
蘇鉄地獄　149, 151

た行

大衆観光　→観光
他者　1-2, 5, 52
他所　4-7, 12, 52-53, 64, 67, 151, 153, 160, 163, 201
　——イメージ　7, 20, 29, 37
他性　2, 4-7, 9, 11, 37, 53, 73-74, 184
たそがれ，たそがれる　216-220
楽しみ　4, 9
旅する文化　1
旅する理論家　1, 5
知覚される空間　→空間
地方都市　→都市
地理的想像力　4-5, 7, 11, 111
青島　24, 27
辻遊廓　156-157
出会い　6
帝国主義　2, 4, 6, 74
伝統　36
　——の創造　2
天皇行幸　27
十日会　64, 66
都市　63
　工業——　19, 51-52, 61
　地方——　51-52
都市計画　54
都市美運動　64
瀞峡　113

な行

ナショナリズム　2-3, 10, 67, 73-74, 98-99, 118
那智の滝　113, 118
南紀熊野体験博　135, 137
『南紀芸術』　64, 66
南紀ブーム　42
南国　37, 148, 153, 159, 187-188
　——イメージ　35, 37, 39-41, 43
　——景観化　38-40
　——情緒　202

　——神話　37
　——楽園　37, 39
日常，日常性　4, 6, 8, 20
日本観光地百選　125
日本三古湯　22
日本民芸協会　160, 164
女護ヶ島　153-156
ヌードスタジオ　41-42
熱帯植物　79
熱帯的風景，熱帯的風景地　→風景，風景地

は行

場所イメージ　3-4, 7
場所神話　34, 40-43, 202, 210
パノラマ的知覚　12
ハワイ　174-178, 203
半日常　8
非日常，非日常性　4-5, 7-9, 29, 32, 163, 184
標準語運動　164-165
表象　111
　——の空間　→空間
ファンタジー　4-5
風景，風景地　73, 94
　山岳的——　74, 83, 86, 90
　熱帯的——　74, 86, 90-94, 100, 103
物質，物質性　10-11, 73
物質論的転回　10
文化　1-4, 134, 147-148
文化資本　1, 13
文化・社会地理学　3
文化地理学　10
　新しい——　10, 73
文化論的転回　1
米軍統治　169
方言論争　164, 166
ホーム　5, 52-53
ポジショナリティ　5-6, 8
ポストモダン　3, 9, 12-13

239

ま行

マス・ツーリズム　　*13, 201*
民芸運動　　*165*
矛盾した空間　　→空間
『めがね』　　*202, 216*

や行

湯崎温泉　　*22*
余暇　　*134*
　　──時間　　*12*
　　──の空間　　→空間
欲望　　*4-5, 8-10, 153, 160*
吉野熊野国立公園　　*113*
吉野群山　　*116*
欲求　　*9-10*
与那国島　　*154*
与論島　　*202*
　　東京都──　　*206*

ら行

楽園　　*38, 153, 160*
ラディカル地理学　　*2*
リゾート　　*19, 130-132, 135-138*
　　海浜──　　*19, 27, 39*
　　近代──　　*19, 28*
琉球村　　*189*
両義性，両義的　　*6, 9, 53, 74*
療養地　　*40*
歴史の道　　*133*
レジャー　　*135*
恋愛　　*34, 211-214*
労働時間　　*12*
ローカル，ローカリゼーション　　*2, 7, 9*

わ行

和歌浦　　*53*
和歌山市　　*51*
和歌山城　　*53, 61, 63*
和歌山文明開化展　　*67*
湾化　　*96, 100*
湾製　　*98*

神田孝治（かんだ・こうじ）
1974年愛知県生まれ。2004年大阪市立大学大学院文学研究科後期博士課程単位取得退学。
博士（文学）。現在，立命館大学文学部教授。専門は文化地理学，観光学。

共　　著：『文化地理学ガイダンス―あたりまえを読み解く三段活用―』（ナカニシヤ出版，2006年）。

編　　著：『観光の空間―視点とアプローチ―』（ナカニシヤ出版，2009年），『レジャーの空間―諸相とアプローチ―』（ナカニシヤ出版，2009年）。

共　編　著：『ここからはじめる観光学―楽しさから知的好奇心へ―』（ナカニシヤ出版，2016年），『観光学ガイドブック―新しい知的領域への旅立ち―』（ナカニシヤ出版，2014年），『ホスピタリティ入門』（新曜社，2013年），『観光入門―観光の仕事・学習・研究をつなぐ―』（新曜社，2011年）。

観光空間の生産と地理的想像力

2012年7月31日　初版第1刷発行
2017年4月15日　初版第2刷発行

（定価はカヴァーに表示してあります）

著　者　神田孝治
発行者　中西健夫
発行所　株式会社ナカニシヤ出版
　　　　〒606-8161 京都市左京区一乗寺木ノ本町15番地
　　　　TEL 075-723-0111
　　　　FAX 075-723-0095
　　　　http://www.nakanishiya.co.jp/

装幀＝白沢　正
印刷・製本＝サンエムカラー
© K. Kanda 2012.
Printed in Japan.
＊乱丁・落丁本はお取り替え致します。
ISBN978-4-7795-0665-9　C3025

本書のコピー，スキャン，デジタル化等の無断複製は著作権法上での例外を除き禁じられています。本書を代行業者等の第三者に依頼してスキャンやデジタル化することはたとえ個人や家庭内での利用であっても著作権法上認められておりません。

レジャーの空間
――諸相とアプローチ――

神田孝治 編

「余暇＝レジャー」のさまざまな側面と、それを読み解くための25のアプローチ。「空間」に着目し、日常性と非日常性をあわせもつ「レジャー」を、スポーツなど具体的な事例をもとに解説。

三〇四五円

観光の空間
――視点とアプローチ――

神田孝治 編

「観光」という複雑な現象を読み解くための25の視点とアプローチ。「空間」に着目し、観光空間の形成や観光客の行動、ゲスト・ホスト間のコンフリクトなどを分析する。観光研究への実践的入門書。

三〇四五円

文化地理学ガイダインス
――あたりまえを読み解く三段活用――

中川正・森正人・神田孝治 著

疑問を学問に変える！ 身近な文化・社会現象をとりあげ、分析・考察、その応用までを丁寧に解説。知識そのものではなく、知識をどう活かすか。地理学の面白さと使い方が身につく入門書。

二五二〇円

モダン都市の系譜
――地図から読み解く社会と空間――

水内俊雄・加藤政洋・大城直樹 著

都市空間を構築する権力の諸相を、地図と風景の中に読む。都市を生産する政治、経済、権力の作用、そこから生み出されるさまざまな社会問題の痕跡を、歴史都市・京阪神を舞台に解読する。

二九四〇円

表示は二〇一二年七月現在の税込価格です。